JE SUIS UNE FILLE DE L'HIVER

Du même auteur

Vous parler de ça, La belle colère, 2014

Laurie Halse Anderson

JE SUIS UNE FILLE DE L'HIVER

Traduit de l'anglais (États-Unis) par
Marie de Prémonville

La belle colère

La belle colère
Un label créé et dirigé par Dominique Bordes
et Stephen Carrière

Illustration de couverture :
La belle colère et Paul Lombard

Titre original : WINTERGIRLS

ISBN : 978-2-84337-7808-9

À Scot, pour avoir allumé ce feu qui me réchauffe
quand la tempête fait rage dehors.

« Perséphone fut saisie d'émerveillement, et elle tendit les deux mains pour ceindre ce beau jouet. Mais voici que la vaste terre s'ouvrit sous ses pieds... Elle poussa un cri perçant... Mais aucun des dieux immortels ni des hommes mortels ne l'entendit... »

Hymne homérique à Déméter

« Le Roi ordonna qu'on la laissât dormir en repos, jusqu'à ce que son heure de se réveiller fût venue. »

Charles Perrault
La Belle au bois dormant, 1696

1,00

Elle me l'annonce comme ça, les mots dégoulinent de sa bouche entre les miettes de muffin à la myrtille, et les virgules trempent dans son café.

Elle me le dit en quatre phrases. Non, cinq.

Je n'ai aucune envie d'entendre, mais c'est trop tard. Les faits bruts me pénètrent, me poignardent en pleine poitrine. Et quand elle en vient au pire…

… toute seule, ils ont retrouvé le corps dans une chambre de motel…

… je dresse des murs autour de moi et verrouille toutes les portes. Je hoche la tête en faisant mine d'écouter, de communiquer. Elle n'y voit que du feu.

C'est moche, quand les jeunes filles meurent.

2,00

« On ne voulait pas que tu l'apprennes au lycée ou aux infos. »

~~Ma belle-mère~~ Jennifer engouffre la dernière bouchée de muffin. « Tu es sûre que ça va ? »

J'ouvre le lave-vaisselle et me penche dans la bouffée de vapeur qui s'en échappe. J'aimerais pouvoir m'y glisser, roulée en boule entre un bol et une assiette. Jennifer pourrait refermer le battant, pousser la température au maximum et lancer la machine.

La buée brûlante se transforme en fines gouttelettes sur mon visage. « Ça va. » Je mens.

Elle attrape sur la table la boîte neuve de cookies à l'avoine et aux raisins secs. « Ça doit être horrible. » Elle arrache l'emballage en carton. « Pire qu'horrible, même. Tu veux bien me passer un Tupperware propre ? »

Je sors une boîte en plastique du placard et la lui tends. « Où est Papa ?

— Il avait une réunion pédagogique.

— Comment vous l'avez appris ? »

Elle émiette un peu les biscuits avant de les ranger dans la boîte, pour qu'ils ressemblent à des faits maison. « C'est ta mère qui a appelé hier, tard dans la soirée. Elle veut que tu ailles voir le docteur Parker tout de suite, sans attendre ton prochain rendez-vous.

— Et toi, tu en dis quoi ?

— Que c'est une bonne idée. Je vais voir si elle peut te caser dans son emploi du temps de cet après-midi.

— Laisse tomber. » Je tire le casier supérieur du lave-vaisselle. Les verres vibrent en poussant de petits cris quand je les touche. Si je les prends, ils vont se briser. « Pas la peine. »

Elle arrête brusquement son manège avec les biscuits. « Cassie était ta meilleure amie.

— Plus depuis un moment. Je verrai le docteur Parker la semaine prochaine, comme prévu.

— C'est toi qui décides… Mais promets-moi d'appeler ta mère pour en discuter avec elle.

— Promis. »

Jennifer jette un œil à l'horloge du micro-ondes et s'exclame : « Emma ! Quatre minutes ! »

~~Ma demi-sœur~~ Emma ne répond pas. Elle est dans le salon, hypnotisée par la télévision et par un bol de céréales bleues.

Jennifer grignote un cookie. « Je déteste dire du mal des morts, mais je suis heureuse que tu aies décidé de ne plus traîner avec elle. »

Je repousse le casier du haut et m'attaque à celui du bas. « Pourquoi ?

— Cassie était complètement paumée. Elle aurait pu t'entraîner dans sa chute. »

Je me saisis du couteau à viande dans le panier à couverts. Au creux de ma paume, le manche noir est tiède. Je tire dessus et la lame fend l'air, découpant la cuisine en tranches. Dans l'une se trouve Jennifer, en train de fourrer des biscuits industriels dans un Tupperware pour le goûter de sa fille. Puis il y a la chaise vide de Papa, qui prétend être obligé de se rendre à ces rendez-vous aux aurores. Et enfin, l'ombre de ma mère, qui préfère le téléphone, parce que les face-à-face prennent trop de temps et se terminent généralement en hurlements.

On a donc une fille plantée au milieu de la cuisine, un couteau à la main. Il y a du gras sur la cuisinière, du sang dans l'air, et des mots pleins de haine empilés dans les coins de la pièce. Mais on fait tout pour ne pas le remarquer, pour ne rien voir de tout ça.

… toute seule, ils ont retrouvé le corps dans une chambre de motel…

On vient juste de m'arracher les paupières.

« Dieu merci, tu es plus solide qu'elle. » Jennifer finit son café d'une traite et s'essuie les coins de la bouche.

Dans un chuintement, la lame glisse dans la fente du bloc couteaux en bois. « Ouais. » Je sors ensuite une assiette, récurée du sang et du cartilage. Elle pèse au moins cinq kilos.

Jennifer referme le couvercle du Tupperware. « J'ai un rendez-vous tard, une conciliation. Tu pourras emmener Emma au foot ? L'entraînement commence à dix-sept heures.

— C'est quel stade ?

— Richland Park, après le centre commercial. Tiens. » Elle me tend son gros mug. Sur le bord, son rouge à lèvres a dessiné un croissant sanguinolent. Je le pose sur le comptoir et sors une par une les assiettes du lave-vaisselle, les bras tremblotants.

Emma entre dans la cuisine et abandonne près de l'évier son bol à moitié rempli de lait bleuté. « Tu as pensé aux biscuits ? » C'est à sa mère qu'elle s'adresse.

Jennifer secoue le Tupperware. « On est en retard, chérie. Prends tes affaires. »

Emma se dirige vers son sac à dos d'un pas lourd, les lacets de ses baskets traînent par terre. Elle devrait encore être au lit, mais la femme de mon père la conduit tôt à l'école quatre matins par semaine, pour ses cours de violon et de langues étrangères. Il n'est jamais trop tôt pour commencer. Même en CE2.

Jennifer se lève. Sa jupe est tellement tendue sur ses cuisses que les poches s'ouvrent en grand. Elle essaie de lisser les plis. « Ne laisse pas Emma te convaincre d'acheter des chips avant le sport. Si elle a faim, elle peut avoir des fruits.

— Est-ce que je dois rester et la raccompagner après ? »

Elle secoue la tête. « Les Grant s'en chargeront. » Elle attrape son manteau posé sur le dossier de sa chaise, enfile les manches et commence à le boutonner. « Pourquoi tu ne mangerais pas un muffin ? J'ai acheté des oranges hier, il y a aussi du pain grillé et des gaufres à réchauffer. »

~~Parce que je ne peux pas m'autoriser à en avoir envie~~
Parce que je n'ai pas besoin d'un muffin (410), je n'ai pas envie d'une orange (75) ou de pain grillé (87), et les gaufres (180) me donnent la nausée.

Je désigne le bol vide sur le comptoir, près des flacons de pilules et de la boîte de Myrtille-Pops. « Je vais prendre des céréales. »

Son regard file vers la porte du placard, où elle a scotché mon menu de la semaine. Quand j'ai emménagé, il y a six mois, il y avait aussi les formulaires de décharge, mais je les ai décollés trois mois plus tard, le jour de mon dix-huitième anniversaire.

« C'est trop petit pour contenir une portion complète », commente-t-elle prudemment.

~~Je pourrais manger toute la boîte~~ Je ne remplirai sans doute même pas le bol. « Je suis barbouillée. »

Elle ouvre de nouveau la bouche. Hésite. Une bouffée de son haleine matinale fétide et imprégnée de café traverse l'air pour m'envelopper. *Ne le dis pas. Neledispas.*

« Confiance, Lia. »

Elle l'a dit.

« C'est le problème. Surtout en ce moment. On ne veut pas… »

Si je n'étais pas aussi épuisée, je fourrerais *confiance* et *problème* dans un mixeur et je le laisserais tourner toute la journée.

Je sors un bol plus grand du lave-vaisselle et le pose sur le comptoir. « Je. Vais. Bien. Ok ? »

Elle cligne deux fois les paupières et termine de boutonner son manteau.

« D'accord. J'ai compris. Emma, attache tes chaussures et va dans la voiture. »

Emma bâille.

« Attends. » Je me penche pour lui faire ses lacets. Un double nœud. Puis je lève les yeux vers elle. « Je ne pourrai pas faire ça éternellement, tu sais. Tu es trop grande, maintenant. »

Elle me sourit de toutes ses dents et m'embrasse sur le front. « Bien sûr que tu peux, banane. »

Je me redresse, et Jennifer fait deux pas maladroits dans ma direction. J'attends. C'est une mite ronde et pâle, au visage plâtré de fond de teint couleur coquille d'œuf, armée pour la journée de sa mallette de banquière, de son sac à main et de la clef magnétique de son SUV en leasing. Nerveuse, elle papillonne.

J'attends.

C'est là qu'on devrait s'enlacer, s'embrasser, ou au moins faire semblant.

Elle serre sa ceinture autour de sa taille. « Écoute... Fais en sorte de t'occuper aujourd'hui. D'accord ? Essaie de ne pas trop réfléchir à tout ça.

— Ok.

— Dis au revoir à ta sœur, Emma, ordonne Jennifer.

— Salut, Lia. » Emma m'adresse un signe de la main et un petit sourire aux Myrtille-Pops. « Les céréales sont vraiment bonnes. Tu peux finir la boîte, si tu veux. »

3,00

Je verse trop de céréales dans le bol (150) et les arrose de lait écrémé (125). Le petit déjeuner, c'est le « repas le plus important de la journée ». Avec un bon petit déjeuner, je serai « une championne ».

... *Quand j'étais une vraie fille, avec deux parents, une maison, et sans visions de lames éclatantes*, le petit déjeuner se composait de muesli agrémenté de quelques framboises fraîches, le tout dégusté en lisant un livre que je calais contre la corbeille de fruits. Chez Cassie, on mangeait des gaufres arrosées de vrai sirop d'érable, pas ce truc pourri à base de maïs, *et on lisait la page des bandes dessinées dans le journal…*

Non. Il ne faut pas retourner là-bas. Je vais arrêter de penser. Je vais arrêter de regarder.

Je ne me polluerai pas les intestins de Myrtille-Pops, de muffins ou de morceaux râpeux de pain grillé. Saletés et erreurs d'hier ont été éliminées. À l'intérieur, je suis rose et brillante, propre. Le vide, c'est bien. Le vide, c'est une force.

Pourtant, il faut que je conduise.

… J'étais au volant, l'année dernière, vitres baissées, musique à fond. C'était le premier samedi d'octobre, j'allais passer mon examen d'entrée à l'université. C'est moi qui conduisais pour que Cassie puisse appliquer sa dernière couche de vernis. Nous étions des sœurs secrètes, avec un plan pour dominer le monde, et toutes ces perspectives pétillaient autour de nous comme des bulles de champagne. Cassie riait. Je riais. Nous incarnions la perfection.

Est-ce que j'avais pris un petit déjeuner ? Bien sûr que non. Est-ce que j'avais dîné la veille, ou même déjeuné ?

La voiture devant nous a freiné quand le feu est passé à l'orange, puis au rouge. Ma tong a hésité au-dessus des pédales. Ma vue s'est brouillée. Des gribouillis et des fourmillements noirs ont rampé le long de ma colonne vertébrale pour venir s'enrouler autour de mes yeux comme un foulard. Devant nous, la voiture a disparu. Volant, tableau de bord, envolés. Il n'y avait plus de Cassie, plus de feu rouge. Comment étais-je censée arrêter ce truc ?

Cassie a hurlé au ralenti.

::bla-bla-blaaa/explosion/airbag::

Quand je me suis réveillée, j'avais un ambulancier et un flic à côté de moi, les sourcils froncés. Le type dont j'avais percuté le véhicule criait dans son portable.

J'avais la tension d'un serpent en hypothermie. Mon cœur était fatigué. Mes poumons rêvaient d'un petit somme. On m'a planté une aiguille dans le bras, on m'a regonflée comme un ballon de baudruche, avant de m'expédier dans un hôpital où des infirmières au regard d'acier notaient scrupuleusement chacun de mes mauvais résultats. Au stylo.

Je me suis fait choper.

Papa et Maman ont déboulé, côte à côte pour une fois, soulagés que je ne sois pas morte. Une infirmière a tendu mon dossier à ma mère. Elle l'a lu tout en expliquant le désastre à mon père, suite à quoi ils se sont disputés, genre coulée de boue se déversant sur les draps antiseptiques jusque dans le couloir. J'étais stressée/surmenée/folle/non – déprimée/non – en manque d'attention/non – en manque de discipline/en manque de repos/ta faute/ta faute/faute/faute… Ce corps minuscule et squelettique est devenu l'otage de leur guerre.

Il y a eu des coups de téléphone et mes parents m'ont fait interner à ~~l'enfer sur la colline~~ la clinique New Seasons…

Cassie s'en est tirée, comme d'habitude. Sans une égratignure. L'assurance a très largement couvert les dégâts, aussi s'est-elle retrouvée avec une voiture réparée et des enceintes neuves. Nos mères ont eu une petite discussion, mais « toutes les adolescentes passent par ce genre de phase, qu'est-ce que vous voulez y faire ? » Cassie s'est inscrite à la session d'examen suivante et s'est fait faire les ongles dans un salon de manucure, la belle vie quoi, *pendant qu'on m'enfermait et qu'on plantait une perfusion d'eau sucrée dans mes veines vides…*

Leçon retenue. Pour conduire, il faut du carburant.

Pas les céréales Myrtille-Pops d'Emma. Je frissonne et renverse pratiquement toute la bouillie bleue dans l'évier, avant de poser le bol par terre. Kora et Pluto, les chats d'Emma, traversent la cuisine sur leurs coussinets et viennent lécher les gouttes de lait. Sur un post-it, je dessine un smiley qui tire la langue avec la légende MIAM, EMMA ! MERCI ! et le colle sur la boîte de céréales.

Je mange dix raisins secs (16) et cinq amandes (35), plus une poire verte (121) = 172. Les bouchées rampent le long de ma gorge en direction de mon estomac. J'avale mes vitamines et les comprimés pour dingos qui empêchent mon cerveau d'exploser : un violet allongé, un gros blanc et deux rouge coquelicot. Je fais descendre tout ce petit monde avec de l'eau chaude.

Ils ont intérêt à agir vite. La voix d'une fille morte m'attend sur mon répondeur.

4,00

Monter l'escalier me prend plus longtemps que d'habitude.

Je dors au bout du couloir, dans un espace minuscule qui ressemble à une chambre d'amis. Murs blancs, rideaux jaunes. Le canapé-lit n'est jamais replié et le bureau a été trouvé dans un vide-grenier. Jennifer propose sans arrêt de m'acheter de nouveaux meubles, de repeindre ou de tapisser les murs. Je réponds que je n'ai pas encore décidé ce que je voulais. Je devrais sans doute commencer par déballer les piles de cartons poussiéreux.

Mon téléphone trône patiemment au sommet d'un tas de linge sale. C'est là qu'il a atterri tôt dimanche matin, quand je l'ai balancé contre le mur parce que la sonnerie incessante me rendait folle et que j'étais trop fatiguée pour l'éteindre.

La dernière fois qu'elle m'a appelée, c'était il y a six mois, à ma sortie de l'hôpital, après mon deuxième séjour là-bas. Je lui téléphonais quatre ou cinq fois par jour, mais elle ne décrochait jamais et ne me rappelait pas. Jusqu'au jour où elle s'est enfin décidée.

Elle m'a demandé d'écouter attentivement, en ajoutant que ça ne serait pas long.

J'étais la source du mal, elle a dit. Une influence négative, une ombre toxique. Pendant que j'étais enfermée, ses parents l'avaient traînée chez un médecin qui lui avait fait un lavage de cerveau en la gavant de cachets et de mots vides. Il fallait qu'elle aille de l'avant, qu'elle redéfinisse ses limites, m'a-t-elle expliqué. C'était ma faute si elle avait séché les cours et échoué en littérature, j'étais la cause de tout ce qu'il y avait de mauvais et de dangereux dans sa vie.

Faux. Faux. Faux.

C'était grâce à moi qu'elle n'avait pas fugué, en seconde. Grâce à moi aussi qu'elle n'avait pas avalé une boîte de somnifères quand son petit copain l'avait trompée. Je l'avais écoutée pendant des heures, quand ses parents hurlaient et essayaient de la faire rentrer dans une carcasse de mannequin qui ne lui correspondait pas. Je comprenais ce qui déclenchait ses crises de nerfs, du moins la plupart. Je savais combien c'était douloureux d'être la fille de gens qui ne vous voient pas, même plantée sous leur nez en train de leur écraser les pieds.

Mais pour Cassie, c'était trop compliqué de se remémorer tout ça. Il était bien plus simple de me larguer une bonne fois pour toutes. Elle avait transformé mon été en terrain vague désert. À la rentrée, j'étais devenue transparente, elle passait dans les couloirs avec ses nouvelles amies pendues à son cou comme des colliers bariolés. *Elle m'a totalement rayée de son existence.*

❋ ❋ ❋

Pourtant, il s'est passé quelque chose. Dans la nuit de samedi à dimanche, elle m'a appelée.

Évidemment, je n'ai pas répondu. Soit elle était ivre, soit elle voulait se foutre de moi. Pas question de la laisser me convaincre de redevenir son amie, juste pour qu'elle puisse encore changer d'avis et me briser une fois de plus.

... toute seule, ils ont retrouvé le corps dans une chambre de motel...

Je n'ai pas décroché. Et hier, je n'ai pas écouté ses messages. J'étais trop furieuse pour ne serait-ce que regarder le téléphone.

Elle m'attend toujours.

Je m'assieds sur le tas de pyjamas et de sweat-shirts afin d'en exhumer l'appareil. Je l'ouvre. À partir de 23 h 30, samedi, Cassie a appelé trente-trois fois.

NOUVEAUX MESSAGES

« Lia ? C'est moi. Appelle-moi. »

Cassie.

Deuxième message : « Où tu es ? Rappelle-moi. »

Cassie.

Troisième : « Je ne plaisante pas, Overbrook. J'ai vraiment besoin de te parler. »

Cassie, il y a deux jours, samedi.

« Appelle-moi. »

« S'il te plaît, je t'en prie, appelle. »

« Écoute, je suis désolée d'avoir été une garce. Je t'en prie. »

« Je sais que tu écoutes ces messages. »

« Tu pourras te fâcher plus tard, d'accord ? J'ai vraiment besoin de te parler. »

« Tu avais raison… ce n'était pas ta faute. »

« Je n'ai personne d'autre à qui parler. »

« Oh, mon Dieu. »

Entre 1 h 20 et 2 h 55, elle a raccroché quinze fois sans laisser de message.

Suivant : « Steuplaît… Lia… Lia… » La voix traînante.

« Je suis tellement triste. Je peux pas sortir. »

« Appelle-moi. C'est le bordel. »

Puis elle a encore raccroché deux fois.

3 h 20, voix très pâteuse : « Je sais pas quoi faire. »

3 h 27 : « Tu me manques. Tu me… manques… »

J'enterre le téléphone sous la pile de vêtements et enfile un gros sweat-shirt avant de rejoindre ma voiture. L'hiver est précoce dans le New Hampshire.

5,00

Timing parfait : j'atterris dans un embouteillage. Au volant des véhicules alentour, je vois des grosses vaches qui fulminent. On se traîne à dix à l'heure. J'irais plus vite en courant. On freine. Elles ruminent et meuglent dans leurs téléphones jusqu'à ce que le troupeau repasse en première et se remette en branle.

Vingt à l'heure. Je ne peux pas courir aussi vite.

Quelque part entre Martins Corner et la Route 28, je fonds en larmes. J'allume la radio, chante à gorge déployée, puis l'éteins. Je cogne le volant de mes poings jusqu'à en avoir mal, plus les kilomètres défilent, plus je pleure. Mon visage n'est qu'une averse salée.

… toute seule, ils ont retrouvé le corps dans une chambre de motel…

Que faisait-elle là-bas ? Qu'est-ce qui lui a pris ?

Est-ce qu'elle a eu mal ?

Ça ne sert à rien de se demander pourquoi, même si c'est ce que tout le monde va faire. Je sais pourquoi. La question, c'est plutôt : pourquoi pas ? Je n'arrive pas à croire qu'elle se soit retrouvée à court de réponses avant moi.

J'ai besoin de courir, de voler, de battre si fort des ailes que je n'entendrai plus rien d'autre que mon cœur qui tambourine. La pluie, la pluie, la pluie qui me noie.

Est-ce que c'était facile ?

Je ne prends aucun raccourci, je n'oublie pas de tourner à l'épicerie du coin, je ne me perds pas, même volontairement. J'arrive au lycée en pilotage automatique : en retard, d'après eux, en avance, d'après moi. Les derniers cars de ramassage se garent tout juste devant l'entrée.

Je sors et verrouille la voiture.

L'implacable vent de novembre me pousse en direction du bâtiment. Des flocons pointus descendent en nuées de sucre glace au-dessus de ma tête. La première neige. Magique. Le monde s'interrompt pour regarder en l'air. Les gaz d'échappement des cars se figent, emprisonnant tout le bruit dans un nuage de cendre. Les portes du lycée se figent, elles aussi.

Nous basculons la tête en arrière et ouvrons grand le gosier.

La neige tombe en voletant dans nos bouches de zombies grouillant de jurons, de gras, de tabac, de cavités, des sécrétions de nos copains/copines, et de la souillure de nos mensonges. L'espace d'un instant, nous ne sommes plus des examens ratés, des préservatifs qui ont lâché, des tricheurs. Nous sommes des crayons de couleur et des sacs de goûter, et nous nous dressons si haut sur nos baskets que nous transperçons les nuages. Le temps d'une respiration, on se sent mieux.

Puis la neige fond.

Les chauffeurs de car jouent de l'accélérateur et les gaz congelés volent en éclats. Les élèves repartent en traînant les pieds. Ils ne savent pas ce qui vient de se passer. Ils ne se souviennent de rien.

elle m'a appelée.

Je retourne à ma voiture, remonte à bord, allume le chauffage et m'essuie le visage sur mon sweat-shirt. 7 h 30. À cette heure-ci, Emma a fini son cours de français et doit être en train de préparer son violon. Elle passera trop de temps à enduire son archet de colophane, et pas assez à accorder son instrument. Le concert d'hiver aura lieu dans quelques semaines et elle ne connaît pas encore ses partitions. Il faudrait que je lui donne un coup de main.

Je suppose que Cassie est à la morgue. La nuit dernière, elle a dormi dans un grand tiroir argenté, ses yeux s'habituant peu à peu aux ténèbres.

Selon Jennifer, il y aura une autopsie. Qui va découper ses vêtements ? Est-ce qu'ils vont lui donner un bain, ces inconnus qui touchent sa peau ? Est-ce qu'elle les voit ? Est-ce qu'elle va pleurer ?

La dernière sonnerie retentit et les retardataires traversent le parking au pas de course. Encore quelques minutes, c'est tout. Je ne veux pas entrer avant que les couloirs ne se soient vidés et que les profs aient anesthésié leurs élèves d'ennui – comme ça, personne ne me verra me glisser en douce à l'intérieur.

Je me tourne vers la banquette arrière histoire de dégager un espace afin qu'Emma puisse s'asseoir ; j'écarte feuilles de cours, fringues et livres de bibliothèque que je n'ai toujours pas rendus. Jennifer insiste pour qu'elle se mette à l'arrière. C'est plus sûr, d'après elle.

Plus sûr, ça n'existe pas. La sécurité tout court, c'est déjà une illusion. Depuis toujours.

Cassie disait que le paradis, c'était un conte de fées pour les crétins. Comment trouver un lieu auquel on ne croit pas ? Impossible. Alors où est-ce qu'elle ira, maintenant ? Et si elle revenait, avec les yeux qui lancent des flammes ?

7 h 35. Il est temps d'aller en cours et d'arrêter de penser.

6,00

Cette année, pas d'option prépa pour moi. J'ai Litt. mondiale contemp., Sciences soc. 12 (l'Holocauste), Physique, Trigo (je rempile), et pause déjeuner. Pas de sport, grâce au mot magique du Docteur Parker. Il y a des astérisques à côté de mon nom et des notes en bas de page pour expliquer la situation.

… *Quand j'étais une vraie fille*, ma mère me gavait de ses rêves d'avenir en cristal, une cuillerée après l'autre. Harvard. Yale. Princeton. Duke. Fac de médecine. Internat, titularisation, mon Dieu. Tout en me brossant les cheveux, elle les tressait de mots compliqués, me truffait la tête de racines latines et de branches grecques pour que, plus tard, je retienne plus facilement l'anatomie. ~~Maman~~ Le Docteur Marrigan a été furieuse quand la conseillère d'orientation m'a éjectée de la voie « Prépa » pour me larguer sur la voie de la fac. Elle a aussi suggéré que j'aille dans l'université de mon père, parce qu'il serait improbable qu'on me refuse l'entrée. « Pas de frais de scolarité pour les enfants des profs », a-t-elle ajouté.

Ça m'a soulagée.

Ce soir-là, le Docteur Marrigan m'a dit que j'étais trop intelligente pour me contenter d'un parcours universitaire bas de gamme. Elle voulait me faire passer des tests auprès d'un organisme privé pour prouver que j'étais brillante et que c'était le système scolaire qui ne répondait pas à mes besoins. Mais j'ai encore merdé et ils m'ont renvoyée à l'hosto. À ma sortie, j'ai changé les règles.

Autrefois, je rêvais de passer le test Mensa pour leur montrer à tous que je n'étais pas une ratée. Peut-être que j'obtiendrais un score de génie absolu. Alors je ferais cent mille photocopies du résultat que j'irais coller aux murs chez ma mère, avant de prendre un seau de peinture rouge et un énorme pinceau pour inscrire HA ! en travers un million de fois.

Mais il y avait de grandes chances que je foire ça aussi. *Je n'avais vraiment pas envie de savoir.*

La sonnerie vrille l'air. Les élèves flottent de salle en salle. Les profs nous attachent à nos chaises pour déverser des mots dans nos oreilles.

Dans le labo de physique, les stores sont baissés et les lumières éteintes pour qu'on puisse regarder un film sur la vitesse de la lumière et du son, et d'autres conneries sans aucun intérêt. Des fantômes attendent dans les coins sombres de la pièce, miroitements mats et patients. Les autres les voient aussi, je le sais. On a tous peur de parler de ce qui nous scrute dans le noir.

Des vagues de particules traversent la salle.

elle m'a appelée trente-trois fois.

Un fantôme s'enroule autour de moi, me caresse les cheveux et m'endort.

La sonnerie retentit. Mes camarades de classe attrapent leurs livres et se précipitent vers la porte. J'ai bavé sur ma table.

Mon prof de physique (c'est quoi son nom déjà ?) me dévisage en fronçant les sourcils. Il respire la bouche ouverte et, quand il me parle, je sens dans son haleine la couche de mucus nocturne sur sa langue et les œufs au plat qu'il a mangés au petit déjeuner : « Vous comptez rester là toute la journée ? »

Je fais non de la tête. Avant qu'il se décide à m'envoyer une autre pique, je saisis mes bouquins et me lève. *Trop vite.* Le sol essaie de m'attirer à lui tête la première, mais mon prof qui pue du bec me regarde, alors je mobilise mes forces et réussis à sortir de la salle en flottant, des étoiles pétillent devant mes yeux.

1. 2. 3. 4. 5. 6. 7. 8. 9. 10. 11. 12. 13. 14. 15. 16. 17. 18. 19.
20. 21. 22. 23. 24. 25. 26. 27. 28. 29. 30. 31. 32. 33.

❋ ❋ ❋

« Voilà le sac d'os… », murmurent les garçons dans les couloirs.

« Donne-nous ton secret », chuchotent les filles depuis la cabine voisine, aux toilettes.

Je suis *cette fille-là.*

Je suis l'espace entre mes cuisses, là où la lumière passe.

Je suis l'assistante bibliothécaire qui se planque au rayon *Fantasy*.

Je suis le monstre de foire figé dans la cire.

Je suis les os qu'ils convoitent, suspendus à un montant en porcelaine.

Dès que je m'approche, ils reculent. Les caméras dans leurs orbites enregistrent le bouton sur mon menton, la pluie dans mes yeux, l'eau bleue qui coule sous ma peau. Ils captent le moindre son avec leurs micros-cravates. Ils veulent m'attirer à l'intérieur d'eux, mais ils ont peur.

Je suis contagieuse.

Je me rends à l'infirmerie sur la pointe des pieds, main appuyée au mur pour ne pas tomber. Si je cours ou inspire trop profondément, les agrafes bas de gamme qui me maintiennent en un seul morceau lâcheront et tout le magma gluant à l'intérieur se déversera et creusera un trou dans le béton.

En me voyant entrer furtivement, l'infirmière ébouriffe ses plumes. Elle baisse le son de la radio – du bon jazz – et m'inspecte des pieds à la tête, les mains sur les hanches, le regard triste et amical.

« Je pensais que tu resterais chez toi, aujourd'hui, dit-elle. Ça a dû te faire un choc. Tu étais très proche de Cassie ?

— Je ne me sens pas bien. Je peux m'allonger un moment ?

— Tu connais les règles. »

C'est une sorcière rusée, déguisée en infirmière.

« D'accord. » Je m'assieds sur la chaise près de son bureau et la laisse prendre ma température et ma tension.

Elle enroule la manchette autour de mon humérus. « On te pèse toujours régulièrement ?

— Une fois par semaine. Je vais bien. Pas besoin de grimper sur votre balance.

— Tu n'as pas l'air bien. » Elle note mes résultats sur son bloc. « Si tu veux rester ici, il va falloir avaler quelque chose. Sinon, retour en classe. »

Est-ce que je préfère mourir à cause de ce qui se passe en moi, ou à cause de ce qui se passe malgré moi ?

Elle ouvre une briquette de jus d'orange, en verse le contenu dans un gobelet qu'elle me tend en retirant le thermomètre. « Je ne plaisante pas. »

Je me saisis du gobelet. ~~Ma gorge en veut mon cerveau en veut mon sang en veut~~ Ma main n'en veut pas, ma bouche n'en veut pas.

L'infirmière y tient, elle, et moi j'ai besoin de me cacher. Je me force à avaler.

La porte s'ouvre et deux gars entrent ; l'un saigne du nez, l'autre a l'air un peu paniqué par la vue du sang. L'infirmière fait asseoir le blessé et lui dit de pencher la tête en arrière, tandis que son copain s'affale aussi et se met la tête entre les genoux pour ne pas s'évanouir.

Je jette le gobelet dans la poubelle, prends un journal posé sur le bureau, et bats en retraite vers le lit de camp à l'autre bout de la pièce.

« Tu en boiras un autre dans un quart d'heure, annonce l'infirmière. Ou bien tu peux avoir une sucette, raisin ou citron vert.

— Parfait. »

Je tire le petit rideau devant le lit, m'assieds et épluche les pages des chroniques locales. L'article occupe un petit encart, à côté d'une publicité pour des manteaux de fourrure à 30 % de réduction.

La police enquête actuellement sur la mort de Cassandra Parrish, 19 ans, originaire de la ville d'Amoskeag dans le New Hampshire, dont le corps a été retrouvé tôt dimanche dans une chambre du motel Gateway, sur River Road, à Centerville. Les autorités ont été appelées sur place à 4 h 43 par l'employé du motel qui a découvert le corps. Les premiers éléments laissent à penser que mademoiselle Parrish aurait pu mourir de mort naturelle, mais la police n'écarte pas l'hypothèse d'un meurtre ou d'une overdose.

« Nous récoltons encore les informations », a indiqué la porte-parole de la police, le sergent Anna Warren. « Nous disposerons d'un rapport sur l'heure et la cause du décès lorsque le médecin légiste aura procédé à l'autopsie. »

Mademoiselle Parrish, que ses amis appelaient Cassie, était une jeune fille populaire au lycée d'Amoskeag, où elle pratiquait l'athlétisme et le théâtre. Son père, Jerry Parrish, est le directeur de l'école primaire de Park Street, et sa mère, Cindy, est très impliquée dans la vie scolaire et les affaires de la communauté. L'inspecteur d'académie d'Amoskeag, Nelson Bushnell, a pour sa part qualifié l'événement de « tragédie déchirante » pour la famille Parrish. « Cassie était tout ce qu'on peut désirer chez son enfant : intelligente, travailleuse et gentille », a-t-il rapporté. Interrogé sur le passé de mademoiselle Parrish, il a répondu : « La plupart des adolescents d'aujourd'hui luttent contre quelque chose. Cassie avait fait beaucoup d'efforts pour adopter une vie saine. La dernière fois que j'ai parlé à son père, il m'a confié qu'elle hésitait entre la psychologie et la littérature pour son futur cursus universitaire. Sa mort est aussi dramatique qu'inattendue. »

Les résultats de l'autopsie sont attendus dans le courant de la semaine. Pour l'heure, aucune annonce n'a été faite concernant les obsèques.

Je m'allonge sur le lit, et la taie d'oreiller empesée craque dans mon oreille comme les parasites dans un transistor.

La sonnerie résonne. Une coulée de corps se déverse dans le couloir, et des voix chuchotent que *Cassie a été assassinée/non, qu'elle s'est pendue/non, qu'elle a tellement fumé et sniffé qu'elle est partie pour le Grand Voyage. Elle voulait tout essayer au moins une fois, tu as entendu parler de cette histoire, sous les gradins/au centre commercial/en colo ? Elle a foncé dans un train en marche/sauté sans parachute/s'est accroché des pierres à la ceinture avant de plonger dans l'océan.*

Elle s'est offerte en pâture au grand méchant loup et n'a pas hurlé quand il a croqué la première bouchée.

… toute seule, ils ont retrouvé le corps dans une chambre de motel…

Les garçons sont partis. L'infirmière prend le journal et me recouvre d'une fine couverture.

« Je peux en avoir une autre ? J'ai froid.

— Pas de problème. » Elle se dirige vers le placard de fournitures, ses chaussures crissent sur le sol brillant.

« Vous avez des nouvelles de l'enterrement ?

— La direction a envoyé un mail, répond l'infirmière. La veillée funèbre aura lieu mercredi soir à Saint-Stephen. On l'enterre samedi. » Elle revient vers moi, les bras chargés. « Maintenant, dors un peu. Et n'oublie pas, tu dois reprendre du jus d'orange à ton réveil.

— Promis. »

Je suis tellement gelée qu'elle m'emmitoufle dans toutes les couvertures qu'elle possède (cinq), et complète même avec les blousons des objets trouvés. Je me laisse aller dans l'odeur salée des aisselles d'inconnus, dans les relents de leur sueur frénétique, et je m'endors pour oublier.

7,00

Emma est attachée à l'arrière, en train de regarder un film sur le lecteur DVD posé sur ses genoux tout en mangeant des chips et en pilonnant son granité avec une paille.

« Ne dis rien à Jennifer, je préviens.

— Mmm… Mmm.

— Sans blague. Sinon elle va piquer une crise.

— J'ai entendu. Rien dire ou elle crise. » Les yeux d'Emma sont scotchés à l'écran, les chips montent une à une dans sa bouche sur un petit tapis roulant rose.

On est perdues. Une fois de plus. Mon père ne veut pas que j'aie de GPS sous prétexte que je dois apprendre à me repérer par moi-même. Mais comment suis-je censée deviner où je vais, si je passe mon temps à me perdre ? Je demanderai à Jennifer. Noël approche.

Nous dépassons une vieille grange en ruine et un matelas taché, appuyé contre un panneau de limitation de vitesse. Comment peut-on ne pas remarquer quand un matelas tombe du toit de sa voiture ? Peut-être qu'il se trouvait dans la remorque d'un poids lourd contenant tout ce que possédait une fille qui filait rejoindre un type rencontré sur Internet, à qui elle s'était promise corps et âme. En échange, il lui avait garanti trois repas par jour et un endroit où vivre, mais avait quand même suggéré qu'elle apporte ses meubles. À la chute du matelas, le chauffeur ne s'était pas arrêté. Comme il le disait souvent : nouvelle femme, nouveau lit.

Peut-être qu'en ce moment même, une motarde tout de cuir vêtue, le genre hommasse baraquée, emprunte cette route à un kilomètre ou deux derrière nous, et qu'un crétin va soudain lui couper la route. Alors elle fera une embardée, sa moto se retournera et l'enverra valdinguer, et cette femme hurlera à pleins poumons, parce qu'elle aura encore oublié ses ailes, et que la pesanteur, elle, n'oublie jamais. Et…

elle ira percuter

le vieux matelas… Ouais, elle finira avec trois côtes cassées, une fracture du fémur et les cervicales en vrac, mais les ambulanciers n'en parleront même pas. Ils raconteront en boucle comment ce vieux tas de ressorts souillé sur le bord de la route a sauvé la vie de cette nana.

Voilà l'effet que produit l'odeur des chips d'Emma sur mon cerveau.

***

Le temps que je déniche enfin le stade, l'entraînement a déjà commencé. Emma veut rester dans la voiture jusqu'à la fin de son film.

« Il faut que tu descendes. »

Elle referme le lecteur en grognant : « Je déteste le foot.

— Alors explique-leur que tu veux arrêter.

— Maman dit que c'est presque la fin de la saison, et que je n'ai pas le droit.

— Alors sors de là et va jouer. Amuse-toi bien. »

Elle me regarde dans le rétroviseur intérieur. « Personne ne me passe jamais la balle. »

Depuis la séparation de ses parents, Emma est un matelas qu'on a balancé sur le bord de la route. Je ne me rappelle pas quand son père l'a appelée pour la dernière fois. Jennifer est bien décidée à la transformer en petite fille parfaite qui deviendra une jeune femme parfaite dont les succès éclatants dans tous les domaines prouveront au monde entier que Jennifer est une mère absolument parfaite.

On ne peut pas reprocher au matelas que personne ne l'ait correctement attaché.

J'ouvre ma portière. « Allez, viens. Moi je vais te faire des passes. »

Elle lance le lecteur sur la banquette. « Non, tu as dit que tu avais des devoirs. » Brusquement, elle a très hâte de quitter cette voiture. « Salut, Lia. Sois prudente. »

Il me faut quelques battements de cœur pour comprendre ce qui vient de se passer. *Un. Deux. Trois.* Encore un coup des odeurs qui m'embrouillent les neurones.

Je baisse ma vitre. « Emma. Attends… »

Elle revient lentement vers la voiture en serrant son ballon contre elle. « Quoi ?

— J'ai changé d'avis. Je veux te regarder t'entraîner. Où est-ce que je peux m'asseoir ? »

Elle écarquille les yeux. « Non, tu ne peux pas.

— Pourquoi ? Il y a d'autres spectateurs.

— Euh, c'est juste que… » Elle inspecte ses crampons et marmonne : « Tu peux regarder depuis la voiture. Il fait plus chaud. »

Des cris montent du terrain. Des gosses de neuf ans gonflés à bloc se préparent pour la mise à mort. Le foot junior, c'est intense.

« Emma, regarde-moi. » Comment la voix de Jennifer a-t-elle réussi à se glisser dans ma gorge ? « Pourquoi tu ne veux pas que je sorte de la voiture ? »

Elle donne un coup de pied dans les gravillons. Des cailloux minuscules rebondissent contre ma portière dans un petit tintement métallique.

« L'entraîneur m'a demandé si c'était vrai que tu avais un cancer. » Nouveau coup de pied. « Parce qu'il a entendu dire que tu étais à l'hôpital et… tu vois, quoi. J'ai répondu oui. » Coups de sifflet. « Je suis désolée. Je ne savais pas quoi dire d'autre.

— Ce n'est pas grave. Je comprends. N'y pense plus. »

Le ballon lui échappe des mains et roule vers le terrain. « Tu n'es pas fâchée contre moi ?

— Je ne serai jamais fâchée contre toi, banane. »

Elle finit par relever les yeux. « Merci, Lia.

— En plus, tu as raison, j'ai une tonne de boulot. » Je démarre. « Mes profs te diront merci de m'avoir poussée à m'y mettre. À tout à l'heure ? »

Elle sourit. « Ok. Je crois qu'il reste des chips si tu as faim. »

Je remonte ma vitre.

Si seulement j'avais un cancer.

Je mériterais de brûler en enfer pour penser une chose pareille, pourtant c'est vrai.

8,00

À la station-service, l'atmosphère est saturée de vapeurs de gasoil et de relents d'huile de friture rance à cause du McDo juste à côté. Il y a cinq jours, je pesais 45,9 kilos. Il a fallu que je mange à Thanksgiving (avec tous ces vautours autour de la table), mais depuis, je me suis surtout nourrie d'eau et de galettes de riz. ~~J'ai tellement faim que je pourrais bouffer ma main.~~ J'enfourne trois chewing-gums, balance les chips d'Emma à la poubelle et fais le plein d'essence. Je suis répugnante.

… *La première fois qu'on m'a admise à l'hôpital*, j'étais couverte de bleus et d'ecchymoses parce que je m'étais évanouie et avais embouti la voiture devant nous, tandis que Cassie hurlait et que le volant explosait. Ce corps pesait alors 42 kilos.

Ma ~~codétenue~~ voisine de chambre à New Seasons était une longue courgette flétrie qui pleurait dans son lit sans essuyer la morve qui lui coulait sur les joues. Le personnel se composait exclusivement de baleines en sueur. L'infirmière qui me donnait mes médicaments était si grosse qu'elle en avait la peau tendue. Je suis sûre qu'un mouvement trop vif et hop ! tout se déchire et sa farce jaune se déverse et bousille son sweat Disney World.

J'ai grignoté les jours un par un, comme autant de noisettes qui se fendaient dans ma bouche avant de se loger entre mes dents. Croque. Mâche. Avale. Encore. Croque. Mâche. Avale. Encore.

J'étais bien sage : je ne me découpais pas la peau (ils relevaient les cicatrices), je n'écrivais pas de poèmes déprimants (ils lisaient les journaux intimes pendant nos séances avec le psy), et puis je mangeais, mangeais. Ils m'ont gavée comme un petit porcelet avant le marché aux bestiaux. Ils m'ont tuée à coups de pommes moisies, de pâtes aux faux airs de lombrics et de petits biscuits qui sortaient du four en ordre de marche pour qu'on les recouvre ensuite de glaçage. Jour après jour, je croquais, je mâchais, avalais, et mentais, mentais, mentais. (Qui a envie de guérir ? Ça m'a pris des années pour devenir aussi maigre. Je n'étais pas malade, j'étais forte.) Mais rester forte signifiait rester enfermée. La seule issue possible était d'ingurgiter de la nourriture jusqu'à ce que je marche en canard.

J'ai déblatéré tout un tas de conneries sur mes sentiments, mes problèmes et mes cuisses. Les toubibs hochaient la tête et me donnaient des autocollants pour récompenser ma franchise. Au bout de quatre semaines, les grilles se sont ouvertes. ~~Maman~~ Le Docteur Marrigan m'a emmenée ~~à la maison~~ chez elle et on a fait comme si de rien n'était, hormis l'instauration d'un planning pour mes repas, les nouvelles règles, les rendez-vous médicaux, la balance et l'ouragan de déception de ma mère.

Cassie a compris. Elle a tout écouté et m'a dit *que j'étais courageuse...*

Je rentre dans le garage, le cerveau baigné de gaz d'échappement. Je ne me rappelle pas le trajet jusqu'à la maison. Un de ces jours, je vais débarquer dans le salon et, à la télé, on parlera d'un accident de la circulation avec délit de fuite dans le centre-ville. La caméra montrera du sang et des bris de verre sur le trottoir. Un journaliste interrogera une femme en pleurs, témoin de la scène devant le grand magasin de Bartlett Street. Je sentirai un drôle de goût dans ma bouche en voyant le nom de cette enseigne sur le sac de courses entre mes mains. Je me précipiterai dans le garage et trouverai un cadavre encastré dans mon pare-chocs, du sang partout.

Ce genre de choses arrive tous les jours.

Je descends et fais tout le tour de la voiture – portières, capot, phares et coffre – pour m'assurer que je n'ai pas eu d'accident sans m'en rendre compte. Pas de feux cassés, de calandre enfoncée. Pas de mort sous mes pneus. Pas aujourd'hui, du moins.

9,00

Je me dirige droit sur le réfrigérateur et en sors les restes de farce de la dinde de Thanksgiving.

… *Quand j'étais une vraie fille*, on allait passer ce jour chez mes grands-mères, Nanna Marrigan, dans le Maine, ou Mamie Overbrook, à Boston. Dans la maison de Nanna, on mangeait de la farce aux fruits de mer, alors que chez Mamie, elle était plutôt à base de marrons et de chair à saucisse. Pour la tarte à la citrouille, Nanna aimait une pâte sablée cannelle-noix de pécan. Chez Mamie, les tourtes étaient à la viande hachée parce que c'était comme ça depuis l'époque de sa propre grand-mère. Il y avait d'impressionnantes tablées de grandes personnes qui se passaient sans cesse des plats et parlaient trop fort – cousins, grands-oncles et amis venus de loin. Le doux fumet des sauces et des oignons envoûtait mes parents qui en oubliaient de se disputer, tandis que le goût des canneberges leur rappelait comment rire. Mes grands-mères auraient dû vivre à jamais et, pour les grandes occasions, il y aurait toujours nappes en dentelle, porcelaine fine et argenterie que j'aurais fait briller, debout sur un tabouret.

Mais elles sont mortes.

La semaine dernière, Thanksgiving, c'était plutôt édulcorants de synthèse, conservateurs et emballages plastique. Les sœurs de Papa ne viennent plus parce que c'est trop loin. La famille de Jennifer va chez son frère parce que lui, au moins, peut tous les héberger. (~~Maman~~

Le Docteur Marrigan a sans doute mangé à son bureau, ou bien elle a pris une cuillerée symbolique de purée et de sauce à la cafétéria de l'hôpital.)

Il n'y avait que nous et deux étudiants de mon père, dont une végétarienne qui s'est resservie plusieurs fois en patates douces, et a pratiquement englouti tout le pain au potiron qu'elle avait apporté. Le gars était de Los Angeles, et il a jeûné parce que ce repas célébrait le génocide des Indiens d'Amérique. Après leur départ, Emma a demandé à Papa pourquoi le gars était venu. Papa a répondu qu'il faisait de la lèche pour obtenir une lettre de recommandation. Jennifer a dit qu'elle espérait qu'il s'étoufferait avec.

Je largue une portion de farce sur une assiette, en fais tomber quelques cuillerées par terre pour les chats, puis j'asperge la mixture de ketchup avant de l'enfourner dans le micro-ondes assez longtemps pour que ça gicle partout. Je laisse la porte du four ouverte afin que l'odeur imprègne bien la cuisine.

Je vérifie l'heure. Dix minutes.

Je me tamponne un peu de ketchup au coin des lèvres, balance le reste dans le broyeur de l'évier, fais couler l'eau chaude et appuie sur l'interrupteur. Pendant que l'hélice tourne, j'essaie de créer une diversion pour mon esprit – *je récite la Constitution, la liste des présidents dans l'ordre, le nom des sept nains* –, je ne peux pas m'empêcher de penser que

elle m'a appelée.

Je referme le four, emporte l'assiette et la fourchette sales dans le salon, où je les dépose négligemment sur une desserte.

Sept minutes.

Il faut vraiment que je mange.

elle m'a appelée trente-trois fois.

Une grande galette de riz = 35. Avec une cuillerée de moutarde dessus, on ajoute 5. Deux cuillerées = 10. Des galettes de riz avec de la sauce piquante, c'est encore mieux. On mange et on est puni dans la même bouchée. Jennifer n'achète plus de sauce piquante. Deux galettes de riz, quatre cuillerées de moutarde = 90.

J'aimerais être une « vomisseuse ». J'essaie, je n'arrête pas d'essayer, mais je n'y arrive pas. L'odeur me tétanise, ma gorge se serre, je ne peux pas.

1. 2. 3. 4. 5. 6. 7. 8. 9. 10. 11. 12. 13. 14. 15. 16. 17. 18. 19.
20. 21. 22. 23. 24. 25. 26. 27. 28. 29. 30. 31. 32. 33.

En rentrant, Jennifer me demande de mettre mon assiette au lave-vaisselle et de nettoyer les saletés que j'ai faites dans le micro-ondes. Je m'excuse et obéis, pendant qu'elle se débat avec le tire-bouchon et une bouteille de chardonnay réfrigérée toute glissante. Je suis en train de monter l'escalier quand Emma déboule dans l'entrée, les joues rouges, son maillot de foot tout crotté.

« J'ai presque marqué ! fanfaronne-t-elle.

— Génial !

— Tu veux venir jouer avec moi ? »

Il y a trop de cordes qui m'attirent au sol. « Je ne peux pas, Emma chou. J'ai la tête sous l'eau. Et puis il va bientôt faire nuit. Demain, d'accord ? »

Son sourire s'effrite un peu. Je lutte pour gravir le reste de l'escalier.

Ferme la porte. Ferme la porte.

Mon panier à tricot est l'une des rares choses que j'aie pris la peine de déballer quand j'ai emménagé ici. Je m'assieds sur le bord de mon lit et plonge la main dedans, creuse sous ma dernière création inachevée (écharpe ? couverture ?), les aiguilles dépareillées et les pelotes orange, marron et rouges, jusqu'à ce que je sente entre mes doigts le flacon magique des pilules roses à n'utiliser qu'en cas d'urgence. C'est Cassie qui me les a données, mais elle n'a jamais voulu me dire où elle se les était procurées. J'en prends une, une seule.

Les étoiles en plastique attendent, collées au plafond froid, fixant l'interrupteur d'un air anxieux ; elles sont parées pour l'obscurité, prêtes à luire. Mais cette fille a des devoirs à faire en physique. Cette fille a une dissertation à rédiger sur le génocide et les problèmes de trigo de la semaine dernière à résoudre. Sans compter le questionnaire sur les figures de style employées dans un texte débile.

Cette fille tremble et rampe tout habillée sous les couvertures, où elle tombe sur un livre de bibliothèque qu'elle aurait dû rendre depuis longtemps, un conte de fées avec des rats, une citrouille et des sortilèges mortels. Les phrases bâtissent une palissade, une barricade en

Times New Roman, corps 10, pour empêcher les voix hérissées d'épines qui geignent dans sa tête de totalement l'envahir.

Quand Papa rentre, il réchauffe son dîner. On ressert du vin. Jennifer dit à Emma qu'il est grand temps qu'elle aille se coucher. L'une après l'autre, je tourne silencieusement les pages, mais je ne distingue plus les lettres et ne comprends plus les mots.

Ses pas dans l'escalier.

Je m'arrange pour positionner mon visage bien au milieu du livre, mes cheveux étalés comme des algues flottant dans le courant du récit qui m'emporte vers le sommeil. Je laisse tomber ma main hors du lit.

Non, il ne vaut mieux pas. Je rentre la main.

Ses pas dans le couloir. La porte qui s'entrouvre.

« Lia ?... »

Lia n'est pas disponible. Merci de laisser un message après le bip sonore.

elle m'a appelée trente-trois fois.

❋ ❋ ❋

« Lia ? Tu es réveillée ? »

En bas, Jennifer dégaine sa voix de maman revêche pour ordonner à Emma de « monter dans sa chambre, dernier avertissement ». Emma répond si bas que je ne l'entends pas.

Papa s'assied sur le bord de mon lit. Il écarte les cheveux de mon visage, se penche et m'embrasse le front. Il sent la nourriture et le vin.

« Lia ? »

Va-t'en. Lia a besoin de dormir cent ans dans un cercueil de verre scellé. Les gens qui savent où se trouve la clef finiront par mourir, et elle pourra enfin se reposer.

Il me soulève doucement la tête pour retirer le livre. J'ouvre discrètement un œil et l'observe à travers mes cils hirsutes. Il corne le coin de ma page, puis lit la quatrième de couverture. Au-dessus de son col, la peau palpite, le sang se précipite pour abreuver son gigantesque cerveau.

Mon père est professeur d'histoire, c'est même *le* grand et éminent expert de la révolution américaine. Il a gagné un *Pulitzer*, un *National Book Award*, et s'est vu offrir un poste de consultant dans une émission de télé sur le câble. Il est si souvent invité à dîner à la Maison Blanche qu'il a investi dans un smoking. Il a joué au squash avec deux vice-présidents et un ministre de la Défense. Il sait comment nous sommes devenus ce que nous sommes aujourd'hui, et quelles leçons en tirer pour l'avenir. Mes profs me disent que je devrais m'estimer chanceuse d'avoir un père comme lui. Ce serait peut-être le cas, si je ne détestais pas l'histoire.

« Lia ? Je sais que tu ne dors pas. Il faut qu'on parle. »

J'arrête de respirer.

« Je suis désolé pour Cassie, ma chérie. »

Autour de moi, le verre se fendille. Cassie m'a appelée avant de mourir. Elle a appelé, encore et encore, attendant que je décroche.

1. 2. 3. 4. 5. 6. 7. 8. 9. 10. 11. 12. 13. 14. 15. 16. 17. 18. 19.
20. 21. 22. 23. 24. 25. 26. 27. 28. 29. 30. 31. 32. 33.

Mon père me caresse à nouveau les cheveux. « Dieu merci, tu vas bien. »

La surface du cercueil de verre se fissure comme si un corps tombé du ciel s'était écrasé dessus. Il n'entend pas l'impact, il ne sent pas le sang.

Il inspire profondément et tapote mon épaule cachée sous la couette. « On parlera plus tard », ment-il.

On ne parle jamais. On fait juste semblant de réfléchir à l'éventualité de parler et, de temps en temps, on se dit qu'on devrait vraiment prendre le temps de s'asseoir pour discuter. Sauf que ça n'arrive jamais.

Le lit craque lorsqu'il se relève. Il éteint la lampe sur ma table de nuit et traverse la pièce à la lueur ténue de la galaxie en plastique collée au-dessus de sa tête. Le claquement de langue du pêne entrant dans la gâche me libère.

Je roule sur le côté pour faire face au mur. Des éclats de verre s'élancent vers mon cœur parce que Cassie est morte et froide. Elle a perdu la vie au motel Gateway et c'est ma faute. Pas celle des magazines ou des sites Internet, ou des langues de vipère dans les vestiaires, ou des garçons qui font des suçons sous les portes cochères. Ni celle de ses entraîneurs, des réalisateurs ou des inventeurs des tailles XS et XXS. Ni même celle de son père ou de sa mère.

je n'ai pas répondu.

10,00

… *Quand j'étais une vraie fille, ma meilleure amie s'appelait Cassandra Jane Parrish.* Elle a emménagé en hiver, pendant l'année de CE2. J'étais assise sur mon lit, le menton sur le rebord de la fenêtre, à les regarder décharger le camion de l'autre côté de la rue. Un type a sorti un vélo d'enfant et une maison de poupée en plastique rose. J'ai croisé les doigts. Notre lotissement était encore en travaux et se résumait à des squelettes de maisons inachevées séparés par des mottes de terre gelées. J'aurais tout donné pour avoir quelqu'un de mon âge avec qui jouer.

Ma baby-sitter m'a emmenée saluer les nouveaux voisins. Leur maison ressemblait en tout point à la nôtre, mais orientée dans l'autre sens, même odeur de peinture fraîche et mêmes moquettes neuves. La maman, Madame Parrish, avait l'air assez vieille pour être grand-mère. Elle avait des yeux bleus qui restaient écarquillés en permanence, comme si tout ce qu'elle voyait la surprenait. Ma baby-sitter m'a présentée et a parlé de mes parents, et du fait qu'ils travaillaient un million d'heures par semaine. Madame Parrish a appelé sa fille à l'étage. Cassandra Jane a crié qu'elle ne sortirait plus jamais de sa chambre.

« Monte, ma grande, m'a encouragée la mère. Elle meurt d'envie d'avoir une copine. »

Cassie était en train de déballer un carton de livres et s'est relevée en me voyant entrer. Elle faisait une tête de plus que moi, avec de longs cheveux blonds qui bouclaient. Au début, elle ne m'a pas parlé, elle ne voulait même pas me regarder dans les yeux, mais elle m'a laissée jouer avec sa souris, Pinky. Son petit cœur palpitait au bout de mes doigts.

Sa chambre avait la même taille et la même forme que la mienne, mais était meublée différemment : un lit à baldaquin avec des rideaux en dentelle, la maison de poupée rose gribouillée au crayon de couleur noir, un étroit miroir debout dans un coin et une bibliothèque qui avait l'air bien trop petite pour contenir tous ses bouquins. Elle m'a montré sa collection de poupées de porcelaine et de chevaux en plastique et, surtout, un vrai coffre au trésor avec des rubis, de l'or et un morceau de verre de mer qui provenait du cœur d'un volcan.

Je lui ai dit que le verre de mer venait de l'océan.

« C'est pas la même chose, a-t-elle répondu. Celui-ci, c'est un "*voir* de mer". Si tu regardes à travers quand les étoiles sont alignées comme il faut, tu peux *voir* ton avenir.

— Oh…, j'ai répliqué en tendant la main.

— Mais pas aujourd'hui. » Elle a rangé le *voir* de mer et a verrouillé le coffre. J'ai vu où elle cachait la clef.

On s'est assises, un carton entre nous, et on s'est mises à déballer. Tandis que je lui donnais les livres un à un, on a comparé nos séries, nos auteurs, nos films et nos émissions de télé préférés, et aussi la musique qu'on prétendait écouter, même si on en avait seulement entendu parler par des plus grands. Quand Madame Parrish et ma baby-sitter sont montées, Cassie a passé le bras autour de mon épaule.

« C'est le destin, elle a dit à sa mère. On était faites pour être amies. »

Madame Parrish a souri. « Je t'avais bien dit que ce serait chouette, ici. »

Le père de Cassie était notre nouveau directeur d'école, muté du nord de l'État pour remplacer l'ancien qui avait eu une attaque. Sa mère est devenue notre cheftaine scoute et se portait volontaire pour accompagner nos sorties scolaires et confectionner les costumes pour la kermesse de fin d'année. Elle invitait ma mère à des parties de cartes, à des séances de travaux manuels et à des réunions du club de lecture, mais cette dernière était trop occupée à transplanter des cœurs. Monsieur Parrish ne jouait pas au squash, mon père ne pratiquait pas le golf, donc les choses en sont restées là.

Cassie était un peu lunatique, mais je m'y suis habituée. Je dormais chez elle pratiquement tous les week-ends, mais elle ne venait jamais passer une nuit chez moi. Elle ne voulait pas qu'on parle de ses crises de somnambulisme ou de ses explosions de colère quand sa mère la titillait ou que son père lui faisait ranger sa chambre une fois de plus.

Un jour, j'ai entendu sa mère parler à ma baby-sitter d'un accident qui s'était produit dans leur ancien quartier, une histoire avec un garçon. J'ai interrogé Cassie. Elle a répondu que j'essayais de lui faire du mal, qu'elle me détestait et qu'on n'était plus amies. Je suis rentrée chez moi et je me suis assise sur le perron pour lire *Un raccourci dans le temps*, tout en mâchonnant la pointe de ma queue de cheval. Cassie m'a rejointe une heure plus tard comme si de rien n'était, et elle m'a demandé de venir faire du vélo avec elle.

L'été, tous les après-midi, on allait se planquer dans ma cabane pour lire des tonnes de livres remplis de quêtes épiques et de dangereuses aventures. Je fabriquais des épées avec des branches que je taillais à l'aide d'un couteau à viande volé à la cuisine. Un jour, Cassie a ramassé des baies toxiques et a coupé une rose dans le jardin de sa mère. On s'est barbouillé le visage de baies écrasées, puis on s'est piqué le doigt avec une épine. On a conclu un pacte sacré, on s'est juré d'être fortes, de sauver la planète et d'être amies pour toujours.

Elle m'a appris les règles du solitaire. Je lui ai montré comment jouer à la dame de pique.

En CM2, au printemps, la fée des nichons s'est pointée avec sa baguette et a frappé Cassie un grand coup. Elle est devenue la première fille de notre classe à vraiment avoir besoin d'un soutien-gorge. Les garçons se sont mis à la fixer en ricanant. Les filles populaires, à la langue fourchue et aux doigts mesquins, chuchotaient dans son dos. Intérieurement, j'étais soulagée d'avoir un torse plat et de mettre encore des maillots de corps.

Des semaines durant, les garçons ont étrenné leurs jurons et leurs commentaires vulgaires sur Cassie. Elle faisait semblant de ne rien entendre, mais moi je savais. C'est un vendredi, dans la queue de la cantine, que les choses ont dégénéré. Thatcher Grey a fait claquer l'attache du soutien-gorge de Cassie tellement fort que tout le monde a entendu. Cassie a fait volte-face, l'a poussé par terre, lui a sauté dessus et filé tout un tas de coups de poing. Le temps que les dames de service lui viennent en aide, Thatcher avait un œil au beurre noir et le nez en sang.

Il est allé à l'infirmerie. On a envoyé Cassie dans le bureau de Monsieur Parrish parce que c'était à la fois le directeur et son père. Il lui a hurlé tellement fort dessus qu'on l'entendait depuis le couloir. Ensuite, il a renvoyé Thatcher et Cassie chez eux pour la journée. Le reste de la classe a passé l'après-midi à écrire une rédaction sur la tolérance et la gentillesse. Ça n'a pas plu à certaines filles qui ont déclaré que tout était la faute de Cassie.

Le lundi, ces mêmes élèves ont dit que Cassie était une sale gouine et elles l'ont bannie de la bande. Je ne savais pas ce qu'était une sale gouine, mais ça avait l'air grave. Le reste de la journée, j'ai mâchouillé la gomme de mon crayon à papier sans adresser la parole à Cassie. Le mardi, elle a déjeuné seule. Elle a joué seule pendant la récréation. Au lieu de prendre le bus pour rentrer, elle est partie en voiture avec sa mère.

Le mercredi, les garçons ont concocté un petit refrain (« nichons, nibards, tétons, roberts… »), qu'ils chuchotaient dès que la maîtresse avait le dos tourné. Thatcher a dessiné un portrait de Cassie avec des seins gros comme des pastèques et l'a fait passer en classe. Les filles populaires ont gloussé en s'enroulant leur chewing-gum autour du doigt.

Dans la hiérarchie du CM2, j'étais plus près du sommet que du bas de l'échelle, parce que mes parents étaient riches et que mon père avait rencontré le Président. Dans l'équation complexe de l'école primaire, j'étais un nombre entier, pas une fraction.

Avec Cassie, on avait conclu un pacte sacré avec du jus de baies toxiques et du sang. Je n'avais pas le choix. Je devais la sauver.

À la cantine, je me suis assise près d'elle, du côté des perdants. Je lui ai donné mes frites et j'ai parlé très fort de notre projet d'aller à Boston avec sa mère pour visiter les musées. Les autres nous dévisageaient en faisant glisser leur langue sur leurs appareils dentaires pour sentir le goût de leur gloss ou avoir l'air de réfléchir.

À la récré, je suis allée trouver Thatcher – avec ma carrure d'elfe qui faisait trois ans de moins que son âge, j'ai tenu tête à ce futur rugbyman spécialisé en plaquages offensifs.

« Je te défie de me mettre un coup de poing.

— Toi ? Tu me défies ? » Il riait tellement fort qu'il n'a rien pu ajouter.

Je l'ai poussé. « T'as tout compris ! Si tu n'as pas les couilles de le faire, c'est que tu es une fiote. » Je l'ai poussé plus fort. « Et si tu le fais, tu es encore plus une fiote parce que c'est plus dur d'encaisser un coup de poing que d'en donner un. »

Je ne savais absolument pas comment ces paroles s'étaient introduites dans ma bouche.

Tout le monde a fait : « Ooooooohhhh… » Et un cercle s'est formé autour de nous. Thatcher a cherché du regard une maîtresse qui pourrait le tirer de là. J'ai fermé les yeux et croisé les doigts.

« Vas-y », j'ai lancé.

Il m'a frappée si fort qu'il m'a fendu la lèvre et que la molaire qui bougeait et que je titillais depuis un moment avec ma langue s'est décrochée. Je lui ai craché ma dent sanguinolente à la figure juste avant de tomber dans les pommes.

Les filles qui se prenaient pour des stars ont de nouveau changé de camp. J'avais donné une bonne leçon à Thatcher. J'avais prouvé que les filles assuraient. Elles m'ont confectionné des bracelets en coton tressé avec des perles, que je n'ai acceptés qu'à condition qu'elles en fassent aussi pour Cassie. Elles l'ont réintégrée dans la bande, parce que vraiment, Thatcher n'était qu'une sale brute et que toute cette histoire, au fond, c'était de sa faute.

Après ça, avec Cassie, *on racontait à tout le monde qu'on était jumelles.*

… toute seule, ils ont retrouvé le corps dans une chambre de motel…

Le corps de Cassandra Jane Parrish est endormi dans une boîte en métal froide. Ils vont creuser un trou dans le sol et l'y planter samedi prochain.

Et la vraie Cassie ?

Je crois qu'elle vient ici.

11,00

Emma va se coucher, Jennifer va se coucher, Papa va se coucher. À l'autre bout de la ville, ma mère veille trop tard, puis finit par aller se coucher, elle aussi.

Je n'arrive pas à dormir. Des éclairs de chaleur me transpercent le crâne et court-circuitent les fils de mon cerveau. J'ai froid, puis chaud, et ensuite je ne sens plus mes doigts ni mes orteils. Il y a quelqu'un derrière la porte de ma chambre. Je le sens. Mais… non. Tout le monde dort. Tout le monde est ensorcelé, happé par un rêve.

La lune ruisselle par ma fenêtre.

J'attends.

Des araignées éclosent et rampent hors de mon nombril, petites perles de goudron poilues aux pattes de ballerines. Elles fourmillent, tissant un voile de soie, cent mille pensées d'araignées entrelacées qui m'enveloppent dans un linceul douillet.

J'inspire. La toile se presse contre mes lèvres ouvertes. Elle a un goût de poussière, de vieux rideaux.

Une odeur de gingembre, de clou de girofle et de sucre fondu flotte au-dessus de mon lit – celle de son gel douche, de son shampooing et de son parfum. Elle arrive. Elle sera bientôt là.

J'expire, et ça commence.

D'épaisses tiges épineuses traversent le plancher en crépitant comme un feu de joie. Des roses noires s'ouvrent au clair de lune, mort-nées et desséchées. La toile sur mon visage me maintient les yeux ouverts et me force à regarder Cassie qui sort de l'ombre, des ronces enroulées autour des jambes et du torse, jaillissant à travers ses cheveux. Elle se tient près de la porte un instant et, la seconde d'après, la voilà au-dessus de moi. La température de la pièce a chuté de dix degrés. J'entends sa voix dans ma tête.

« Lia. »

Je suis incapable d'émettre le moindre son. Des araignées parcourent mon visage et sautent sur mes bras. Elles vont d'elle à moi, nous liant l'une à l'autre.

« Rejoins-moi. S'il te plaît. »

La toile nous emprisonne dans cette position, en train de nous dévisager, tandis que la lune traverse le ciel et que les étoiles s'endorment.

12,00

« Réveille-toi, Lia ! » Emma me secoue.

Je lâche un grognement et m'enfonce sous la couette chaude.

« Debout ! » Elle allume la lampe. « Tu vas être en retard. »

J'ouvre les yeux et lève la main pour bloquer la lumière qui m'aveugle. Je suis encore habillée. Dehors, il fait noir. « Il est quelle heure ?

— Tard, répond Emma. Six heures et demie passées. »

Ma chambre sent le linge sale et les vieilles bougies, et non les épices et le sucre fondu. J'enfouis mon visage dans l'oreiller. « Encore cinq minutes.

— Il faut que tu te lèves maintenant. » Elle m'arrache la couette. « C'est Maman qui l'a dit.

— Hé ! Il fait froid.

— Ne crie pas. Maman a la migraine. J'ai essayé de te réveiller en douceur, mais tu n'as pas bougé. »

Je balance les jambes hors du lit et m'assieds. Pas de toiles d'araignées en vue, pas de pétales de roses sur la moquette. Cassie est à la morgue, le ventre ouvert, se vidant sur la table comme un poisson qu'on vient de pêcher. Rien de tout ça n'est arrivé.

Je frissonne et reprends la couette pour me l'enrouler autour des épaules. « Où est mon père ?

— On est mardi, banane. Il a squash. C'est rigolo, c'est le bruit que fait la balle quand elle rebondit sur le mur, *squash !* »

Merde. Mardi.

« Où est Jennifer ?

— Elle se sèche les cheveux. Où tu vas ? »

On est mardi.

Je descends les marches quatre à quatre et me précipite dans la buanderie, aussi loin que possible des oreilles de Jennifer. J'ouvre le robinet de l'évier et avale le plus d'eau possible, jusqu'à ce que mon estomac ne soit plus qu'un gros ballon prêt à exploser. Ainsi lestée, je navigue jusqu'à la cuisine au son des vagues qui clapotent en moi.

Quand Jennifer descend, les cheveux secs et les yeux soulignés d'eye-liner appliqué à la va-vite, j'en suis à ma première tasse de café de la journée. Noir. J'ai posé l'assiette sale de Papa devant moi pour faire croire que j'ai mangé du pain grillé avec de la confiture.

« Migraine ? » je demande.

Elle hoche la tête une fois, grimace, et place un mug d'eau dans le micro-ondes.

Ma plus ou moins petite sœur fait glisser une boîte à chaussures en travers de la table dans ma direction – un diorama. « C'est un colisée, en Grèce. C'est là qu'ils torturaient les gens et les donnaient à manger aux tigres, m'explique-t-elle.

— On dirait le collège.

— Ce n'est pas drôle, intervient Jennifer. Et c'est *le* Colisée à Rome, pas en Grèce. Arrête d'y toucher, Emma. La colle n'est pas encore sèche. » Le micro-ondes fait *bip*. Jennifer reprend son mug, y lâche un sachet de thé qui sent le citron, jette un œil à la pendule et annonce : « Allez, Lia. On monte. »

* * *

La deuxième fois qu'ils m'ont libérée de ~~la prison New Seasons~~ la clinique, il y a six mois, je me suis séparée ~~de ma mère~~ du Docteur Marrigan pour venir m'installer au Pays de Jennifer.

Une fois passé le choc initial, l'idée a plu à Papa. Ce serait un nouveau départ, disait-il. Avec un quotidien bien réglé et quelqu'un sachant cuisiner. Chaque matin de l'été, j'ai fait la gentille fille : je suis venue m'asseoir à la table du petit déjeuner avec mon père (car selon les papiers de décharge : « Les repas en famille doivent être détendus et plaisants »). Il me faisait une conférence sur ses dernières recherches à propos de la vie barbante d'un type mort, tandis que je mangeais de minuscules bouchées d'omelette aux champignons et de petit pain à la cannelle beurré.

Les médecins ont dit à Papa d'acheter une Grassouille T-3000, une balance de salle de bains avec un cadran géant facile à lire. Depuis, c'est Jennifer qui se tape le sale boulot de me peser dans mon peignoir usé, pour s'assurer que je reste grosse. Les premiers mois, elle prenait la mesure de mes péchés chaque matin et appelait mon médecin une fois par semaine pour lui transmettre les résultats. Ces chiffres horribles me faisaient pleurer.

D'une pesée par jour, on est passées à une tous les deux jours, puis seulement le mardi, *parce qu'aucune de nous n'avait envie de ça au départ.*

Je file dans ma chambre pour enfiler le peignoir jaune et m'assure que les pièces de monnaie que j'ai cousues dans les poches ne se voient pas. Quand je pénètre dans la salle de bains, Jennifer est en train de retoucher son maquillage dans le miroir. Je monte sur la balance.

48,5 faux kilos.

Elle inscrit le résultat dans le petit carnet vert rangé dans l'armoire à pharmacie à côté de la pommade antibactérienne, puis feuillette les chiffres des vingt-quatre semaines qu'a duré ce rituel humiliant. « C'est 300 grammes de moins que la dernière fois.

— Mais ça reste très au-dessus de la ligne rouge.

— Hmm… »

Le carnet retourne dans l'armoire à pharmacie. La couverture commence à se déchirer au niveau de la spirale.

Je descends de la balance et change de sujet. « Je peux emmener Emma manger une glace, après l'école ? »

La bouche de ma belle-mère s'ouvre, mais aucun son n'en sort.

Emma a neuf ans. Emma est potelée. Pas costaude, ni lourde, ni grosse. Elle est bien charpentée – comme son père, rappelle-t-elle – et dodue juste comme il faut. Emma devrait être mannequin : combien de fois a-t-on entendu ça, aux concerts de l'école ou aux matchs de foot... Elle représente la nouvelle adolescente américaine dans toute sa gloire, une vraie fillette aux yeux en M&M's, des cheveux qui rebondissent sur ses épaules et une petite bouée autour du bidon.

Jennifer trouve Emma ~~grosse~~ potelée, mais elle n'a pas le cran de l'avouer.

« Une seule boule, c'est promis. Dans un gobelet.

— Pas aujourd'hui. » Son rouge à lèvres donne l'impression qu'elle saigne aux commissures. Elle arrache un mouchoir en papier de la boîte et se penche vers le miroir pour réparer les dégâts. C'est une glace ancienne, avec des petites ondulations à la surface. Selon les jours, elle vous donne l'air d'une élégante princesse du temps jadis, ou bien d'un cochon.

Je tire le rideau de la douche et fais couler l'eau. Jennifer tamponne, tamponne, tamponne. « Chloé a téléphoné. Encore une fois, annonce-t-elle.

— Ici ?

— Non. Au bureau de David. »

Je règle le mitigeur sur plus chaud. Je n'aime pas la sonorité du prénom de ma mère dans la bouche de Jennifer.

« Tu as entendu ce que j'ai dit ?

— Tu as dit que Maman avait appelé Papa.

— Hier, tu m'as promis de lui passer un coup de fil. »

Je m'assieds sur le bord de la baignoire pour goûter la température du bout des doigts. « J'ai oublié. Désolée.

— Ce n'est pas grave. Elle veut que tu ailles passer le week-end chez elle. Elle dit qu'il est temps que vous fassiez une nouvelle tentative ensemble, surtout après la mort de Cassie. Elle se fait beaucoup de souci pour toi.

— Non. »

Le reflet de Jennifer me fixe en fronçant les sourcils. Elle tâtonne encore, cherche la frontière dans le paysage sinistré entre son territoire de belle-mère et celui de la mythique Épouse Numéro Un. Mais au moins elle essaie, et ça mériterait une médaille.

Elle prend une profonde inspiration. « Je pense que c'est une bonne idée.

— Pas moi.

— Allons, Lia, tu devrais…

— Tu n'as pas le droit de me dire ça. » La vapeur de la douche tournoie dans la pièce. Je n'ai qu'une envie, c'est de me déshabiller pour m'ébouillanter, mais si elle me voit nue, elle va complètement flipper. Et si j'entre sous la douche en peignoir, ça sera encore pire. « Le docteur Parker dit que je n'ai pas à laisser qui que ce soit me dire "tu devrais".

— Excuse-moi. » Elle essuie le miroir embué. « J'essaie juste de t'aider.

— Je sais. »

Quand elle a épousé mon père, je n'étais que la gamine qu'elle voyait une fois par mois, celle qui nettoyait la cuisine sans qu'on ait rien à demander et qui faisait du baby-sitting gratuitement. J'imagine qu'aujourd'hui elle regrette de ne pas avoir fait ajouter une clause dérogatoire au contrat de mariage.

« Qu'est-ce que Papa a répondu à Maman ?

— Il a dit qu'il t'en parlerait. »

L'eau continue de s'écouler, vingt litres à la minute, directement dans les égouts. La silhouette de Jennifer s'efface peu à peu derrière un mur de vapeur.

« Vas-y rien qu'une nuit. » Elle a la voix collante, comme si le rouge à lèvres lui avait saigné sur la langue. « Tu arrives à l'heure du dîner le samedi, et tu repars après le petit déjeuner le lendemain. »

J'ouvre la bouche pour lui demander de m'accompagner aux obsèques, d'aller à la veillée demain, de m'aider à décider si je dois appeler les parents de Cassie ou si ça ne fera qu'empirer les choses. J'ouvre la bouche, mais la vapeur s'engouffre dedans et fait bouillir les mots.

« Tu disais ? demande-t-elle.

— Tu vas faire des courses, aujourd'hui ?

— Quoi ?

— Est-ce que tu vas faire des courses ? Je n'ai plus de tampons. » Mensonge total, brillante diversion.

« Bien sûr. J'en prendrai au passage. Tu appelleras Chloé ?

— Cet après-midi, sans faute. Maintenant, si tu veux bien m'excuser... » Je me relève et saisis la ceinture de mon peignoir.

Elle bat en retraite dans le couloir en fermant à moitié la porte. « Merci, chérie. Je le dirai à David. »

Je fixe la vapeur jusqu'à ce que Jennifer soit redescendue au rez-de-chaussée.

« Ne m'appelle pas "chérie". »

13,00

Je coupe l'eau. Des nuages flottent dans l'air. Des larmes coulent le long du miroir, des murs et des fenêtres. J'attends le doux murmure du portail du garage qui se referme, puis je compte quelques secondes, le temps que sa voiture parcoure l'allée et prenne la direction de l'école primaire de Park Street.

... *Au bout d'un moment, ils ont réduit les cachets verts et les pilules orange* ; il faut dire que j'ai été une très gentille fille. Le brouillard dans ma tête s'est dissipé et mon cerveau est repassé en mode ACTIF. Il m'a fallu un peu de temps pour m'habituer à la vie dans le Pays de Jennifer. Pour commencer, il y avait toujours du monde à la maison. Jennifer avait des amis. Papa organisait des barbecues. Emma les harcelait pour qu'ils me laissent la garder, sauf les matins où je devais aller aux cours d'été.

Mon père (« Cinquante kilos, fillette ! Tu as l'air en pleine forme ! ») m'a racheté une voiture (« Trois ans, cent vingt mille kilomètres, mais avec des pneus neufs. Très sûr, comme modèle... ») pour que je puisse conduire Emma à la piscine, au foot ou chez ses amis. Je n'avais pas grand-chose d'autre à faire, de toute façon. Cassie m'avait larguée. Mes autres amis s'étaient volatilisés sans que je m'en rende compte. Papa m'a promis qu'on ferait des virées ensemble pour me remonter le moral. On irait regarder le soleil se lever sur l'océan, on écouterait les Boston Pops, on filerait jusqu'au Canada rien que pour boire un café, et puis on rebrousserait chemin. Il était tellement convaincant que pendant un temps j'y ai cru. Mais son éditrice a refusé de lui accorder un nouveau délai pour son livre et il a dû donner une série de cours durant tout l'été, alors on n'est jamais allés nulle part.

Ma voiture m'a menée jusqu'à un dépôt de matériel médical où j'ai acheté une balance numérique de compétition. Le genre qu'on n'entourloupe pas, *contrairement à la Grassouille T-3000...*

J'extirpe la vraie balance de sa cachette dans mon placard et l'emporte dans la salle de bains. Il faut toujours se peser sur une surface dure. Le téléphone sonne dans toutes les pièces de la maison, il y a des combinés partout ici, un vrai carillon de Noël. Le répondeur prend les choses en main.

Je fais pipi pour vidanger l'excédent d'eau et me déshabille. Je mesure un mètre soixante-cinq, un peu moins qu'à mon entrée en seconde. C'est aussi là que j'ai arrêté d'avoir mes règles. Je fais semblant d'être une grosse adolescente en bonne santé. Eux font semblant d'être mes parents. ~~Tout va pour le mieux.~~

Je ferme les yeux.

Tandis que je monte sur la balance, Jennifer met en garde Emma sur les méfaits des crèmes glacées sur la santé.

Tandis que je monte sur la balance, Emma a peur de la vanille.

Tandis que je monte sur la balance, Papa balance un coup droit et gagne le point.

Tandis que je monte sur la balance, Maman ouvre un inconnu au scalpel.

Tandis que je monte sur la balance, les ombres se rapprochent.

Tandis que je monte sur la balance, Cassie rêve.

J'ouvre les yeux. 45 kilos. Je viens officiellement d'atteindre l'objectif Numéro Un.

Ha.

Si mes médecins savaient, ils me feraient réinterner *manu militari*. Il y aurait des conséquences, de sérieuses répercussions, parce que (une fois de plus) j'ai brisé les règles des mensurations parfaites de Lia. Je suis censée être aussi grosse qu'ils l'ont décidé. Je suis censée répéter des phrases toutes faites comme des incantations pour chasser les méchantes voix de ma tête. Je suis censée m'investir dans ma guérison comme une bonne sœur s'offre corps et âme en entrant au couvent.

Les abrutis. Ce corps-ci a un métabolisme différent. Ce corps-ci déteste traîner les chaînes qu'ils ont enroulées autour de lui. La preuve ? À quarante-cinq kilos, je pense plus clairement, je suis plus belle, plus forte. Quand j'atteindrai l'objectif suivant, ce sera encore plus vrai.

L'objectif Numéro Deux, c'est quarante-trois kilos, le point d'équilibre parfait. À quarante-trois kilos, je serai pure. Assez légère pour marcher la tête haute et suffisamment charnue pour berner tout le monde. À quarante-trois kilos, je serai assez forte pour garder le contrôle. Je me tiendrai debout sur mes pointes de danse en satin, des rubans roses enroulés autour de mes mollets, et je m'élèverai haut dans l'air. Magique.

À quarante kilos, je transpercerai les nuages. C'est l'objectif Numéro Trois.

Cassie observe, à moitié cachée derrière le rideau de douche.

« Laisse tomber », chuchote-t-elle.

14,00

De nouveau en retard. Je franchis la porte, perdue dans mes rêveries (45 ! 45 ! 45 ! Demain ce sera 44,5 !), quand la lumière rouge clignotante attire mon attention. Le répondeur. Ce n'est pas mon problème. Jennifer l'écoutera en rentrant.

Mais si c'était justement Jennifer qui me demande une fois de plus d'aller récupérer Emma à l'école ? Ou bien mon père, qui a besoin de papiers importants oubliés à la maison ? Ou Cassie…

Euh, non. Pas Cassie.

Je pose mon sac à dos par terre, retraverse la cuisine glaciale et appuie sur LECTURE.

« Euh, allô ? J'espère que c'est le bon numéro. »

Une voix d'homme. Grave. Personne de ma connaissance.

Il tousse une fois. « Je cherche à joindre quelqu'un du nom de Lia. Euh, Lia, si c'est bien chez toi… bon, en même temps, si ça n'est pas chez toi, tu n'auras pas le message, pas vrai ? Est-ce que tu peux rappeler le motel Gateway, ou passer si tu es dans les parages ? Demande Elijah. C'est moi. J'ai promis à Cassie de… »

Fin du message.

Je tremble comme une feuille, alors j'enfile un sweat super large de Papa. Je réécoute le message une douzaine de fois avant d'appeler l'infirmière du lycée pour l'informer que ça ne va vraiment pas aujourd'hui et que je me rends chez mon psy en urgence. Elle dit qu'elle préviendra le directeur.

J'attrape mes clefs.

15,00

Je passe devant des jardins coincés entre deux fêtes : Thanksgiving avec les dindes gonflables sur la pelouse pour les uns, et Noël avec les faux bonshommes de neige et la couronne garnie sur la porte d'entrée pour les autres. Toutes les boîtes aux lettres portent un autocollant prévenant que la propriété est protégée par une alarme. Le quartier n'est pas aussi aisé que celui où Cassie et moi avons grandi, mais il fait de son mieux.

La voiture me guide jusqu'à la bretelle d'autoroute. Je sais que je vais me perdre. Je me perds toujours. J'aurais dû imprimer l'itinéraire.

Qui est ce gars et comment a-t-il eu mon numéro ? Est-ce que c'est un escroc ? Est-ce que je dois prévenir la police ?

Je règle le chauffage sur RÔTIR. La première sortie me conduit au milieu de barres d'immeubles de bureaux tout tassés, flanquées de parkings à moitié vides. Je reprends la 101. La sortie suivante m'emmènerait à la fac et, avec ma chance, je tomberais sur mon père en compagnie d'un de ses fayots d'étudiants.

Troisième sortie : River Road. Prenez à droite. Les premières bâtisses abritent des boutiques : un salon de manucure, un magasin de discount, un snack, un marchand de matelas, une école de karaté et un vendeur de meubles. Dans le Lavomatic, j'aperçois un gamin perché sur une chaise, son biberon à la bouche, les deux mains à plat sur la vitrine. Il sourit et le biberon tombe. Derrière lui, une femme vide un sac-poubelle rempli de vêtements dans une machine.

Je roule jusqu'à la sortie des badlands, dépasse un bosquet de cèdres et une église condamnée. Quelques kilomètres plus loin – clignotant enclenché après un rapide coup d'œil dans le rétro –, je prends à gauche et arrive sur le parking du motel Gateway. J'ai toute la place que je veux pour me garer.

Le bâtiment me rappelle le diorama en carton d'Emma. Il y a des trous tous les deux mètres : des gros pour les fenêtres, des fins pour les portes. Les murs en stuc écaillé sont tachés de rouille là où les gouttières fuient. L'accueil se situe tout au bout, avec des néons rouges qui clignotent dans la vitrine : CHA BRES LIBRE .

Je descends de voiture, verrouille la portière et me dirige vers l'accueil, en enjambant un cadavre d'oiseau à moitié déplumé.

16,00

Il fait aussi froid dedans que dehors. Le bas du comptoir de la réception est percé d'un trou de la taille d'une botte. Assis de l'autre côté, en train de lire le journal, se tient un vieux bonhomme avec de grosses lunettes et une mèche rabattue sur le crâne qui peine à masquer sa calvitie. L'image de la petite télé fixée au mur tressaute et il n'y a pas de son. Perché sur une étagère métallique, un téléphone à pièces cabossé s'offre aux touristes entre quelques brochures du parc d'attractions de Canobie Lake, de la ferme de Robert Frost et du musée du Scooter des neiges du New Hampshire. Deux portes encadrent le comptoir – l'une avec un panneau « PRIVÉ », l'autre indiquant « TOILETTES – RÉSERVÉ À LA CLIENTÈLE ».

Je n'ai rien à faire là. Je devrais être en cours de trigo. Non, d'histoire. Je devrais remonter dans ma voiture et filer au lycée, bien ralentir aux passages cloutés et m'arrêter au feu orange. Respecter scrupuleusement les limitations de vitesse.

« Ouais ? Le vieux lève la tête et plisse les paupières. Vous voulez une chambre ? »

Je secoue la tête. « Non, monsieur.

— Eh bien, c'est pour quoi, alors ? » Il a la voix engluée de goudron. « Pour voir la chambre de la morte ? » Ce n'est pas la voix du répondeur.

Je hoche imperceptiblement la tête.

« Dix billets si tu veux jeter un œil. » Il tend la main en repliant les doigts sur sa paume, dans le genre « Aboule le fric ».

J'ouvre mon portefeuille. « Je n'en ai que cinq.

— Ça ira. » Il attrape mon billet avant de brailler : « 'Li-jah ! »

La porte des toilettes s'ouvre. Le gars qui en sort doit avoir deux ans et trente centimètres de plus que moi, avec des cheveux noirs épais qui lui tombent aux épaules et des lunettes à monture noire. Il a la peau d'un blanc laiteux et, sous la barbe clairsemée, son visage est aussi grenelé qu'une coulée de lave. Il porte des bottes à bout ferré, un pantalon de treillis noir ample et un sweat-shirt à la gloire des Patriots, avec un accroc au col. Il a les yeux couleur fumée, soulignés d'un épais trait d'eye-liner. Un plug en bois lui traverse le lobe de l'oreille gauche.

Avec un grand sourire, il agite la clef anglaise argentée qu'il tient à la main. « Vous m'avez sonné, votre Viscosité ? »

La voix du répondeur.

« Elle veut voir la chambre, réplique le vieux en fourrant mon argent dans sa poche. Fais-lui visiter. »

À ces mots, l'arrogance du jeune s'évanouit en même temps que son sourire. Il pose la clef sur le comptoir et marmonne : « Suis-moi. »

« Ne vole rien. Tout appartient au motel », me lance le vieux au moment où je quitte la pièce.

Nous longeons des portes métalliques, 103, 105, 107. La 109 a perdu sa poignée. La 111 est taguée à la bombe noire, mais je n'arrive pas à déchiffrer ce que représente le graffiti.

Le type s'arrête sans prévenir devant la chambre 113 et je lui rentre dedans.

« Pardon.

— T'inquiète. » Il secoue la tête en décrochant un gros trousseau de clefs d'un des passants de sa ceinture. « Tu es là pour un pari ?

— Quoi ?

— Il y a un gamin qui s'est pointé il y a une heure. » Il fixe ses mains qui parcourent les clefs. « Un défi lancé par ses potes. »

Il prend l'une des clefs entre le pouce et l'index et laisse les autres dégringoler le long de l'anneau. « Il voulait voir s'il y avait du sang. »

Des feuilles mortes filent entre nos jambes. Le vent me rabat les cheveux en plein visage. Je les coince derrière mes oreilles. « Tu étais là... ? »

Il enfonce la clef dans la serrure en me tournant le dos et répond d'une voix aussi exaltée que celle d'un gardien de musée. « C'était mon soir de congé. J'ai regardé un match de basket dans un bar du centre-ville puis je suis allé chez un type jouer au poker. J'ai gagné quatre-vingts billets. Ça m'a fait un alibi d'enfer. » La porte grince en s'ouvrant. « Ils ont trouvé ce qui l'avait tuée finalement ? »

Je secoue la tête. « Je ne crois pas, non. »

Nouvelle rafale de vent. « J'espère que c'est allé vite. »

Derrière lui, la chambre est plongée dans l'obscurité. Je frissonne. C'est la dernière porte qu'ait franchie Cassie. Elle est entrée vivante et ressortie morte.

Je n'aurais pas dû venir.

« Tu as un nom ? il demande.

— Qui ? Moi ? » Je tremble tellement que j'en ai les dents qui claquent. Je ne connais pas ce type et j'ignore pourquoi il tient tellement à discuter avec moi. « Ouais, euh, c'est Emma. Et toi ?

— Elijah. »

Je serre les bras autour de ma poitrine. « Elle était contrariée quand elle est arrivée ? »

Il fait non de la tête. « Je l'ai pas vue avant qu'il soit trop tard. Je loge dans la 115. Quand je suis revenu de ma partie de poker, sa porte était ouverte et les lumières allumées. C'est moi qui l'ai trouvée. »

Je me détourne de lui en fermant les paupières de toutes mes forces. J'ai mal partout, comme si j'avais la grippe, ou que l'air de la 113 m'avait contaminée. Mon cœur tambourine contre ma cage thoracique, de plus en plus fort, et mon sang s'infiltre dans les crevasses du sol en ciment.

« Je lui ai pris le pouls, continue-t-il. Et j'ai appelé les secours.

— Arrête », je chuchote.

Il me régurgite son histoire réchauffée – je ne suis qu'une curieuse de plus prête à payer pour me repaître du cadavre de la blonde. Avancez, venez voir le monstre de foire, filmez avec votre téléphone, mettez le sang en ligne. Resserrez le nœud coulant du câble métallique qui vous attire irrésistiblement vers l'horreur.

J'ouvre les yeux et me tourne de nouveau vers le gars. Il est à l'intérieur de la chambre, parmi les ombres, la main tendue vers la lampe posée sur la commode.

« Je t'ai dit d'arrêter, je répète d'un ton agressif. J'en ai assez vu. » Je m'éloigne, les jambes tremblantes. « Je dois y aller.

— Hé, me rappelle-t-il. Reviens. »

Je chantonne pour étouffer sa voix.

« Hé ! crie-t-il. Tu connais une fille qui s'appelle Lia ? »

La main sur ma poignée de portière, je me fige. « Quoi ? »

Il me rejoint en quelques foulées et s'arrête près du cadavre d'oiseau. « Je cherche quelqu'un qui s'appelle Lia. Elle est peut-être de ton lycée.

— Pourquoi ? »

Il croise les bras et frissonne. Le vent a tourné et souffle du nord. « Je la cherche, c'est tout. »

L'oiseau bat des ailes et ses os cliquettent comme des dés dans un gobelet.

« Désolée. Jamais entendu parler d'elle. »

17,00

En dehors de moi, assise au dernier rang, et de trois ~~nounous~~ mamans avec des gamins poisseux au premier, la salle de cinéma est vide. Le faisceau du projecteur piège une galaxie de petits flocons de peau et de poussières de pop-corn. À l'écran, des créatures d'*anime* combattent des méchants. De la mauvaise *japanimation* typique de la séance de onze heures du mercredi.

J'ouvre le sac de la pharmacie.

Deux des ~~nounous~~ mamans discutent entre elles, tandis que la troisième a une conversation tendue avec son portable. Les gamins s'amusent à sauter sur leur siège. Au-dessus d'eux, des monstres-robots détruisent un village. Les héros aux grands yeux se transforment en renards dont les pattes crachent du feu.

Je sors la boîte de lames de rasoir du sac.

::stupide/moche/stupide/chienne/stupide/grosse/
stupide/bébé/stupide/ratée/stupide/perdue::

Un monstre-robot mauve balance un camion à la tête d'un garçon-renard, et les enceintes vibrent sous l'impact. Les gosses ne regardent même pas le film. Ils se battent pour le pop-corn et les bonbons, et geignent qu'ils veulent faire pipi.

La boîte s'ouvre et les lames s'en échappent dans un doux soupir.

Autrefois, c'est tout mon corps qui me servait de toile – des entailles brûlantes me léchaient les côtes, des échelles m'escaladaient les bras, d'épaisses tiges de laiteron bondissaient le long de mes cuisses. Le jour où j'ai emménagé au Pays de Jennifer, mon père a posé une condition. Avoir une fille qui oublie comment manger, c'était déjà dur, mais ce n'était qu'une phase et je l'avais dépassée. Mais une fille qui s'ouvrait la peau, qui voulait laisser tomber son enveloppe à terre pour pouvoir danser ? C'était juste répugnant. Pas d'automutilation, Lia Marrigan Overbrook. Pas sous le toit de Papa. Point barre. Ou bien on arrête tout.

Sur le grand écran, les héros-renards lancent des éclairs avec les yeux. Ils serrent les dents et grimacent quand les monstres les fracassent contre la montagne, mais ils se relèvent toujours, toujours. Ils renouent leur foulard rouge autour de leur cou et éclatent de rire.

Tout ce qu'il y a de mauvais en moi bout sous ma peau, comme de misérables bulles de soda luttant pour s'échapper. Je déboutonne mon jean et fais glisser la fermeture Éclair une dent après l'autre. Je me penche sur la droite et repousse l'élastique de ma culotte. Ma hanche gauche se cambre, scintillant d'un éclat bleu à la lueur du film.

::stupide/moche/stupide/chienne/stupide/grosse/
stupide/bébé/stupide/ratée/stupide/perdue::

Je trace trois lignes dans ma peau, *chut chut chut*. Les fantômes s'écoulent goutte à goutte.

Les renards métamorphes enfilent des *jet packs* et poursuivent les monstres jusque sur un astéroïde. Une ~~nounou~~ maman traîne vers la sortie le petit qui menace de se faire dessus.

Je range la lame dans sa boîte, puis la boîte dans le sac et appuie la paume contre les coupures humides jusqu'au début du générique. Juste avant que les lumières se rallument, je glisse mes doigts dans ma bouche.

J'ai un goût de pièces de monnaie sales.

18,00

À la fin de cette journée d'égarement cauchemardesque, la voiture m'emmène loin du cinéma, de la pharmacie et du motel qui débite les filles en petits morceaux. Je roule jusqu'à l'autoroute, puis à travers les collines, et remonte vers les maisons toutes identiques de Castle Pines pour rejoindre celle de mon père, perchée dans les nuages.

Ils sont tous les trois assis à la table de la salle à manger, et les chandelles tressautent sous les assauts continus de la harpe diffusée par les enceintes. L'air est tout dégoulinant des relents du dîner – restes de dinde, choux de Bruxelles puants, salade, petits pains complets et pommes de terre gratinées, le péché mignon d'Emma. Un repas de famille pour nous rappeler ce que nous sommes censés être. Nous ne sommes pas les candidats d'une émission de téléréalité (pas encore), ou des inconnus qui ne partagent qu'une maison et les factures. Nous ne sommes pas dans un motel.

Il y a une place vide en face d'Emma – assiette, serviette en papier, fourchette en inox, couteau, cuillère. C'est Maman qui a eu l'argenterie au moment de la séparation. Elle lui venait de Nanna Marrigan, qui répétait que la nourriture servie avec des couverts de mauvaise qualité avait un goût métallique. Elle avait raison.

Papa lève la tête, un morceau de dinde planté sur sa fourchette. « Tu es en retard, fillette. Assieds-toi.

— Je suis restée travailler sur un exposé. Je peux dîner dans ma chambre ? Je croule sous le boulot. »

Emma sautille sur sa chaise. « C'est moi qui ai fait les pommes de terre. Presque toute seule. »

Jennifer hoche la tête. « S'il te plaît, Lia. Ça fait longtemps qu'on n'a pas dîné tous ensemble. »

Mon estomac se noue. Je n'ai pas de place pour ça, à l'intérieur.

« Je me suis servie de l'éplucheur et d'un couteau. » Emma sourit tellement fort que les pampilles en verre du lustre vibrent sous le choc. « C'est Maman qui les a découpées.

— Génial. » Je tire ma chaise et m'installe à table. « Si c'est toi qui les as faites, elles sont forcément très bonnes. »

Papa avale et me lance un clin d'œil.

« Je peux avoir la salade ? » je demande.

Il me passe le plat rempli de sauce et de restes de dinde. Il pèse si lourd – plus que tout ce qui trône sur la table mis ensemble, en incluant la table elle-même, le lustre et le présentoir sur mesure contenant la collection de figurines en verre de Jennifer – que je dois le tenir à deux mains.

Je le pose près de mon assiette. Le triangle Papa-Emma-Jennifer a le regard fixé sur ma main qui se tend vers la fourchette de service. J'extirpe une grosse tranche bien grasse de chair cuite, engluée de sauce sanguinolente (250), et la laisse tomber dans mon assiette. *Splatch.*

Je tends le plat à Jennifer : « Tu en reveux un peu ? »

Elle le pose au milieu de la table et oriente la conversation sur les problèmes d'Emma avec les divisions.

Papa n'essaie même pas de cacher sa curiosité maladive à l'égard de mon assiette.

Je sors un petit pain complet entier (96) de la panière et me sers deux choux de Bruxelles luisants de beurre (35), bien que je déteste ça. Au Pays de Jennifer, je suis une fille modèle et je dois ingérer au moins deux bouchées de tout. Je place le pain sur le bord de mon assiette, les choux de Bruxelles à deux et quatre heures, à même distance du pain. Je me lève pour attraper le gratin dauphinois et en verse une louche orange et répugnante (70) près de la dinde.

Ce n'est pas parce que j'ai mis tout ça dans mon assiette que je dois le manger. Je suis assez forte ~~les pommes de terre sentent si bon~~ sois forte, vide, vide ~~les pommes de terre sentent~~ forte/vide/forte/respire/fais semblant/tiens bon.

Je comble l'espace restant avec de la salade, ajoute des champignons et laisse les olives dans leur bol. Cinq champignons = 20. Mange cinq champignons magiques, bois un grand verre d'eau, et ils gonfleront dans ton estomac comme des éponges.

Forte/vide/forte.

Jennifer demande à Emma combien font quarante-huit divisé par huit. Emma prend une bouchée de petit pain. Papa hoche la tête d'un air approbateur en considérant mon assiette pleine et dit qu'il interrogera Emma après le dessert. « Même les profs d'histoire doivent maîtriser les multiplications et les divisions, Emma chérie. »

Je déplie ma serviette sur mes genoux et découpe ma dinde en deux, puis en quatre, huit, et enfin seize bouchées blanches. Les choux de Bruxelles finissent en quarts. Je gratte le fromage d'un morceau de pomme de terre – ça ne me tuera pas, les patates causent rarement la mort – avant de me le fourrer dans la bouche et de le mâcher, mâcher, mâcher, tout en souriant par-dessus les kilomètres de nappe. Papa et Jennifer contemplent les divisions à l'œuvre dans mon assiette, mais ne pipent mot. À l'époque où j'ai emménagé, une scène de ce genre aurait été qualifiée de « comportement dérangé », Jennifer serait montée dans les aigus et Papa aurait fait tourner son alliance autour de son annulaire. À présent, ça tombe dans la catégorie des « batailles perdues d'avance, parce qu'au moins elle est assise à table et mange avec nous, et que son poids n'a pas chuté en zone rouge ».

Je laisse tomber ma main gauche sur mes genoux, sous la serviette, sous ma ceinture, et cherche les trois lignes couvertes de croûtes, bien droites et bien réelles. À chaque bouchée, j'enfonce mes doigts dans les coupures.

« Beau travail, je dis à Emma. Les pommes de terre sont délicieuses. »

Pendant que Papa se plaint d'un professeur de Chicago qui vient de publier exactement le livre que lui-même est en train d'écrire, je fais glisser de la nourriture sur le rebord de mon assiette, lui faisant parcourir un quart de cercle. J'appuie pour faire suinter la sauce entre les dents de ma fourchette.

Jennifer demande à Emma de diviser cent vingt et un par onze. Emma n'y arrive pas.

Je mâche chaque bouchée dix fois avant de l'avaler. Viande dans ma bouche, mâcher dix fois, laitue dans ma bouche, mâcher mâcher mâcher mâcher mâcher mâcher mâcher mâcher mâcher mâcher, choux de Bruxelles spongieux, chapeau de champignon, mâcher, mâcher, mâcher. Je bois de petites gorgées de lait pour me souiller la lèvre supérieure de blanc et prouver qu'on passe tous un merveilleux moment.

« Et cent divisé par dix, tu peux y arriver ? » insiste Jennifer.

Une larme dévale la joue d'Emma et vient s'écraser sur son gratin.

Papa interrompt sa diatribe et lève les mains. « Pas de larmes, Emma. Lia a eu du mal à mémoriser ces trucs-là, elle aussi, mais elle a fini par en venir à bout. »

À moi de jouer. « Tu sais ce qui m'a sauvée ? Les calculatrices. Tant que tu as une calculatrice, tout ira bien. Fais-moi confiance, ça ne vaut pas le coup de pleurer pour des maths. »

Jennifer me lance un regard de belle-mère plus acéré que d'habitude et se ressert un verre d'eau. « Tu n'avais pas un contrôle, aujourd'hui ? »

J'empale le plus petit morceau de pomme de terre sur ma fourchette. « Si, en physique. Il a été repoussé. Personne ne comprend rien à la vitesse de la lumière. Et ta migraine, ça va mieux ?

— J'ai l'impression d'avoir un troupeau de bisons dans le crâne.

— Ouille », je commente. Emma tente de découper un chou de Bruxelles avec sa fourchette, mais il saute de son assiette et roule sur la table dans ma direction. Le grincement strident de la fourchette contre l'assiette fait grimacer Jennifer. Je lance le fugitif à Emma, qui le rattrape en gloussant puis s'essuie les yeux avec sa manche.

Jennifer se penche vers sa fille pour lui prendre le légume des mains et renverse son verre de lait au passage. Emma recule en voyant le flot blanc envahir son assiette, détremper sa serviette, puis commencer à goutter sur le tapis neuf.

Le téléphone se met à sonner. Jennifer s'enfouit la tête dans les mains.

Papa se lève. « Laisse le répondeur. Je vais nettoyer. »

Jennifer inspire à fond et se dirige vers la cuisine. « Je déteste les gens qui filtrent leurs appels. Je vais répondre. »

Papa éponge l'inondation et tapote le dos d'Emma en disant que ce n'est qu'un verre de lait. J'enroule mon petit pain et la moitié de ma viande dans ma serviette, la replie et la pose sur mes genoux.

Jennifer revient, la bouche tordue par un rictus. « C'est elle. » Elle tend le téléphone à Papa.

Ce n'est pas à cause de Jennifer que mes parents ont divorcé. La raison de leur séparation s'appelait Amber, et avant elle il y avait eu Whitney, et encore avant Jill, et toutes les autres. Quand Maman a fini par le mettre dehors, Papa s'est rendu dans une nouvelle banque pour ouvrir un compte personnel. Jennifer travaillait là. Il était tellement sous le charme qu'il est revenu tous les jours pendant une semaine, en inventant des questions idiotes sur les crédits immobiliers et les comptes d'épargne retraite. Ils étaient mariés avant même que je me sois faite à l'idée que mes parents avaient divorcé.

Papa saisit le téléphone. « Allô ? Attends... Chloé, oui, je t'entends très bien... »

Jennifer fronce les sourcils et secoue la tête.

Message reçu. « On est en plein dîner, prévient-il en quittant la pièce, le combiné à dix centimètres de son oreille. Oui, tous ensemble. Elle gère ça très bien. »

Il avance dans le couloir et la musique s'arrête. Le lecteur CD laisse échapper un *clic-clic* et change de disque : Tchaïkovski, *Le Lac des cygnes*. Jennifer ordonne à Emma d'essuyer la sauce de gratin qu'elle a sur le menton.

19,00

Une demi-heure plus tard, Papa ouvre la porte à Maman. Le son de sa voix dans l'entrée me ligote à ma chaise avec des lianes couvertes d'épines. La dernière fois que je l'ai vue, c'était le 31 août, le jour de mes dix-huit ans.

~~Je ne peux pas la laisser me voir maintenant~~ forte/vide/forte.

La rupture avec ma mère, c'est une vieille rengaine banale à pleurer. Une petite fille naît, elle apprend à parler et à marcher, elle prononce mal certains mots et elle trébuche. Encore et encore. La petite fille oublie de manger, rate son adolescence, la mère s'en lave les mains, elle se les frotte même à la brosse et au savon chirurgical pendant trois minutes entières, puis enfile des gants en latex pour remettre la petite fille entre les mains de spécialistes en les autorisant à conduire sur elle toutes les expériences qu'ils voudront. Quand on la laisse sortir, la petite fille se rebelle.

Maman pénètre dans la salle à manger. Au même moment, Jennifer disparaît, *pouf!* La simple hypothèse qu'elle puisse occuper la même pièce que la première épouse défierait les lois de la physique.

« Garde de nuit ? » demande Papa.

Maman l'ignore et avance droit sur moi. Elle m'embrasse sur la joue, avant de reculer d'un pas pour me scruter avec sa vision radio/IRM/scanner. « Comment tu te sens ?

— Super, je réponds.

— Tu m'as manqué. » Elle m'embrasse à nouveau avec ses lèvres froides et gercées. Elle s'assied sur la chaise de Jennifer en grimaçant. Elle a les genoux capricieux quand la météo change.

« Tu as l'air fatiguée, me dit-elle.

— C'est l'hôpital qui se moque de la charité », je réplique.

Le Docteur Chloé Marrigan porte sa fatigue comme une armure. Pour être la meilleure, il faut tout donner en permanence, et plus encore : des semaines de cent heures, un nombre écrasant de patients, accomplir des miracles à la chaîne comme d'autres font cuire des hamburgers. Mais ce soir, elle semble encore plus exténuée que d'habitude. Je ne me rappelais pas qu'elle avait toutes ces rides autour de la bouche. Elle a dompté ses cheveux jaune paille en une tresse indienne bien serrée, mais quelques mèches argentées scintillent à la lueur des chandelles. Avant, elle avait la peau du visage tendue comme un tambour. Aujourd'hui, elle poche un peu au cou.

Papa essaie de meubler la conversation. « C'était une opération urgente ? »

Elle hoche la tête. « Quintuple pontage. Un vrai carnage, ce type.

— Il va s'en tirer ? » demande Papa.

Elle pose son bipeur près de la fourchette sale de Jennifer. « J'en doute. » Elle contemple les trois bouchées de dinde dans mon assiette et les miettes de pain que j'ai éparpillées tout autour. « Lia est pâle. Est-ce qu'elle mange ?

— Bien sûr », réplique Papa.

Il aura suffi de cinq phrases à ma mère pour me rendre dingue. C'est digne des Jeux olympiques, comme exploit. Je pince les lèvres, me lève, débarrasse mon assiette et celle de mon père, puis je quitte la pièce.

Jennifer et Emma sont attablées dans la cuisine autour d'une pile de fiches de révisions et poursuivent l'entraînement ès divisions. Je remplis le lave-vaisselle aussi lentement que possible tout en indiquant les réponses à Emma dans le dos de Jennifer, en dessinant les chiffres dans l'air.

Papa me rappelle depuis la salle à manger. « Lia, reviens par ici, s'il te plaît.

— Bonne chance, me murmure Jennifer tandis que je quitte la pièce.

— Merci. »

Je pose les couverts d'Emma sur son assiette, mais Papa m'interrompt. « Ne t'occupe pas de ça. Il faut qu'on parle. »

Parler = hurlements + punition + dispute + exigences.

Le Docteur Marrigan remonte les manches de son col roulé en soie verte. Elle a les ongles courts, pas de vernis, et ses doigts magiques sont accrochés à ses mains, elles-mêmes reliées aux avant-bras, dont les muscles et tendons d'acier mènent aux épaules, au cou, et au cerveau bionique. Elle se met à pianoter sur la table. « Assieds-toi, je te prie. »

J'obéis.

Papa : Ta mère est préoccupée.

Maman : C'est plus que de la préoccupation.

Lia : À quel sujet ?

Papa : Je lui ai dit que tu allais bien depuis qu'on a appris la nouvelle.

Lia : Il a raison.

Maman, le dos droit, à bonne distance du dossier de sa chaise : J'ai peur que la mort de Cassie soit un déclencheur. Les études montrent que…

Lia : Je ne suis pas une souris de laboratoire.

Maman fixe l'écran de son bipeur en espérant qu'il s'allume.

Lia : On ne se parlait plus depuis des mois.

Maman : Vous avez été les meilleures amies du monde pendant neuf ans. Il faut plus que quelques mois de brouille pour effacer tout ça.

Lia fixe une tache sur la nappe.

Papa : Tu sais de quoi elle est morte ?

Maman s'empare d'un petit pain dans la panière : Cindy doit m'appeler quand on aura les résultats de l'autopsie. Je me suis proposé de les lui expliquer.

Papa : Je parie qu'on trouvera des traces de drogue.

Maman : Peut-être, mais ce n'est pas la question. Ce qui compte, c'est Lia.

Emma vient dire bonsoir, les yeux bouffis. Papa l'embrasse, le Docteur Marrigan lui adresse un sourire clinique. Je l'enlace en lui chuchotant à l'oreille que les divisions, c'est de la crotte de bique. Elle glousse et me serre fort, puis file à l'étage prendre son bain. Jennifer se plante devant mon père, en veillant bien à nous tourner le dos, à l'Épouse Numéro Un et à moi, afin de lui poser des questions futiles sur la poubelle à sortir, ou ses chaussettes dans le séchoir… autant de détails de la vie domestique censés rappeler à l'Épouse Numéro Un qui porte l'alliance, ici.

Je balaie les miettes sur la nappe et les recueille au creux de ma main. Ce n'est pas la drogue qui a tué Cassie, à moins qu'elle ait avalé un ou deux tubes d'aspirine. Ou bien elle a bu de la vodka et est tombée dans le coma. Ou elle a coupé trop profond. Ou alors c'est quelqu'un d'autre qui l'a assassinée, un sale type qui l'a suivie pour lui voler son sac et vider son compte en banque.

Non, ç'aurait été dans le journal.

J'aurais dû demander à Elijah ce qu'il avait vu, ce qu'avait réellement dit la police. J'aurais dû lui donner mon nom. Enfin, non. Je ne sais rien de lui, au fond. Et s'il avait menti au sujet de son alibi ? Et si la police le suspectait ? Quel genre de type vit dans un motel aussi flippant ? Peut-être même qu'il n'est que le produit de mon imagination. Toute cette journée pourrait n'être qu'un rêve, une parenthèse que je me serais inventée, parce qu'admettre que j'ai passé la journée au lit serait vraiment trop pitoyable.

Mais c'est peu probable.

Pouf! Jennifer disparaît de nouveau.

Maman, en sortant un petit pain de la panière : Je ne peux pas aller à la veillée à cause du boulot. Tu iras ?

Papa : Ça serait gênant. Je ne leur ai pas parlé depuis des années.

Lia : Moi j'irai.

Maman : Hors de question. Tu es fragile sur le plan émotionnel. Je leur présenterai nos condoléances à tous samedi, aux obsèques.

Lia : Mais tu viens de faire toute une histoire sur notre longue et belle amitié, à Cassie et à moi.

Papa : Ta mère a raison. Ce serait trop dur pour toi.

Lia : Je vais bien.

Maman : Je ne te crois pas. Je veux que tu ailles voir le Docteur Parker plus souvent. Au moins une fois par semaine, peut-être plus.

Lia, calmement : Non. C'est une perte de temps et d'argent.

Papa : Qu'est-ce que tu veux dire ?

Lia : Le Docteur Parker fait durer ma thérapie pour continuer à se faire payer.

Maman, en décollant les graines sur la croûte du petit pain : C'est grâce au Docteur Parker que tu es encore en vie.

Lia, saignant à leur insu à tous deux : Arrête d'exagérer.

Maman, en émiettant le petit pain : Elle retombe dans le déni, David. Pourquoi tu ne fais rien ? Tu ne la soutiens pas dans son rétablissement, là. Tu laisses tout partir à vau-l'eau.

Papa : De quoi tu parles ? On la soutient à 100 %. Pas vrai, Lia ?

Maman, des éclairs dans les yeux : Vous la chouchoutez, vous la laissez faire ce qu'elle veut.

Papa : Pardon ? Tu as dit qu'on la chouchoutait ?

Ils se jettent dans la bataille – les pas de cette danse sont imprimés au fer rouge dans leur mémoire musculaire. J'approche une bougie et repousse la cire ramollie vers la flamme bleue au sommet.

Mes parents se sont rencontrés un été, à une fête près d'un lac, dans les montagnes. Papa terminait sa thèse et connaissait le type à qui appartenait le chalet. En plein internat, Maman avait exceptionnellement unc soirée libre. Avec ses amies, elles avaient prévu de se rendre à une autre soirée mais s'étaient perdues en route.

Quand j'étais une vraie fille, ils se pelotonnaient avec moi sur le canapé pour me raconter la version conte de fées de leur coup de foudre :

Il y a bien longtemps, sur les berges d'un lac mauve si profond qu'on n'en voyait pas le lit, un homme vit une dame à la longue chevelure dorée, qui marchait pieds nus sur le sable. La dame entendit l'homme chanter doucement en jouant de la guitare. Le destin lui-même avait voulu que leurs chemins se croisent.

Ils firent du canoë au milieu de l'eau et rirent à gorge déployée. En voyant combien ils étaient beaux et amoureux, la lune leur donna un bébé rien qu'à eux. C'est alors que le canoë commença à faire eau, puis à couler. Ils durent pagayer dur, oh hisse, mais ils parvinrent à atteindre la rive juste à temps.

Ils nommèrent le bébé Lia et vécurent heureux.

Mon pouce est en suspens au-dessus de la morsure de la flamme.

La vraie histoire est moins poétique. Maman est tombée enceinte. Papa l'a épousée. Le temps que j'arrive, ils ne se supportaient déjà plus. Ils étaient des dieux inconséquents qui s'étaient rencontrés par hasard et s'étaient accouplés au bord d'un lac couleur lie-de-vin. Ils auraient dû me transformer en poisson ou en fleur tant qu'il était encore temps.

Maman : Elle a une mine affreuse. Je veux qu'elle revienne vivre chez moi jusqu'à son diplôme.

Papa jette sa serviette sur la table : Oh, pour l'amour du ciel, Chloé…

Ces deux-là se battront jusqu'à la fin des temps.

Je souffle la bougie.

Emma m'entend monter l'escalier et me demande de regarder un film avec elle. Je colle des pansements sur mes coupures, enfile un pyjama rose pour qu'on soit assorties, et me blottis auprès d'elle sous sa couette arc-en-ciel. Elle dispose toutes ses peluches en cercle autour de nous, face à la télé, puis appuie sur LECTURE.

Une fois qu'elle est endormie, je zappe d'une chaîne à l'autre.

Le Docteur Marrigan part une heure plus tard, sans prendre la peine de monter dire au revoir, de vérifier si j'ai bien déballé mes cartons, ou de constater quelle bonne presque-sœur je fais. La porte d'entrée se referme vivement dans un impact assourdi qui fait vibrer toutes les fenêtres. Le Professeur Overbrook pousse les verrous et allume l'alarme. J'éteins la lampe princesse près du lit. Emma respire la bouche ouverte.

Les fantômes n'osent pas pénétrer ici. Je m'endors, la tête sur un éléphant en chiffon.

20,00

« Debout, Lia ! me crie Emma dans l'oreille. Tu vas être en retard ! Tu vas avoir des ennuis ! »

Je suis toujours sous sa couette arc-en-ciel, la tête sur l'éléphant. Sa chambre sent les draps qui sortent du sèche-linge et le chat.

« Ne te rendors pas !

— On est quel jour ?

— Tu le sais bien », répond-elle.
On est mercredi, le jour de la veillée.

En histoire, on assiste à une conférence sur le génocide, qui se clôt sur dix minutes de diapos d'enfants polonais massacrés par les Allemands pendant la Seconde Guerre mondiale. Deux ou trois filles sanglotent tandis que les garçons, qui d'habitude font les malins avec leurs remarques débiles, regardent par la fenêtre. Notre prof de trigo est très, mais alors très déçu par nos résultats au dernier contrôle. En physique, nouvelle ~~sieste~~ projection : *Introduction à la vitesse acquise et à la collision.* Mon prof de littérature pique une crise parce que le gouvernement exige qu'on passe une énième évaluation de nos compétences de lecture, sous prétexte qu'on est en terminale et qu'il serait utile qu'on sache lire, il faut croire.

Je mange dans ma voiture : soda light (0) + laitue (15) + huit cuillerées à soupe de sauce piquante (40) + blanc d'œuf dur (16) = déjeuner (71).

* * *

Deux minutes avant que la sonnerie nous libère enfin pour la journée, le haut-parleur m'ordonne d'aller trouver la conseillère d'éducation, Mademoiselle Rostoff, en salle de conférences. La plupart des filles de l'équipe de foot sont déjà là, ainsi que les amies de Cassie du club de théâtre et de la chorale. Mira, mon binôme d'espagnol en seconde, me fait signe en me voyant entrer. Elle faisait partie de notre troupe scoute, quand on était petites.

Nous sommes ici pour partager nos sentiments et discuter d'un hommage à Cassie, « pour que son esprit continue à vivre en nous ». Il gèle dans cette salle.

Mademoiselle Rostoff a aligné sur la table des boîtes de mouchoirs en papier décorées de chatons. Deux gros cubis de punch sans alcool et une enfilade de minuscules gobelets en carton sont disposés artistiquement autour d'une assiette garnie de biscuits noirs et blancs. Mademoiselle Rostoff croit aux pouvoirs curatifs du grignotage. Elle m'apprécie plus que toutes les autres parce que je suis tellement paumée que je vois un vrai psy et que je n'ai d'autre choix que d'aller dans la fac où mon père enseigne. Bref, me conseiller sur mon orientation a dû prendre environ deux minutes.

Les filles du club de théâtre investissent le canapé et le tapis. L'équipe de foot s'approprie les fauteuils pivotants de la salle de conférences. Je m'assieds par terre près de la porte, appuyée contre la ventilation.

Tandis qu'on attend les retardataires, l'équipe de foot se plaint de ne pas avoir assez de temps en salle de muscu, et les filles du club de théâtre gémissent que leur nouvelle metteuse en scène est une diva qui se croit à Broadway. Je me compare aux autres : je ne sais ni jouer la comédie ni marquer des buts, et la plupart de ces filles ont de meilleures notes que moi. Mais je suis la plus mince de la salle, et de loin.

Il y a un moment de gêne entre chaque conversation, et le silence finit par s'installer. Quelqu'un pète doucement. La chaleur arrive par la ventilation.

Je ne sais pas comment ils font, tous, là, comment ils arrivent à se lever chaque matin, à manger, à passer du bus à cette chaîne de montage où les profs-robots nous injectent la Matière A et la Matière B dans le crâne, et à accepter tous les examens qu'ils nous imposent. Nos parents fournissent la liste des ingrédients et nous rappellent que nous devons faire des choix sains : un sport, deux clubs, une activité artistique, un peu de bénévolat, pas de notes en dessous de B, parce que enfin, soyons sérieux, personne ne se contente de la moyenne dans ce quartier. C'est une danse aux pas compliqués et au tempo changeant.

Moi, je suis la fille qui trébuche sur la piste et ne trouve pas la sortie. Tout le monde me fixe.

Mademoiselle Rostoff consulte sa montre. Elle doit être plus performante que la grosse pendule accrochée au mur. « Très bien, mesdemoiselles. »

Une théâtreuse lève la main – IMC 20. Ou peut-être 19,5. Elle porte des baskets décorées à la main, l'une est couverte d'un minuscule échiquier aux mille couleurs, l'autre de smileys jaunes intercalés avec des crânes noirs. « Mademoiselle Rostoff ? On peut faire une minute de silence ? »

Mademoiselle Rostoff réfléchit. Nos parents pousseront-ils de grands cris si elle autorise un rituel religieux dans son bureau ? Ou s'indigneront-ils au contraire qu'elle nous refuse la liberté d'expression religieuse ?

« Est-ce que tout le monde est d'accord ? »

Nous hochons la tête, et les fils accrochés au sommet de nos crânes tressautent.

« Très bien, dans ce cas. » Elle consulte une nouvelle fois sa montre. « Un moment pour Cassie. »

Théâtreuses et footeuses inclinent la tête. J'en fais autant. Je suis censée prier, j'imagine. Je ne sais jamais, avec les minutes de silence. Elles sont tellement… silencieuses. Vides.

Quelqu'un renifle et extirpe un mouchoir en papier d'une des boîtes. J'espionne à travers mes cils. Mira a les yeux fermés et les lèvres qui bougent. Une fille que je n'ai jamais vue avant s'essuie le visage avec un Kleenex sale sorti de sa poche. Une joueuse de foot lit un texto sur son téléphone. Mademoiselle Rostoff frotte ses faux ongles contre son pouce, puis regarde l'heure.

« Merci à toutes. »

Elle ~~proclame les règles~~ définit les limites de notre discussion. Nous ne parlerons pas de la mort de Cassie, ni du où, ni du pourquoi, ni du comment, ni de ce que l'on aurait pu faire pour l'en empêcher, ou du moins retarder ce malheur. Nous sommes ici pour célébrer sa vie.

trente-trois appels.

Mademoiselle Rostoff a déjà réservé une page dans l'album de la promotion pour un hommage et s'est chargée de rédiger la notice nécrologique pour le journal de l'école. L'équipe de foot annonce qu'elle dédie le reste de la saison à Cassie, deux semaines complètes. Les théâtreuses disent qu'elles prendront un instant juste avant le spectacle de fin d'année, quand les lumières s'éteindront et que la salle sera plongée dans le noir, pour allumer un unique projecteur sur une rose solitaire dans un vase au milieu de la scène, tandis que la chorale chantera *Amazing Grace* et que la vedette de la pièce lira un poème sur la tragédie de mourir trop jeune.

Après discussion, elles se mettent d'accord sur une rose sous un projecteur pendant une minute et une ligne dans le programme de la soirée.

« Et toi, Lia ? » Mira se penche pour mieux me voir. « Tu veux faire quelque chose de spécial ? Vous étiez meilleures amies, toutes les deux. »

Étiez.

« Toutes vos idées sont super, articulent mes lèvres. Mais je pense que mademoiselle Rostoff devrait en parler aux parents de Cassie. Pour leur demander leur avis. »

Diversion réussie. La conseillère embraie sur le deuil de la famille, sur les moyens de les soutenir, la nécessité de se serrer les coudes, puis ajoute que sa porte sera toujours ouverte et la boîte de mouchoirs toujours remplie. Avant qu'on nous laisse enfin repartir, la capitaine de l'équipe de foot rappelle à ses congénères de ne pas oublier de porter leur maillot à la veillée de ce soir. Mira annonce que tout le club de théâtre sera vêtu de noir.

21,00

Pour ma part, je porte un collant bleu marine sous un baggy taché, un long maillot de corps, un col roulé, un sweat-shirt à capuche que j'ai piqué dans le placard de mon père, sans oublier mon blouson, où j'ai glissé une surprise pour Cassie tout au fond de ma poche gauche. Je complète avec des mitaines. Pas franchement la tenue idéale pour une veillée funèbre.

Je dis à Jennifer que je rentrerai après le dîner parce que je dois faire des recherches à la bibliothèque, ce qui signifie que je dois utiliser un vrai livre, lequel aura sans doute été manipulé par des milliers d'inconnus trimballant Dieu sait combien de souches de virus mutants.

Le mensonge est tellement énorme que je suis sûre qu'elle va me choper, mais je profite qu'elle soit dans le papier mâché jusqu'au cou, aidant Emma à construire un temple grec.

Ma voiture se gare devant la bibliothèque. Je parcours d'un pas pressé les cinquante mètres qui me séparent de l'église, la tête baissée et les cheveux devant le visage. Le soleil s'est couché il y a une heure. Des rafales froides s'engouffrent dans les rues, chargées du parfum de feuilles qui brûlent et de choses mortes jetées dans le feu. Des décorations de Noël vertes et rouges ornent les réverbères et toutes les vitrines.

Je sens les ombres qui sortent de l'obscurité pour s'attaquer à moi.

La dernière fois qu'on m'a internée, le psy de l'hôpital m'a fait dessiner ma silhouette grandeur nature. J'ai choisi un gros pastel gras couleur peau d'éléphant ou trottoir mouillé. Il a déroulé une grande feuille au sol, du papier ciré de boucher qui a crissé quand je me suis accroupie dessus. J'avais envie de dessiner mes cuisses sur sa moquette, mes deux cuisses de la taille d'un canapé chacune. Et les bourrelets sur mes fesses et dans mon cou se seraient déroulés par terre pour venir éclabousser les murs de la pièce. Mes seins, gros comme des ballons de plage, et mes bras, des tubes de pâte à beignets suintant aux jointures.

Le pauvre gars aurait été horrifié. Tout ce boulot, envolé dans des méandres infinis de pastel gris morve. Il aurait appelé mes parents, mis en place de nouvelles consultations (avec le compteur qui tourne, des milliers de dollars qui défilent), et revu mon traitement à la hausse : un cachet pour regonfler l'estime de soi et un autre pour écrabouiller mes penchants tarés.

Alors j'ai dessiné une version floue de moi, au dixième de la taille réelle, avec tous ses doigts et ses orteils, des cailloux dans le ventre, de jolies boucles d'oreilles et une queue de cheval.

Il a tiré une autre feuille du rouleau, sur laquelle il m'a demandé de m'allonger pour pouvoir dessiner mes contours. Le pastel s'est frotté contre mes os et j'ai frissonné. Le psy n'a pas osé s'approcher de mon entrejambe. Il n'a pas non plus avancé d'hypothèses quant à la taille ou à l'état de mes organes internes.

Tandis qu'il affichait les deux dessins au mur, j'ai pris un magazine sur sa table. C'était le genre de lecturedétonateur stratégiquement disposée là pour envoyer des étincelles dans les airs et s'embraser au contact de la folie de ses patients dans le but de les purifier.

Dans ce magazine, même les gens laids étaient beaux.

« Regarde par ici, a dit le psy. Quelles différences vois-tu, Lia ? »

De mon point de vue, les deux croquis étaient d'immondes fantômes visqueux sur papier ciré. Mais je savais ce qu'il voulait entendre. Il ne pouvait supporter l'idée que je sois malade. Personne ne le peut. Ce que tout le monde veut entendre, c'est que vous vous soignez, que vous êtes sur la voie de la guérison, que vous allez mieux de jour en jour. Si on continue simplement à être malade, autant arrêter de leur faire perdre leur temps et se dépêcher de mourir.

« Lia ? » a-t-il répété.

Les dollars défilaient.

J'ai récité ma leçon. « La silhouette que j'ai dessinée est bouffie et manque de réalisme. J'imagine qu'il faut que je travaille encore un peu la perception que j'ai de moi-même. »

Il a souri.

J'avais compris que ma vision était altérée bien avant cet épisode. Mais ce jour-là, *j'ai commencé à me dire que ceux qui me prenaient en charge n'y voyaient rien, eux non plus.*

Je m'arrête devant la vitrine du fleuriste. Il y a de la lumière au premier étage, dans mon ancienne salle de danse. J'ai passé un temps fou à fixer les miroirs, là-haut.

Pliés, sauts de chat, grands jetés, arabesques. Tour à tour fée dragée, cygne, princesse et poupée. Après les cours, je volais le manuel d'anatomie de ma mère et je me plantais nue devant la glace de la salle de bains, pour retracer du bout des doigts les muscles qui couraient sous ma peau, guettant l'endroit où ils s'affinaient pour devenir des tendons solides ancrés aux os.

La fille dont la vitrine me renvoie le reflet a des poinsettias qui lui sortent du ventre et de la tête. Elle a l'air d'une saucisse boudinée avec des manches à balai en guise de jambes, des bras en brindilles et un visage effacé à la gomme. Je sais que c'est moi, pourtant ce n'est pas moi, pas la vraie moi. Je ne sais pas à quoi je ressemble. J'ai perdu la faculté de me voir.

Des visages gris fourmillent parmi les feuilles rouges. Les fantômes veulent me goûter. Leurs mains se tendent, doigts écartés. Je marche vite afin d'échapper à leurs ombres poisseuses. Alors que je passe sous un réverbère, l'ampoule éclate et je sens l'odeur du sucre fondu. C'est elle. *Elle*.

Je cours le reste du chemin pour rejoindre la veillée, devançant d'un pas à peine les crochets de métal qu'elle lance après moi.

22,00

La file de gens venus contempler le corps sans vie serpente à travers la grande porte de l'église, glisse sur les marches et se répand sur le trottoir. Des accords d'orgue funèbres imprègnent la nuit, transforment nos chaussures en blocs de béton et nous donnent un air si lugubre que nous ressemblons à des arbres ployant sous leurs feuilles noires.

Il y a eu des précédents. En CM2, c'était pour Jimmy Myers, mort d'une leucémie. En quatrième, pour Madison Ellerson et ses parents, victimes d'un carambolage de trente véhicules en pleine tempête de neige. L'année dernière, pour un type de l'équipe de tennis, celui qui s'était classé en national. Il n'avait ni ceinture ni airbag. Quand sa voiture a percuté le camion, il a traversé le pare-brise en une courbe parfaite pour atterrir, couvert de plaies et les os brisés, dans les bras d'un pin. La file d'attente pour sa veillée faisait tout le tour du pâté de maisons.

En franchissant la porte, je reçois de plein fouet le bourdonnement des gens qui discutent en essayant de rester discrets. Des parents retirent leurs vestes, ne savent plus quoi en faire, et les laissent pendre maladroitement à leur avant-bras. Appuyés contre les murs, les mains dans les poches et la cravate dénouée, les garçons ont les joues rouges et transpirent. Les filles se balancent sur leurs talons hauts en remerciant le ciel que ce ne soit pas elles, dans cette jolie boîte là-bas.

J'ouvre mon blouson sans le retirer. Pour la première fois depuis des semaines, j'ai presque chaud. Des cierges en plastique surmontés d'ampoules orange clignotent le long des fenêtres sombres. Le cortège avance à un rythme régulier, comme si on faisait la queue pour un concert ou un match quelconque. Quand l'équipe de foot arrive à hauteur du cercueil, la capitaine donne au père de Cassie un ballon signé par toutes les filles. Celui-ci le tend à un homme en noir qui dépose l'offrande près du cadavre, délicatement, pour ne pas troubler son sommeil.

On a beau appeler ça une veillée, personne n'a vraiment envie que la morte se réveille.

Plus je m'approche du cercueil, plus la température monte. Des pétales de chrysanthèmes brunis tombent lourdement des couronnes perchées sur des montants en métal. Moi aussi je me fane, et j'ai le crâne truffé de clous rouillés. Je n'aurais jamais dû venir en jean. *Imbécile.*

Il y a un espace inoccupé entre le type de devant et moi, la place pour au moins quatre personnes. Dans mon dos, une dame me siffle d'avancer.

Brusquement, l'orgue se tait. Tout le monde s'interrompt entre deux murmures. L'organiste tend la main au-dessus d'elle et fait tomber par mégarde tout un tas de livres, qui percutent le sol en marbre dans un bruit de coup de feu. La foule sursaute.

À présent, je vois le fond de la boîte. Le ballon de foot est posé à côté d'un T-shirt noir plié, cadeau du club de théâtre. Les pieds de Cassie sont cachés sous un drap de velours blanc, et ses orteils dressés forment des petites tentes. J'espère qu'ils lui ont mis des chaussons bien chauds et des chaussettes toutes douces. Et qu'ils lui ont laissé sa bague à l'orteil.

La musique repart, un long accord mineur et tremblotant.

Le gars devant moi s'avance vers les parents de Cassie. La mère sanglote et le type l'enlace. C'est un oncle, le rigolo de la famille, celui qui nous a appris à faire du ski nautique. Il pleure, lui aussi, pousse des grognements. Ce sont les deux seules personnes dans cette église surchauffée, bondée et jonchée de pétales morts qui aient la force de dire et faire ce qu'on ressent tous.

C'est mon tour de la fixer. De violer les morts.

La Belle au bois dormant porte une robe bleu ciel à col montant et manches longues. Ses cheveux d'un jaune passé avec quelques mèches rouges délavées ressemblent à une perruque de poupée qu'on aurait trop brossée. Elle n'a pas de boucles d'oreilles, ni son collier avec la clochette en argent, mais on lui a enfilé sa chevalière du lycée. Son piercing à la narine et ses cicatrices d'acné sont camouflés sous le fond de teint qui lui emplâtre la figure. Ils se sont plantés de nuance.

J'ai une soudaine envie de lui retirer sa robe pour voir s'ils lui ont ouvert le ventre. Je veux regarder à l'intérieur. Elle en ferait autant avec moi, parce qu'on ne parlait que de ça, des créatures terrées en nous, avec leurs ailes qui grattaient et leurs antennes qui piquaient. C'étaient elles qui nous poussaient toutes trébuchantes jusqu'à la salle de bains, Cassie au-dessus des toilettes pour se vider, moi face au miroir pour que la fille de l'autre côté me donne la force de tenir bon dans ma carcasse en acier trempé.

Ils auraient dû mettre son crochet dans le cercueil, avec du fil, afin qu'elle ait de quoi s'occuper dans l'Éternité. Et aussi du Gaiman, du Tolkien, du Butler, quelques tabloïds, des bonbons à la menthe – blanche, pas chlorophylle –, ses médailles de natation, ses écussons de scoute, et les affiches des pièces dans lesquelles elle a joué. Je parie qu'elle apprécierait un paquet de céréales à grignoter, aussi : un peu de réconfort pour la route.

Sa mère sanglote plus fort que l'orgue.

Je plonge la main dans la poche de mon blouson et en tire le fragment de *voir* de mer, né du cœur d'un volcan, capable de divulguer l'avenir. Je l'ai pris dans sa chambre quand on avait neuf ans, mais je n'ai jamais réussi à le faire fonctionner, même avec toutes les étoiles alignées.

Je glisse le verre magique au creux de sa main glacée.

Les doigts de Cassie s'enroulent autour.

J'ai le cœur qui bégaie.

Elle serre le verre très fort, puis cligne les paupières – une fois, deux fois –, ouvre grand les yeux et me regarde bien en face. Elle lève la main pour se toucher les cheveux. Ils se détachent de son crâne comme des aigrettes de pissenlit. Quelques mèches flottent en direction des bougies qui brûlent autour du cercueil et s'enflamment tels des cierges magiques.

Je n'arrive plus à respirer.

Cassie se redresse lentement. Elle approche le verre magique de son œil bleu, regarde à travers et éclate de rire – un son grave et obscène que je ne lui connaissais qu'à deux ou trois heures du matin. Elle se fourre le verre dans la bouche et l'avale, puis s'essuie les lèvres d'un revers de main, se souillant les doigts de cire et de sang.

Elle fronce les sourcils et rouvre la bouche…

… non. Elle n'est pas vraiment assise là. D'ailleurs, elle n'est pas là du tout. Il n'y a pas de sang, pas de nuage de cheveux de poupée crépitant dans la flamme d'une bougie.

Je cligne les yeux. Elle a disparu du cercueil. Le ballon de foot roule au fond : ses pieds ne sont plus là pour le bloquer.

Je cligne à nouveau.

Elle n'est toujours pas là. Le drap blanc est tiré sur le côté comme si elle n'avait pas entendu le réveil – elle va être très en retard, son père va encore lui confisquer la voiture et elle va devoir faire les trajets avec moi, ça lui fiche un peu les jetons.

L'orgue déverse sa mélodie qui inonde l'église.

* * *

Les gens chuchotent dans mon dos. Ils n'ont pas que ça à faire, le dernier épisode de leur série préférée passe dans une demi-heure, et puis ils sont bien trop polis pour faire remarquer que le cercueil est vide. L'oncle rigolo reboutonne son manteau. Face à moi un espace vide, et les parents de Cassie.

Une main se pose sur mon épaule et un type me murmure à l'oreille. « Tout va bien. Vas-y. Je suis juste derrière toi. »

Je trébuche, puis, les yeux baissés, me dirige d'un pas traînant vers sa mère. Sans un mot, Madame Parrish m'entoure de ses bras et pose la tête sur mon épaule. Je lui tapote le dos. Monsieur Parrish serre la main du type derrière moi mais je n'entends pas ce qu'il lui dit parce que la mère de Cassie est tellement lourde qu'elle m'attire avec elle au fond des eaux du sanctuaire, à travers le sol en marbre. Elle veut nous faire sombrer ensemble dans la terre tiède et grouillante, où Cassie a déjà sa chambre réservée, pour qu'on puisse toutes les trois se rouler en boule tels des coléoptères et attendre le printemps.

La main inconnue me touche à nouveau. Monsieur Parrish nous extirpe du sol et décolle sa femme de moi. Il m'embrasse furieusement sur le front, mais ne trouve rien à dire.

« Nous vous présentons toutes nos condoléances », dit le gars aux yeux couleur fumée dont la main tient la mienne. Elijah. « Il n'y a pas de mots assez forts. »

Il m'entraîne dans le flot qui progresse vers la sortie. Je vacille et il m'agrippe le bras pour m'empêcher de tomber.

23,00

« Bois. »

Elijah pousse vers moi un gros mug rempli de chocolat chaud. Je ne me rappelle pas l'avoir commandé. Je ne sais même plus comment je suis arrivée ici.

« Allez. »

Je soulève la tasse à deux mains et avale une gorgée. Le liquide brûle mes lèvres, ma langue, ainsi que ma gorge rose. Bien fait pour moi. J'ai les mains qui tremblent quand je repose le chocolat et j'en renverse sur la table. Elijah attrape quelques serviettes en papier dans le petit distributeur pour éponger les dégâts.

Je reconnais cet endroit. Je suis déjà venue ici. C'est le petit restaurant végétarien à cinquante mètres de l'église, celui avec la musique zen, les petits pains au chanvre et les pétitions écolos près de la caisse.

« Comment ça va, Emma ? » demande Elijah.

Il me faut une minute pour comprendre que c'est à moi qu'il s'adresse ; je ne lui ai toujours pas avoué qui je suis en réalité car c'est plus simple de mentir. Je devrais dire : « Beaucoup mieux, merci. Et toi ? » avec un sourire de gentille fille, mais je suis vachement trop fatiguée pour ça.

Il repousse les serviettes détrempées en bout de table. « Voir des morts, ça peut faire bizarre. »

Je tends les doigts au-dessus du petit nuage de vapeur qui s'élève de ma tasse et contemple le cuisinier en train de s'affairer autour du grill, du mixeur et du grille-pain. Cassie est assise sur chacune des chaises de la salle, à rire, mâcher ou choisir quelque chose sur le menu.

« Elle n'est pas dans son cercueil », j'éructe.

Elijah se fige l'espace d'une seconde, son regard planté dans le mien. Il s'est lavé les cheveux et fait une queue de cheval. Le plug en bois dans son lobe a laissé la place à un cercle creux en os qui ressemble à un hublot à côté de sa mâchoire. Il porte une chemise miteuse avec une cravate noire et triste. Ses mains sont propres. Et il s'est plus ou moins rasé.

« Je sais, répond-il. C'est juste son enveloppe, pas son âme. »

Je secoue la tête. « Ce n'est pas ce que je voulais dire. Elle s'est assise dans son cercueil. Et puis elle a disparu. Tu n'as pas vu ? »

Il pose ses deux mains sur les miennes et se penche en avant. Elles sont si chaudes qu'elles devraient rougeoyer. « Fais-moi plaisir, dit-il lentement. Prends une gorgée, ferme les yeux, et respire.

— C'est débile. »

Il hoche la tête en souriant. « Ouais, je sais. Mais fais-le quand même. »

Mes mains portent de nouveau la tasse à mes lèvres. Des draps de velours blanc m'étouffent. Les perles glissent en cliquetant sur mon boulier : 20 cl de chocolat chaud = 400, mais je suis gelée. J'ai besoin ~~d'avaler ce machin tout entier et d'en recommander un~~ d'en boire une gorgée en ignorant le goût.

Je sirote le chocolat, repose la tasse sans rien renverser et ferme les yeux. Il m'a dit de respirer. Ce que je respire, ce sont les crêpes et les frites. Des odeurs éprouvantes pour le système nerveux.

« Continue à respirer », ordonne-t-il d'une voix qui gronde comme le tonnerre au loin.

Le cuisinier fait grésiller quelque chose sur sa plaque. À la table voisine, le client s'en va en raclant sa chaise sur le sol. Quelqu'un soulève des verres qui tintinnabulent comme la pluie. Deux femmes rient, et leurs voix se chevauchent. La porte des toilettes grince.

« Prête ? demande-t-il. Ouvre les yeux. Ne réfléchis pas. Ouvre simplement les yeux et ne bouge pas. »

La salle de restaurant passe du flou au net : les tables, les chaises, les spots, la cuisine. Les affiches aux murs. Par le trou dans le lobe d'Elijah, j'aperçois la lune et les étoiles peintes sous la pendule, sur le mur du fond. La fille assise à côté n'est pas Cassie. Pas plus que le serveur qui remplit sa tasse. Je pivote sur mon siège pour regarder alentour. Personne ici n'est Cassie. Je suis en sécurité.

« Ça va mieux ? il demande.

— Oui. Merci.

— Pas de problème. » Il empale un morceau de gaufre imbibé de sirop d'érable sur sa fourchette. « Tu as eu un moment difficile. Ça arrive. » Il engouffre sa bouchée.

« Attends, d'où ça vient, ça ? »

Il désigne la table voisine, que la serveuse n'a pas encore débarrassée. Il y a un billet de cinq dollars sous la salière, une tasse de café à moitié vide, une fourchette sale et un set en papier taché de sirop.

« Ils allaient tout jeter.

— C'est répugnant. Et les microbes ?

— La bouffe gratuite ne me rend jamais malade. Tu en veux ?

— Pas question. »

Il explose de rire tellement fort que les gens se retournent pour le dévisager.

« Tu es toujours aussi bizarre ? »

Nouvel éclat de rire. « D'habitude c'est pire. Tu vois ça ? » Il remonte sa manche pour me montrer le tatouage qui lui recouvre l'avant-bras : une créature hypermusclée, moitié homme moitié taureau, traversant un mur de flammes sur une moto, avec des ailes accrochées à ses jambes, à ses bras et à son casque.

« C'est censé représenter quoi ?

— C'est le dieu des coursiers. Cool, hein ? C'est une vision qui m'est venue alors que je livrais un paquet dans un cabinet d'avocats, à Boston. Il m'est apparu tellement clairement que j'ai cru qu'il allait se jeter sur moi pour m'étrangler. Il fallait que je l'aie dans la peau.

— Tu as des visions, donc.

— C'est un don. Tu devrais voir celui que j'ai sur les fesses.

— Non, ça ira. » Je parcours rapidement la salle du regard. Toujours pas de Cassie. « Et quand tu as une vision qui ne te plaît pas ?

— Peu importe qu'elle me plaise ou non. Ce qui compte, c'est que j'y prête attention et que je comprenne pourquoi elle m'a été envoyée. »

Brusquement, ses yeux se posent sur un point au-dessus de mon épaule et il pousse l'assiette de gaufre dans ma direction, manquant de me l'envoyer sur les genoux.

Notre serveuse apparaît, vêtue d'une jupe en jean longue et d'un gros pull en laine, avec de minuscules coquillages pendillant de ses piercings hélix. IMC 23. Elle pose son plateau en équilibre contre une hanche rebondie et fronce les sourcils en fixant les gaufres. « Quand est-ce que vous avez commandé ça ?

— Ce n'est pas moi. »

Elijah me donne un petit coup de pied sous la table. « C'est mon pote qui les lui a données. Le type avec un blouson des Bruins – il est parti il y a quelques minutes. »

Elle plisse les yeux, flairant le coup fourré. « Vous êtes sûr ?

— Il ne nous a pas refourgué l'addition, au moins ? demande Elijah.

— Non. » Elle secoue la tête. « Il a réglé.

— Et il vous a laissé un généreux pourboire, en plus, alors pas de soucis, hein ? » Il désigne son plateau. « C'est ma commande ? »

Elle pose l'assiette de pain grillé et le petit ramequin de confiture rouge devant lui, puis tourne les talons sans ajouter un mot.

Il verse toute la confiture sur la tartine et l'étale au couteau.

« Je peux te poser une question ? » je demande.

Il croque une bouchée. « Tout ce que tu voudras.

— Que fait un coursier qui a des visions au milieu de nulle part dans le New Hampshire ?

— Je n'habite pas au milieu de nulle part, mais au centre de tout. Tu en veux un bout ? »

~~Tu m'étonnes.~~ « Non. » Je secoue la tête. « Pas faim.

— Et *j'étais* coursier. Maintenant, je suis homme à tout faire. Il s'avère que j'ai un talent fou avec une clef anglaise dans les mains. »

Il plie le pain en deux et se le fourre presque entièrement dans la bouche. « C'est dingue. En fait, je peux tout faire comme métier.

— Ouais, bien sûr. » Je ris et prends une nouvelle gorgée de chocolat sans même m'en rendre compte. « Comme quoi ?

— Par où commencer ? Poète, philosophe, pêcheur. Mon paternel me traite de bon à rien, mais c'est un peu réducteur, tu ne crois pas ? Je sais couper du bois, épandre du paillis, servir de la bière, et faire pousser des tomates parfaites.

— Je n'en doute pas.

— Je suis un génie du poker, un chaman, et un vagabond en quête de vérité. Je sais conduire un taxi, une moto, monter un taureau, mais pas très longtemps. Il faut me voir pelleter du purin, c'est à la fois original et artistique, comme geste. Dès que ma voiture sera réparée, je me reconvertirai en bohémien à la recherche d'un monde perdu.

— Et tu es un voleur, aussi, j'ajoute.

— Quand la situation l'exige. » Il attire l'assiette de gaufres à lui et trempe le reste de son pain dans le sirop. « Pourquoi tu ne te sers pas de tes pouvoirs pour gagner au loto ou pour faire pousser de l'argent sur les arbres, au lieu de piquer de la nourriture ?

— Ce serait ennuyeux à mourir. » Il lèche le sirop sur la tranche de sa main. « À ton tour. Tu es quoi, toi ?

— Triste. » C'est sorti tout seul.

« Tu la connaissais bien, pas vrai ? »

Les lumières papillotent derrière mes yeux. Je la connaissais par cœur. Les soirées pyjama, les biscuits qu'on vendait au porte-à-porte, ses coups de cœur pour les chanteurs de boys band, la fois où je me suis cassé la jambe en tombant du porte-bagages de son vélo, et celle où je l'ai aidée à repeindre sa chambre en blanc après qu'elle l'avait peinturlurée en noir sans la permission de ses parents.

« Parle-moi d'elle, demande Elijah. Raconte-moi quelque chose de sympa.

— Elle adorait les gaufres.

— Ça n'a rien d'original, si ?

— Elle disait que le monde serait plus beau si on mangeait tous des gaufres à la place du pain. »

Il gobe une cuillerée de confiture. « Pourquoi ?

— Parce que ça a meilleur goût et que "gaufre", c'est plus marrant à dire.

— Bien vu. »

La serveuse renfrognée rapplique et pose l'addition à l'envers sur la table. Elijah la retourne pour consulter le total.

Je sors mon portefeuille. « Combien je dois ? »

Il plonge la main dans sa poche. « C'est pour moi.

— Tu es sûr ?

— Ouais. » Il lâche une poignée de pièces de monnaie à côté de son assiette. « Mais seulement si tu termines ce chocolat chaud. J'ai dû récurer une fosse septique pour gagner cet argent. Je ne dis pas ça pour que tu culpabilises, hein. »

Je réprime un sourire et enroule mes doigts autour de la tasse. ~~Je suis une adolescente en pleine santé, dans un restaurant, et je peux boire encore un peu de chocolat. Et c'est bon et~~ je ne veux pas rentrer à la maison alors que je commence tout juste à me réchauffer. Je vais laisser de la peau se former sur le chocolat, et ça me dégoûtera tellement que je ne pourrai plus en boire. Il n'espère tout de même pas me faire ingurgiter de la peau ? Je vais rester encore vingt minutes, jusqu'à l'heure de fermeture de la bibliothèque. « Tu as encore faim ? je demande.

— Toujours. L'odeur de ces frites me rend dingue.

— Pourquoi tu ne t'en commandes pas ?

— Je peux pas. » Il désigne le tas de pièces. « C'est tout ce que j'ai sur moi. »

Je dégaine ma carte de crédit et l'agite sous son nez. « Pas de problème. »

Deux frites = 20.

24,00

Pendant tout le trajet du retour, je me sens presque comme une vraie fille. Je suis allée au café. J'ai bu du chocolat chaud et mangé des frites. J'ai discuté avec un gars. J'ai ri deux ou trois fois. C'est un peu comme faire du patin à glace pour la première fois : je n'étais pas très à l'aise, mais j'ai réussi.

Dès que je pénètre dans la maison, les chuchotements reviennent…

… elle a appelé.
trente-trois fois.
tu n'as pas répondu.
toute seule, ils ont retrouvé le corps dans une chambre de motel.
tu l'as laissée toute seule.
tu aurais dû tu aurais dû tu aurais dû faire quelque chose,
n'importe quoi.
tu l'as tuée.

J'essaie de les faire taire en me concentrant sur le moment présent : *Je monte l'escalier. J'entre dans ma chambre. Je suis…*

tu l'as laissée toute seule.

… la ferme, je jette mon sac sur le lit. Je me mets en pyjama. Il me faut mon peignoir ; je crois que je l'ai rangé…

J'ouvre mon armoire.

tu l'as laissée toute seule.

Cassie est appuyée contre la pile de cartons. Elle penche la tête sur le côté et me fait un petit signe de la main. « Tu t'es bien amusée ? »

Je claque la porte si fort que le chambranle se fissure.

Il y a deux ans, elle a failli consulter un médecin. Passer son temps à se gaver et vomir ne la faisait pas maigrir, mais pleurer. Son entraîneuse de foot l'avait reléguée au banc de touche parce qu'elle ne courait plus assez vite. La prof de théâtre lui avait dit qu'elle ne « rayonnait » pas assez pour obtenir le premier rôle dans la pièce.

« Je ne peux pas arrêter, mais je ne peux pas non plus continuer comme ça, m'a-t-elle dit. Il n'y a rien qui fonctionne. »

Je l'ai soutenue à fond. J'ai cherché des noms de médecins et de cliniques. Je lui ai transféré des adresses de forums de soutien.

Et j'ai tout saboté, bien consciencieusement.

Je lui répétais qu'elle était forte, qu'elle serait bientôt en bonne santé, que j'étais très fière d'elle, pendant que, de mon côté, je réduisais encore les calories que j'ingérais, et que le chiffre magique sur la balance diminuait en même temps que mon tour de cuisse. On faisait du shopping au centre commercial et je m'arrangeais pour qu'on se change dans la même cabine, elle et moi, afin qu'elle voie mon squelette saillant étinceler sous les néons bleus. On allait au fast-food et elle commandait des frites, des *nuggets* de poulet et une salade au fromage. Je prenais un café noir et léchais le contenu du petit sachet d'aspartam au creux de ma paume. Et elle me demandait de surveiller la porte des toilettes pendant qu'elle gerbait son déjeuner dans la cuvette sale.

On se donnait la main pour traverser la forêt sur le sentier en pain d'épices, et le sang coulait de nos doigts. On a dansé avec des sorcières et embrassé des monstres. On s'est transformées en filles de l'hiver, et quand elle a tenté de s'enfuir, *je l'ai ramenée de force dans la neige parce que j'avais peur d'être seule.*

À minuit passé, je suis toujours debout, en train de lire dans le salon, dans l'espoir que Cassie se lassera et finira par partir. Au moment où je m'apprête à aller au sous-sol ~~pour me cramer les muscles des jambes jusqu'au lever du soleil~~ pour faire une vingtaine de minutes de gym sans trop forcer afin de mieux dormir, Papa descend l'escalier en clopinant et rejoint la cuisine. J'entends la porte du frigo s'ouvrir, puis la bombe de crème chantilly chuinter pendant plusieurs secondes. La porte se referme et mon père vient me retrouver dans le salon.

« Lia ? » Il porte une robe de chambre verte et bleue à carreaux plus vieille que moi, un bas de pyjama en flanelle et un T-shirt gris avec l'inscription DÉPARTEMENT D'ATHLÉTISME. Il est pieds nus. Ses cheveux trop longs, plus argentés que noirs, sont tout ébouriffés. Il a l'air d'un SDF mendiant quelques pièces à un coin de rue, sauf qu'au lieu d'un gobelet, il tient à la main une assiette de tarte enfouie sous une montagne de crème chantilly. Les deux dernières parts de la tarte à la citrouille de Thanksgiving, je parie.

« Qu'est-ce que tu fais encore debout ? demande-t-il. Tu devrais être au lit. »

Je brandis le dernier chef-d'œuvre de Neil Gaiman. « Je veux savoir comment ça finit. Et toi ? »

Il s'assied avec précaution sur le fauteuil inclinable, pose l'assiette sur ses genoux, et attaque son encas. « Je n'arrête pas de rêver de mes recherches et de réveiller Jennifer en tapant sur le matelas. » Il fronce les sourcils. « Je n'aurais jamais dû accepter de l'écrire, celui-là.

— Pourquoi ? »

Il enfourne une autre bouchée et mastique quelques secondes. ~~L'odeur flotte jusqu'à moi, de la citrouille toute sucrée et délicieuse, avec cette crème fouettée qui fond sur la langue.~~ Cette tarte a presque une semaine, il y a du moisi sur la pâte, il va se rendre malade.

Il essuie la crème sur ses lèvres. « Je n'ai pas fait assez de recherches préliminaires avant de rédiger le synopsis. J'étais persuadé que je trouverais tout un tas de sources et je me suis trop avancé dans mes promesses. Maintenant, je suis coincé.

— Dis-le à ton éditrice. Explique que tu as commis une erreur et propose-lui d'écrire un autre livre.

— Ce n'est pas si simple. » Il engouffre un autre morceau énorme de tarte.

En voyant la nourriture disparaître dans sa bouche, ses mâchoires qui s'activent comme une broyeuse et les déglutitions répétées, je sens monter en moi un sentiment de panique. Du bout des doigts, j'appuie sur les coins de mon livre jusqu'à ce que ça fasse mal.

« Tu disais que les choses avaient toujours l'air moins effrayantes le matin, je lui rappelle. Peut-être que tu devrais simplement retourner te coucher.

— Ce sont des trucs d'adulte, Lia, c'est un peu plus compliqué que ça. Mais tu n'as pas à t'inquiéter. »

~~Bien sûr, parce que je suis encore une petite fille qui croit au Père Noël, à la petite souris, et en toi.~~

Il farfouille dans la poche de sa robe de chambre et en sort ses lunettes. « Est-ce que mon ordinateur portable est dans le coin ? »

Je pointe l'étagère au-dessus de la télévision.

« Ah. » Il se lève et traverse la pièce. « Pourquoi tu ne finirais pas mon assiette ? » suggère-t-il en me collant la tarte (545) sous le nez.

« Pas question. » Je la repousse. « C'est dégoûtant. »

Il fronce les sourcils. « Ça ne te fera pas de mal. C'est juste de la tarte. »

Il la tient toujours à quelques centimètres de mon visage. Il suffirait que je lui tape sur la main pour que la tarte atterrisse sur le lecteur DVD et gicle sur l'écran de télé.

« Tu ne voudrais pas donner raison à ta mère, n'est-ce pas ? demande-t-il.

— À quel sujet ?

— Au sujet de tes vieilles habitudes qui reprendraient le dessus. Tes *mauvaises* habitudes. »

Je me lève, le forçant à reculer pour me laisser passer. « Je suis fatiguée. Je vais me coucher. »

Mes pieds ne font aucun bruit sur la moquette. J'ouvre la porte lentement.

Cassie est partie. La pièce sent comme une pâtisserie de Noël, mais elle n'est plus là. J'allume mon ordinateur et sélectionne de la musique country parce qu'elle déteste ça, puis je me glisse dans mon lit.

Alors que je commence à somnoler, la musique s'arrête.

Cassie est assise au pied de mon lit ; elle a l'air plus forte et en meilleure santé qu'auparavant, comme si elle s'habituait à être un fantôme. Elle tapote ma jambe à travers les couvertures. « Dors. Ça va aller », dit-elle.

Pas d'araignées en vue, pas de gentils coléoptères pour la chasser. Je veux lui ordonner de me laisser tranquille, mais ma bouche refuse de s'ouvrir.

25,00

Jeudi.

Je me réveille le souffle chargé de terre. Je tousse pour expulser les galets de ma bouche, mais à l'inspiration suivante, des mottes d'argile humide me remplissent les poumons…

Non. C'est seulement le drap qui recouvre mon visage. Je l'arrache et saute du lit en un éclair. La maison est plongée dans le noir, 5 h 45. C'est la première fois depuis des semaines que je me réveille avant Emma. Au bout du couloir, la douche de mon père s'enclenche. Il doit encore avoir une réunion pédagogique.

J'allume toutes les lampes et m'aperçois dans le miroir. Ça recommence, mon métabolisme est en train de ralentir. Des bulles de graisse jaune bouillonnent sous ma peau. J'ai à nouveau l'air faible et répugnante.

::stupide/moche/chienne/stupide/grosse/
stupide/bébé/stupide/ratée/stupide/perdue::

On m'a donné des directives claires pour les situations de ce genre :

1. Identifier ce que je ressens.
2. Réciter des ~~incantations magiques~~ affirmations, relire mes Objectifs de Vie, méditer sur des pensées positives.
3. Appeler mon thérapeute si les injonctions négatives persistent.
4. Maintenir l'apport calorique et hydrique requis.
5. Éviter tout exercice excessif, ainsi que l'absorption d'alcool ou de drogue.
6. Claquer trois fois des talons en répétant : « Qu'est-ce qu'on est bien à la maison, qu'est-ce qu'on est

bien à la maison, qu'est-ce qu'on est bien à la maison. »

Alors une tornade apparaîtra pour m'emporter en lieu sûr. Ou bien la maison en question me tombera sur le coin de la tête.

~~Rien ne marche rien ne marche jamais ça continue à me tuer de l'intérieur~~ Je m'allonge par terre pour faire deux ou trois cents abdos, jusqu'à ce que la sueur me dégouline dans le nombril.

Nouvelles règles :

1. 800 calories maximum par jour. De préférence 500.
2. La journée commence au dîner. S'ils me forcent à manger avec eux, me gaver suffisamment pour qu'ils me fichent la paix. Puis restrictions le lendemain pour compenser.
3. Si pas de petit déjeuner, aller au lycée en bus.
   a. Ou mieux encore : à pied.
   b. Ou le summum : ne pas y aller.
4. Reprendre l'exercice physique.
5. Dormir la lumière allumée jusqu'à l'enterrement.

Dans la cuisine, je souris et essaie de tenir mon rôle dans la comédie du matin. Jennifer torture Emma avec ses questions pièges sur les divisions, pour la préparer à son contrôle. Elles remarquent à peine ma présence et partent avec dix minutes de retard.

Le prof de physique fait une démonstration de collision entre une boule de bowling et une balle de squash. C'est la boule de bowling qui l'emporte. À la place du cours d'histoire, on se rend tous au gymnase pour la réunion de présentation des facs. Des représentants d'environ deux cents écoles et académies militaires sont plantés derrière des tables pliantes croulant sous les brochures en papier glacé qui nous promettent toutes un avenir rayonnant.

Il a fallu détruire un bon millier d'hectares de forêt pour fabriquer ces brochures qui finiront à la poubelle d'ici ce soir. Est-ce que j'ai besoin d'en prendre une ? Non. Je sais déjà dans quelle fac j'irai. Est-ce que j'ai envie d'y aller ? Non plus.

Qu'est-ce que je veux ?

Il n'y a aucune réponse à cette question.

J'aurais dû garder le *voir* de mer de Cassie, ou du moins regarder dedans avant de le lui rendre. Ç'aurait été plus utile qu'une fichue brochure.

***

Le club de théâtre m'invite à sa table à la cafétéria. Je préférerais aller faire un somme à l'infirmerie, mais elles sont gentilles, alors je réponds « Bien sûr » et je prends place derrière elles dans la queue.

Je m'achète une petite pomme abîmée (70) et un yaourt 0 % à l'aspartam (60). La fille devant moi, Sasha, prend des nuggets de fromage frits dans le saindoux, servis avec de la sauce tomate. Plus un brownie. Et une bouteille d'eau. Le gars avant elle (celui qui s'occupe de la sono et des lumières) opte pour les spaghettis et paie un supplément pour avoir une deuxième portion de pain à l'ail. Un autre choisit la pizza. La fille derrière moi pose une assiette de laitue et de céleri sur son plateau, avec un petit ramequin de ketchup. Les autres filles mangent toutes des salades taco.

On s'assied au milieu de la cafétéria, cet aquarium grouillant de vairons, de guppys, de tétras, de mollys et de scalaires. Des requins encerclent leurs proies. De petites anguilles épineuses viennent cogner leur nez contre la vitre, cherchant la sortie. Des flocons de nourriture et des guirlandes de crottes oscillent dans l'air tandis que des algues vert jaune poisseuses jonchent le sol.

La bande discute de qui a pleuré ou non à la veillée, et d'Unetelle qui sanglotait non pas parce que le corps de Cassie reposait dans cette boîte rembourrée, mais parce qu'elle s'était fait larguer le jour même. Quand on m'interroge, je récite le texte que j'ai préparé à l'avance. Oui, c'est tellement tragique. Non, je n'ai rien vu venir. Oui, les pompes funèbres ont vraiment salopé le boulot. Non, je ne pense pas qu'elle aurait aimé cette robe. Ouais, c'était trop bizarre…

Elles ouvrent et ferment la bouche, ouvert-fermé, et leurs ouïes claquent derrière leurs oreilles. De la graisse de nuggets au fromage flotte à la surface de l'eau. Les dames de service nettoieront ça avec de la sciure. Le gars à la pizza renverse de la sauce sur sa chemise. Une mangeuse de salade taco a un piercing infecté à la narine. On faisait de la danse classique ensemble, en cinquième.

Laitue-ketchup me lance des regards assassins parce que, malgré tous ses efforts, elle n'arrive pas à perdre ces cinq fichus derniers kilos.

Je découpe la talure spongieuse de ma pomme et débite le reste en huit quartiers. J'en trempe un dans le yaourt avant de le déposer sur ma langue, tout juteux et moelleux et délicieux. Il se fraie un chemin le long de ma gorge en giclant.

« J'ai jamais été à un enterrement, dit la salade taco blonde.

— Moi j'en ai vu des tonnes, rétorque le spaghetti. Du côté de mon père, ils arrêtent pas de mourir. Les obsèques, c'est toujours pareil.

— Est-ce qu'on doit recouvrir le cercueil nous-mêmes ? demande la salade taco avec le piercing.

— C'est le cimetière qui s'en charge. » Spaghetti croque dans son pain à l'ail. « Ils se servent d'une petite pelleteuse, comme sur les chantiers.

— On devrait y aller tous ensemble, conclut Sasha nuggets en sirotant son eau. Comme à la veillée. Ça toucherait beaucoup ses parents. »

Cassie franchit la porte à double battant en nageant, pieds nus, sa robe bleue ondulant le long de son corps. Ses cheveux flottent dans son dos, tout emmêlés de rubans d'algues. De minuscules escargots sont soudés à son cou et à ses doigts.

Elle passe par-dessus la première table en scrutant la salle. Je fixe mon yaourt de toutes mes forces.

« Tu veux nous rejoindre chez moi, Lia ? » demande la salade taco blonde. Elle s'est mis de la sauce piquante sur le chemisier sans s'en rendre compte. « Je peux emprunter le monospace de ma mère, on tiendrait tous. »

Cassie accélère sa nage, décrivant de grands cercles tout autour de l'aquarium. C'est moi qu'elle cherche. Je me demande si le *voir* de mer est toujours dans son ventre. Il va falloir qu'elle le vomisse si elle veut découvrir son avenir. Mais peut-être que ça ne marche pas pareil quand on est mort.

« Lia ?

— Je ne pense pas que je viendrai, dis-je tandis que Cassie disparaît dans la cuisine.

— Quoi ?

— Mes parents ne veulent pas.

— Mais il faut que tu sois là, geint laitue-ketchup. On doit tous y aller pour montrer notre soutien.

— Quel soutien ? je demande.

— Notre soutien à Cassie, aboie la fille. Même si tu as l'air de t'en foutre.

— Hé ! » Je pointe mon couteau en plastique dans sa direction. « J'ai été son amie bien plus longtemps que toi.

— Ah oui, vraiment ? » Ni une ni deux, elle revêt le masque de l'indignation : yeux écarquillés, tête projetée en avant, bouche ouverte pour feindre la surprise. « C'est pour ça qu'elle ne te parlait pas ? Je sais que tu as tout fichu en l'air. Une véritable amie ne ferait jamais une chose pareille. Moi en tout cas, je ne ferais jamais ça. »

Les gens aux tables voisines tendent l'oreille. Le club de théâtre est censé être un ramassis de mollassons déprimés. Ils ne se disputent jamais en public.

Je devrais laisser tomber, me tirer d'ici à la nage, mais mes branchies claquent et des bulles de rage me sortent de la bouche. « Si tu étais son amie, tu étais où quand elle s'est retrouvée seule et effrayée ? Est-ce que tu as répondu au téléphone ? Non. Absolument pas. Tu es nulle.

— Qu'est-ce que tu racontes ? Elle ne m'a pas appelée. »

Sasha pose sa main sur mon bras. « Du calme, Lia.

— Du calme ? Comment veux-tu que je sois calme ? Elle est morte ! »

Je me lève. Je hurle. Je crois bien que je viens de balancer mon yaourt à la face de laitue-ketchup.

Un surveillant obèse s'approche en battant des nageoires pour rétablir l'ordre.

26,00

Tandis que je rentre de retenue (merci, non monsieur, ça ne se reproduira pas, oui, c'est dur pour tout le monde), Jennifer s'apprête à ressortir.

« Ton père a promis de faire les courses aujourd'hui, annonce-t-elle alors que j'accroche mon blouson dans le placard de l'entrée.

— Laisse-moi deviner : il est encore à la bibliothèque et il ne répond pas au téléphone.

— Il l'a laissé sur la commode. Ce fichu bouquin aura sa peau. » J'ai l'impression qu'elle voudrait en dire plus, mais elle s'abstient. « Je vais au supermarché.

— Je peux faire quelque chose ?

— Ça t'ennuierait de passer l'aspirateur ? La femme de ménage n'est pas venue et la moquette est répugnante. »

Je suis en train de pourchasser Emma à travers le salon avec l'aspirateur en prétendant qu'il s'agit d'un dragon, quand la police sonne à la porte. Je refile le monstre à Emma et vais ouvrir.

La policière se présente – « Inspecteur Margaret Greenfield » – et demande si elle peut entrer.

Je n'ai pas tué Cassie.

Dieu sait comment on se retrouve dans la cuisine, la femme flic perchée sur la chaise de Papa et moi sur la mienne avec Emma sur les genoux, qui m'écrabouille littéralement les cuisses.

Jenelaipastuéejenelaipastuéejenelaipastuée.

« Juste quelques questions de routine, annonce l'inspecteur. Aucune raison de s'inquiéter, on essaie seulement de faire la lumière sur des détails inexpliqués. » Elle ouvre son carnet dans un long bâillement. « Désolée. Ces permanences de nuit, ça me ruine le sommeil. Le relevé téléphonique indique qu'elle vous a appelée, la nuit de sa mort.

— Non, je n'avais aucune idée que Cassie avait essayé de me joindre samedi soir, je réponds dans un état second. ~~Mon portable est dans ma chambre~~ Je n'ai pas vu mon portable depuis vendredi après-midi. C'est le troisième que je perds en deux ans. Mon père va être furax.

— La dernière fois, il a vraiment piqué une crise », renchérit Emma. Elle gigote sur mes genoux, et les os de mes hanches s'incrustent dans le bois de la chaise. « Lia va avoir des ennuis. Il va la punir pour au moins cent ans.

— Si on pouvait en revenir à mademoiselle Parrish », nous interrompt l'inspecteur.

Je pose l'index sur les lèvres d'Emma. « Chut. Non, je ne sais pas pourquoi Cassie a cherché à me joindre. On ne s'était pas parlé depuis des mois. On n'était plus amies. Sans raison particulière, ce sont des choses qui arrivent vers la fin du lycée. »

La femme flic referme son carnet en hochant la tête. « Je me souviens de cette époque. Dieu merci, c'est derrière moi.

— Vous pouvez me dire ce qui lui est arrivé ? je demande.

— Non, désolée. Si un détail vous revient, n'importe quoi, voici mon numéro. » Elle me tend sa carte. « Dites à vos parents de m'appeler s'ils veulent. Comme je vous le disais, il n'y a pas de quoi s'inquiéter. On veut juste clore le dossier. »

Après qu'Emma a fait tout un plat de la visite de la police devant Papa et Jennifer... que j'ai passé une heure à les calmer et à répondre mille fois aux mêmes questions... que Papa a appelé l'inspecteur parce qu'il ne me croit pas... que Jennifer a fait cramer les biftecks, déclenchant l'alarme incendie, et fini par commander chinois... que j'ai lu un chapitre de *Harry Potter* à Emma... que Jennifer a réquisitionné la baignoire pour prendre un bain moussant... que Papa s'est assoupi sur ses copies à corriger (une étude comparée des élections de 1789 et de 1792)... la maison s'endort enfin.

❋ ❋ ❋

Mon téléphone sort de sa cachette sous le tas de linge sale et se faufile dans le creux de ma main. Tout en réécoutant ses messages en boucle, j'allume mon ordinateur pour une petite excursion dans un pays où je n'ai plus mis les pieds depuis des mois, un blog « supertop-secret » pour les filles comme moi...

❋ ❋ ❋

J'ai pris 2 kilos entre le petit déjeuner
et la sortie des cours. À l'eau jusqu'à ce soir,
et je recommence à jeûner demain.
Je vous aime, les filles !

❋ ❋ ❋

⁂ ⁂ ⁂

Je suis tombée dans les vapes et j'ai dévalé
l'escalier alors j'ai mangé deux bols de céréales,
et maintenant je me sens dégueulasse.
Combien de temps je dois courir
pour éliminer ça ?

⁂ ⁂ ⁂

⁂ ⁂ ⁂

Ouah, j'ai vraiment un GROS CUL.
On ne voit que ça. J'ai envie de tout découper.

⁂ ⁂ ⁂

⁂ ⁂ ⁂

J'ai 2 semaines et 6 jours pour perdre 5 kilos.
À l'aide !

⁂ ⁂ ⁂

⁂ ⁂ ⁂

restezfortesbisousbisousSoyezparfaites

⁂ ⁂ ⁂

Des centaines et des centaines de gamines bizarres qui hurlent par le biais de leur clavier. Des sœurs très patientes qui m'attendent toujours. Je fais défiler leurs confessions, leurs râles et leurs prières, et le désespoir nous grignote par petites bouchées sanguinolentes.

Deux mouches se cognent contre l'abat-jour de ma lampe, *bzzbzz*, des rescapées de l'été à qui il ne reste que quelques heures à vivre. J'éteins la lumière et elles se précipitent vers mon écran, se mettent à danser devant des côtes, des hanches et des clavicules décharnées, des os saillant de la chair pour pouvoir sécher au soleil. Un spectacle magnifique, vu à travers les ailes de papier de mouches miraculées.

Je coupe tout et rampe jusqu'à mon lit.

Les mouches se jettent contre la fenêtre avec des petits bruits furieux, puis reviennent planer au-dessus de moi dans l'espoir de se glisser dans ma bouche. Peut-être que ce sont les démons familiers de Cassie, son escorte depuis la tombe, les hérauts annonciateurs de sa venue.

Je ne peux pas l'affronter seule.

Je descends l'escalier sur la pointe des pieds et place les bottes d'Emma sur l'avant-dernière marche. Si Papa vient se chercher un encas ou travailler en bas, il butera dessus et je serai prévenue.

Je file au sous-sol et verrouille la porte derrière moi, puis j'enchaîne deux heures de suée sur le *stepper*.

27,00

Le haut-parleur me tire du cours de littérature du vendredi, au beau milieu d'un examen blanc, et m'expédie dans le bureau de Mademoiselle Rostoff. Elle m'annonce que ma belle-mère a téléphoné et que je dois quitter le lycée plus tôt pour un rendez-vous d'urgence avec mon psy.

« Pourquoi ? je demande.

— Cassie, m'explique Mademoiselle Rostoff. En parler te fera du bien. »

Mon sac me glisse de l'épaule. Il n'arrête pas depuis ce matin. « En parler ne fera qu'empirer les choses. »

Elle jette un œil à son écran. « Vous allez rater la physique.

— Oh, je commente en remontant la bandoulière, voilà qui change tout. »

Le Docteur Nancy Parker sent les pastilles contre la toux à la cerise. Je suis assise sur son gros canapé en cuir, mon sac à mes pieds, et je tire sur moi l'immonde couverture au crochet couleur framboise. La psy sort une autre pastille. Je pense qu'elle ~~est accro~~ souffre d'une dépendance chimique au colorant rouge. Elle devrait approfondir la question.

Elle allume le ventilateur et gobe sa pastille. « Tes parents craignent que la mort de Cassie soit en train de te faire rechuter. »

Le canapé fait face à un mur couvert de livres du sol au plafond. ~~Un vrai ramassis de conneries.~~ Aucun ne vaut la peine d'être lu. Pas un conte de fées, pas de princesses armées de glaives ni de dieux lançant des éclairs. Toutes ces pages de phrases de mots de lettres pourraient aussi bien être des équations mathématiques se déroulant vers leur conclusion logique. Nancy Pastille contre la Toux n'est pas médecin. C'est un comptable.

« Je me demande s'il n'y a pas deux conflits simultanés. » Elle envoie balader ses chaussures pour s'asseoir en tailleur. Les rides de son visage indiquent qu'elle approche de la soixantaine, mais grâce aux cours de yoga, elle est aussi souple qu'une adolescente. « La confusion et le chagrin face à la perte d'une amie d'un côté, et le désir de tenir tes parents à distance de l'autre. »

Elle attend que je remplisse l'air de mots. Je passe mon tour.

« Ou peut-être que je me trompe complètement, et que rien de tout ça ne t'affecte le moins du monde. »

Contre les fenêtres, la pluie coule à verse.

… J'ai commencé à venir ici après mon premier séjour en ~~prison~~ clinique, parce que le Docteur N. Parker est une ~~grosse arnaqueuse~~ praticienne spécialisée dans les ~~gamins barjos~~ adolescents à problèmes. Lors des deux ou trois premières séances, j'ai ouvert la bouche et lui ai livré une clef pour accéder à mon esprit. Méga erreur. Elle a embarqué sa lanterne, son casque et des kilomètres de corde pour déambuler joyeusement dans les confins de mon esprit. Elle a posé des mines terrestres dans mon crâne qui ont explosé des semaines plus tard.

Je lui ai dit que ça me foutait en rogne qu'elle trifouille tout dans mon cerveau sans ma permission. Elle m'a truffé la tête de pièges, si bien qu'à chaque fois qu'une pensée me venait, même banale – *La physique est une perte de temps*, ou *Il faut que je recharge mon téléphone*, ou encore *Le japonais ne doit pas être si dur à apprendre, comme langue* –, la réplique-tordue-de-l'enfer jaillissait comme un diable de sa boîte – *Pourquoi penses-tu ça, Lia ?*

Je ne pouvais plus me poser une seule question – *Pourquoi je suis fatiguée comme ça ?* – sans me prendre trois ou quatre réponses de psy dans la face : *Parce que mon taux de glycogène est trop bas*, ou bien *Parce que je traverse une expérience de deuil*, ou encore *Parce que j'ai perdu le sens des réalités*. Ou la grande gagnante : *Parce que je ne suis qu'une tarée.*

Une fois, je me suis énervée et je l'ai insultée. J'ai dit qu'elle n'était qu'une pauvre fille qui ne devait pas avoir d'enfants ou de petits-enfants, ou que si elle en avait, ils ne devaient jamais l'appeler, et que son mari l'avait quittée, ou bien sa petite amie, on ne sait jamais, et que même sa propre mère avait dû la renier parce qu'elle ne voulait pas vivre dans le monde réel, avec de vraies gens, et qu'elle préférait rester emmurée dans cette pièce avec ses livres bidon, son ventilo et la pluie à ses fenêtres.

Rien de tout ça ne l'a mise en colère. Je n'ai même pas réussi à la faire ciller. Elle m'a juste demandé de me maintenir dans cet état d'esprit et de continuer à parler. Bien sûr, je me suis tue.

Avant, je rêvais d'apporter un couteau *à ma séance pour la découper en tout petits morceaux comme une côtelette de porc.*

Dix minutes se sont écoulées. À mesure que le canapé se réchauffe, je m'enfonce plus profondément dans les coussins. Le cuir craque.

« À quoi penses-tu en cet instant, Lia ? »

Furax. Truie. Haine.

« J'aimerais que tu me le dises. »

Prison. Cercueil. Mutilation.

« Tu dois travailler à ton rétablissement, Lia. Ne donner aucun signe de vie, ce n'est pas tenable.

— Mon poids est correct. Je peux vous rapporter le carnet débile de Jennifer, si vous voulez.

— Il ne s'agit pas des chiffres sur la balance. Tu le sais bien. »

Faim. Morte.

Vingt minutes passent. J'entrelace les doigts dans les mailles de la couverture. Elle est Charlotte l'araignée, et moi Wilbur le cochon, comme dans *Le Petit Monde de Charlotte*

::Quelle fille !/Inutile !/Délirante !::

et cette abomination rose au crochet (pur polyester) est sa toile. Non, elle n'est pas Charlotte, mais plutôt Mildred, sa cousine exaspérante et sotte, dont la toile se casse toujours. Si mes parents m'avaient laissée investir l'argent qu'ils ont gaspillé avec cette dame, j'aurais mon propre appartement à l'heure qu'il est.

Quarante minutes. J'ai retiré de la couverture des cheveux appartenant à au moins six personnes différentes : un long noir, un blanc brillant, un blond fin, un auburn bouclé, un brun à racine blanche, et un court qui aurait pu provenir d'un type – ou d'une fille pas trop préoccupée par son apparence. Les cheveux de gens riches qui aiment venir se lamenter dans le bureau d'une inconnue.

« Tu n'étais pas obligée de venir, aujourd'hui, finit-elle par dire. Tu aurais pu te servir du prétexte d'un rendez-vous avec ta thérapeute pour sécher les cours et faire ce que bon te semblait. Je ne fais pas de rapport à tes parents sauf si tu m'en donnes la permission, donc si tu ne t'étais pas montrée, ils ne l'auraient jamais su.

— Oui, et alors ?

— Tu as choisi de venir. » Elle fait craquer les jointures de sa main droite et agite les doigts. « Je pense que tu veux discuter de tout ça. »

~~Oui, j'aimerais vous dire qu'il y a la voix de Cassie dans mon téléphone, dans mon sac à main, et qu'elle me hante parce que je l'ai laissée mourir. Mais si je vous dis ça, vous allez me refiler encore plus de médocs. Si je vous raconte ce que j'ai mangé aujourd'hui, vous allez tirer le signal d'alarme et me renvoyer en taule.~~ J'aligne tous les cheveux sur l'accoudoir du canapé. « Je n'arrête pas de me dire que si je pouvais ouvrir ma peau avec une fermeture Éclair, et sortir de ce corps, alors je verrais qui je suis vraiment. »

Elle opine lentement du chef. « Et tu serais comment, d'après toi ?

— Plus petite, pour commencer. »

Les huit minutes restantes défilent sans bruit, bien sagement, jusqu'à ce que le réveil sur son bureau lâche son petit *ding !*

« Alors, je peux aller aux obsèques ? » je demande.

Elle ramasse ses chaussures. « Est-ce que tu comprends les raisons pour lesquelles tu veux y aller ? »

~~Pour être bien sûre qu'on l'enterre dans du béton et qu'elle me fiche la paix.~~ « Je ressens le besoin de clore cette histoire.

— Et tu penses que c'est ce que les obsèques t'apporteront ?

— ~~Oui, c'est ce que je viens de dire.~~ J'y ai beaucoup réfléchi. »

La pendule égrène deux minutes de rab. Je fais une pelote avec les cheveux des inconnus.

« C'est une bonne idée. » Elle enfile ses chaussures et se relève. « Mais fais-toi accompagner d'un de tes parents. Personne ne devrait aller seul à un enterrement. »

Sur le chemin du retour, je sors le téléphone de mon sac et en retire la puce, que j'abandonne sur un rail juste après le passage à niveau à deux pas du centre commercial. Quant au téléphone, je le place sous la roue arrière gauche de ma voiture et roule dessus à trente-trois reprises. Je balance les restes dans la benne d'un chantier.

28,00

Elijah ouvre la porte de la chambre 115. Il a laissé le chaînon de sécurité et glisse juste la tête par l'entrebâillement. Il a les yeux gonflés de fatigue et semble surpris.

« Emma ? Qu'est-ce qui se passe ? »

Je ne sais toujours pas comment démêler cette histoire de prénom. « Je t'ai apporté une pizza. Bouffe gratuite. »

La chaîne racle contre le battant et la porte s'ouvre en grand. « C'est quoi, l'arnaque ? »

Le gras de la mozzarella tiède a imbibé le carton et me suinte sur les doigts. J'ai envie ~~de lécher~~ de balancer cette boîte avant qu'elle me contamine.

« Aucune arnaque. »

Il s'appuie contre l'encadrement de la porte. « Il y a *toujours* une arnaque.

— C'est pour te remercier de ton aide, l'autre soir.

— C'est quoi, comme pizza ?

— Supplément fromage et saucisse. »

Il sourit. « Je ne peux pas la manger. Je suis végétarien.

— Je ne te crois pas. »

Une porte s'ouvre à l'autre bout du motel et un type se met à crier dans une langue que je ne comprends pas. La femme contre qui il vocifère rigole comme un chacal de dessin animé. Sur River Road, des pneus crissent et un véhicule démarre en trombe.

Elijah se frotte le visage et recule. « Ok, je suis végétarien en général. Mais je suis aussi pizzatarien. Entre. »

La chambre sent la cigarette et les vêtements oubliés trop longtemps dans la machine. La seule source de lumière est une petite lampe sur la table, coincée entre un tas de carnets à spirale surmonté d'un cendrier sale et d'un pack de bière.

Il me prend la boîte à pizza des mains et la dépose sur le lit. Des cartes à jouer sont éparpillées sur les couvertures en pagaille et des oreillers très fins sont empilés contre la tête du lit. « Il est quelle heure ? il demande.

— Presque dix-sept heures.

— Bon sang. J'ai dû m'endormir. Charlie voulait que je répare les étagères de la 204. Oh, tant pis. Il faut aussi qu'il s'accommode de ce que lui donne l'univers.

— C'est vraiment pourri comme excuse pour ne pas bosser.

— Pas du tout. Rien n'arrive par hasard. » Il bâille en s'étirant. « Il faut juste se rendre à l'évidence et se laisser porter par le courant, arrêter de résister.

— C'est de la merde, ce que tu racontes. »

Brusquement, ses yeux s'illuminent d'une lueur malicieuse. « La merde de l'un fait l'engrais de l'autre. » Il désigne les murs d'un geste évasif. « T'as qu'à leur demander. »

Les murs sont recouverts du sol au plafond de pages de livres arrachées, certains passages surlignés en rouge, jaune ou vert. Je me penche en plissant les yeux pour réussir à déchiffrer les caractères dans la pénombre. WALDEN est écrit en haut d'une page.

« Tu as dévalisé une bibliothèque ou quoi ?

— C'est un peu ça, oui, dit-il en se dirigeant vers la salle de bains. Emerson, Thoreau, Watts. Sonya Sanchez, tu en as déjà lu ? Et la Bible, deux ou trois pages. La Bhagavad-Gita. Docteur Seuss, Santayana. Je les ai affichées pour me faire un champ de force de bonnes idées. Elles m'imprègnent le cerveau quand je dors. Attends deux secondes, j'ai un truc à faire. » Il ferme la porte.

Je prends le carnet sur le haut de la pile et le feuillette. Elijah a collé des coupures de journaux et dessiné des visages ; il est plutôt doué, d'ailleurs. Charlie derrière son comptoir. Une femme fatiguée avec des bigoudis sur la tête. Et aussi des créatures, mi-humaines, mi-autre chose, comme le truc qu'il a sur le bras. Certaines pages sont remplies de gribouillis qui ressemblent à des fourmis marchant en lignes sur le papier.

Elijah sort de la salle de bains avec un rouleau de papier toilette à la main. « Tu sais, les secrets de l'univers sont écrits là-dedans. Tu devrais te sentir honorée de pouvoir y fourrer ton nez comme ça.

— Désolée. » Je repose le carnet sur la pile. « Tu n'es pas du coin, pas vrai ? »

Il lance le rouleau de papier toilette sur les oreillers, ouvre la boîte à pizza et en prend une part. « Du New Jersey. » Il croque une bouchée et le fromage s'étire comme un pont suspendu entre sa bouche et sa main. « T'en veux ? »

~~Une bouchée, s'il te plaît, et puis une autre, et encore une, la croûte le fromage la saucisse la sauce une autre une autre~~ être vide c'est être forte et invincible. « J'ai déjà mangé.

— Ça m'en fera plus. » Il s'assied sur le lit. « Une petite partie de poker ?

— Non, merci. »

Il ramasse une poignée de cartes : carreau et pique. « C'est quoi, ta came ? Plutôt Texas hold'em ou Omaha ? T'as combien sur toi ?

— J'ai dit non. Tout ce que tu veux, c'est me prendre mon fric. »

Il plie la tranche de pizza en deux et engouffre une autre bouchée. « C'est exactement ça, admet-il, la bouche pleine. Mais tu apprendras des tas de choses en jouant contre moi. Je suis l'un des meilleurs tricheurs de la région. »

Je cache ma main gauche derrière mon dos pour planter mes ongles dans ma paume, jusqu'à ce que la douleur efface cette odeur ~~délicieuse~~ diabolique. « Je ne sais pas jouer.

— C'est consternant. Tu as quel âge ?

— Dix-huit ans.

— Tu as le droit de voter ou de t'engager dans l'armée, mais tu ne sais pas jouer au poker ? On a sacrément négligé ton éducation, jeune Emma. » Il bat les cartes comme un pro. « Assieds-toi. Je vais t'apprendre. »

Je recule de deux pas vers la porte, en secouant la tête et en réprimant un sourire. « Désolée. L'univers me dit qu'il est temps de rentrer. Tu vois. Je me laisse porter par le courant qui me pousse vers le parking.

— Pigé. C'est cool. » Elijah détache une feuille de papier toilette pour essuyer la sauce tomate sur le valet de carreau. « Attends. J'ai une question. Tu sais où je peux trouver un bon ferrailleur ? Charlie prétend qu'il n'y en a pas un seul dans tout l'État. Cette El Camino que tu vois dehors est à moi, mais elle n'ira nulle part sans un nouveau delco.

— Tu achètes les pièces détachées de ta voiture chez un ferrailleur ? je demande.

— Pas toi ? C'est ce qu'il y a de moins cher et de plus écolo.

— Mon père aura peut-être une adresse. » Je remonte la fermeture Éclair de mon blouson. « Je lui demanderai. Il s'y connaît en voitures.

— Super. Merci. » Il désigne la boîte en carton. « Tu es sûre que tu n'en veux pas une part pour la route ? »

~~Tu m'étonnes que j'en veux.~~ « Non, merci. »

Je reste plantée là. Sans bouger.

À attendre.

« Je croyais que tu partais. » Elijah fait sauter un bout de saucisse dans sa bouche. « Tu veux un bisou d'au revoir ? Je serais ravi de rendre service.

— Non. » Je me replante les ongles dans la paume, histoire de me motiver. « Écoute, j'ai une confession à te faire. La pizza, ce n'est pas seulement pour te remercier.

— Je le savais ! » Il brandit le poing en l'air. « Tu es tombée amoureuse de moi. Tu veux porter mes enfants. On achètera deux chevaux et une roulotte, et on partira élever des chèvres en Amérique du Sud.

— Dans tes rêves. » Je me racle la gorge. « Cette pizza est un pot-de-vin.

— Je suis incorruptible. »

J'inspire à fond. « J'ai besoin que tu m'accompagnes aux obsèques de Cassie. Samedi matin. »

Grand sourire. « Tu vois ? Tu veux sortir avec moi.

— Mais non, andouille. C'est un enterrement. Des obsèques atroces, et je n'ai personne d'autre à qui demander. »

Il arrache un morceau de croûte de pizza. « Et qu'est-ce que j'y gagne ?

— Je viens de te donner une pizza.

— C'est pas assez. Les enterrements font ressortir ce qu'il y a de pire chez les gens. Il y a une vibration super glauque. » Il secoue la tête. « Nan, je peux pas.

— Mais tu dois !

— Rien ne m'y oblige. »

Je me mords l'intérieur de la joue. « Et si on jouait ça aux cartes ? Si je gagne, tu m'accompagnes.

— Et si tu perds ? »

Je déglutis. « Si je perds, je te donne cinquante dollars. Mais à une seule condition.

— Tu vois ? Je te l'avais dit. Il y a toujours une arnaque. C'est quoi, ta condition ?

— On joue ça à la Dame de Pique, pas au poker.

29,00

Quand j'arrive à la maison, Jennifer et Papa sont lovés sur le canapé, face à la cheminée au gaz réglée au minimum. Ils regardent une comédie sentimentale à la télé. Jennifer est en train de masser le poignet et la main droite de Papa avec de la lotion. Tout ce boulot supplémentaire sur son livre n'a pas dû arranger ses problèmes de canal carpien.

« Où est Emma ? je demande. Elle n'est pas déjà couchée, quand même ?

— Elle passe la nuit chez les Grant, répond Jennifer. Contre mon gré.

— Pourquoi ? »

Jennifer verse un peu plus de lotion au creux de sa paume. « Son dernier tournoi de foot de la saison a lieu demain, et ça dure toute la journée. Elle va être épuisée. Je persiste à dire qu'elle aurait dû rester à la maison.

— Laisse-la donc s'amuser. » Papa grimace sous le pétrissage de Jennifer. « Dans dix ans, personne ne se souviendra de sa prestation dans ce tournoi. » Il lève les yeux vers moi. « Tu étais encore à la bibliothèque ?

— Non, chez une amie. Mira. On a révisé un peu la physique, mais on a surtout joué aux cartes en mangeant une pizza.

— C'est merveilleux, commente Papa avec un sourire rayonnant. Ça faisait une éternité que ça ne t'était plus arrivé. »

Jennifer ne quitte pas son chantier des yeux et décrit des cercles avec les pouces à la base de la main de Papa.

« Comment s'est passé ton rendez-vous avec le docteur Parker ? » demande-t-elle.

~~C'est pas tes oignons, bordel.~~ « Bien. Je suis contente d'y être allée. On a parlé de Cassie.

— Excellent, intervient Papa. Je suis fier de toi.

— Merci. Je monte me coucher. Je suis claquée.

— Attends. » Jennifer repose la main de Papa sur ses genoux et me regarde enfin. « Et pour l'enterrement ? »

Je m'arrête à la porte du couloir. « Elle a dit que c'était une bonne idée. J'y vais avec Mira et une des filles du club de théâtre.

— Si tu te sens mal à l'aise, conseille Jennifer, n'hésite pas à partir. Et si tu changes d'avis et que tu veux que l'un de nous t'accompagne, ça ne pose aucun problème.

— Ça va aller. »

Alors que je m'apprête à franchir la porte, elle ajoute : « Attends. Une dernière chose. »

Je me tourne à nouveau vers elle. « J'ai encore parlé à ta mère, aujourd'hui, explique-t-elle en ignorant l'air surpris de mon père.

— Ah ouais ? » Je ne sais pas pourquoi, mais je le sens mal.

« Je lui ai promis d'essayer de te convaincre d'aller passer la nuit chez elle, demain soir. »

Je le savais.

« Je ne veux pas. Je n'en vois pas l'intérêt.

— Je sais, acquiesce Jennifer. Tu es une adulte, c'est toi qui décides. On connaît la chanson. » Elle lâche un petit sourire pour adoucir ses paroles. « Parfois, être adulte, ça signifie faire le bon choix, même si ce n'est pas celui qu'on préfère.

— Je ne vois pas en quoi ce serait le bon choix, j'objecte. Avec Maman, on ne peut pas se parler sans hurler. Il vaut mieux qu'on garde chacune nos distances.

— Ça fait des mois que tu n'as pas passé un moment avec elle, souligne Jennifer. Peut-être que les choses ont évolué. »

Papa balance la tête de droite à gauche, comme s'il regardait un match de tennis avec des commentaires en lituanien.

« Rien qu'une nuit, plaide Jennifer. Pense au bon exemple que tu donnerais à Emma – comment faire face aux choses qui nous mettent mal à l'aise. C'est une leçon que tout le monde doit apprendre un jour ou l'autre. »

C'est vraiment malhonnête de se servir d'Emma comme ça. Avantage : Jennifer.

« Très bien, je capitule. Une nuit. Mais c'est toi qui la préviens. Je déteste lui parler au téléphone. »

Je prends une longue douche pour me laver de ma belle-mère insistante, de mon père complètement largué et de l'odeur de fromage, de saucisse et de motel qui me colle aux cheveux.

J'ai quand même gagné quelque chose, aujourd'hui. J'ai cassé la baraque à la Dame de Pique et j'ai littéralement écrabouillé Elijah. Je passe le chercher demain à dix heures. Aucun de nous ne se sent la force d'assister à la cérémonie aux pompes funèbres, alors on ira directement au cimetière. Le trajet me donnera l'occasion d'expliquer le quiproquo autour de mon prénom, s'il veut bien la fermer plus de trente secondes d'affilée.

Après l'enterrement, peut-être qu'on s'enfuira en Amérique du Sud pour élever des chèvres.

* * *

Au fil des nuits, Cassie gagne en assurance : elle arrive plus tôt, reste plus longtemps, et me fout de plus en plus les jetons. Une fois que son cercueil sera enfoui sous terre, qu'on aura prononcé les prières magiques et jeté des fleurs sur la stèle, elle reposera enfin pour l'éternité.

Mais en attendant, j'ai besoin de repos, moi aussi. Je gobe un somnifère et descends en peignoir sur la pointe des pieds pour aller me chercher une tasse de camomille.

Le film terminé, Jennifer et Papa discutent doucement, avec la chaîne météo en fond sonore. Je marque une pause au coin de la cuisine, guettant les bruits de baisers. Je déteste débarquer quand ils se bécotent.

Je jette un œil. Pas de bisous. Ils parlent, chacun à un bout du canapé, avec des coussins entre eux.

Le mari : Tu prends ça trop à cœur. Elle est un peu tendue, mais elle fait des efforts.

L'épouse : Elle n'a pas l'air bien.

Le mari : Tu vois bien ce que dit la balance toutes les semaines.

L'épouse : Je voudrais qu'elle fasse un check-up complet. Des analyses de sang.

Le mari : On peut toujours le lui suggérer, mais c'est tout. On risque d'aggraver la situation si on lui en demande trop.

L'épouse : Chloé voudrait qu'elle retourne vivre chez elle.

Le mari saisit la télécommande pour régler les flammes dans la cheminée : Je croyais que c'était seulement pour une nuit ?

L'épouse : Elle craint que Lia ait encore perdu le contrôle. Je suis d'accord avec elle. Quelques mois avec sa mère la remettront peut-être sur le droit chemin.

Le mari : C'est toi qui m'as persuadé de la prendre avec nous. Tu ne peux pas changer d'avis du jour au lendemain sous prétexte qu'elle traverse une période difficile. Comment tu réagiras quand Emma en fera autant ? Tu l'enverras chez Chloé, elle aussi ?

L'épouse : Ne dis pas d'âneries. Emma et Lia sont très différentes.

Le mari : Elle a mangé une pizza avec des amis, ce soir. Elle va bien. Vous dramatisez, Chloé et toi. Bon, à quelle heure on doit se lever demain matin ?

Cassie m'attend à l'étage. Elle a tout entendu.

J'essaie de l'ignorer, mais chaque fois que je me retourne, elle se matérialise devant moi. Nous nous glissons dans les méandres d'Internet pour faire défiler la litanie.

***

je suis boulimique sa fait 6 ans ke jessaie
de men sortir g pris vachemen 2 kilos
alors je rechute je supporte plus mon poids

❋ ❋ ❋

❋ ❋ ❋

d'après vous, il faut combien de jours pour
perdre 10 kilos ?

❋ ❋ ❋

❋ ❋ ❋

j'essaie de rester en dessous de 500 calories.
pas question de dépasser. mucho love !
restez fortes <333

❋ ❋ ❋

❋ ❋ ❋

je suis monstrueusement grosse,
c'est répugnant. aujourd'hui je suis allée courir
2h et je me suis affamée jusqu'au dîner
et là j'ai mangé comme un porc.
parfois je me sens tellement
impuissante, bordel.

❋ ❋ ❋

❋ ❋ ❋

je plane total. je crois que ça y est,
j'ai la super technique ! à toutes celles
qui traversent une mauvaise passe,
je vous envoie des bisous.
on peut tout faire à condition
de se donner du mal !

❋ ❋ ❋

Une fois la maison endormie, j'éteins la musique et allume une bougie. Assise sur le rebord de la fenêtre, Cassie me regarde tracer trois traits au rasoir, parfaitement rectilignes, sur ma hanche droite.

À présent, elle est assortie à la gauche.

30,00

Le samedi matin, en allant chercher Elijah, je m'arrête en chemin dans une boutique pour acheter une carte et une boussole. Le GPS est sur ma liste de Noël, souligné deux fois. Ce qu'il me faudrait, en fait, c'est une boule de cristal, mais personne n'en vend dans le coin.

Aussitôt remontée en voiture, je sors la boussole de sa boîte. Elle a un défaut. Quelle que soit la façon dont je la tiens, l'aiguille n'arrête pas de tourner dans tous les sens.

Remboursez !

Elijah passe plus de temps à parler de son projet de partir dans le Sud après Noël qu'à faire le copilote. Résultat, on se paume juste après avoir quitté le motel et on perd un temps fou sur des routes qui ne figurent même pas sur la carte. Quand on finit par franchir les deux griffons en pierre à l'entrée du cimetière de Mountain View, on est sacrément en retard.

Un homme maigre vêtu d'un long manteau et d'un chapeau de cow-boy noirs nous indique un petit parking. En comptant la mienne, il y a trois voitures.

Je descends en regrettant de ne pas être venue en survêtement, parce que le temps est à la neige. Je tire sur l'ourlet de ma robe en frissonnant. Cette fille avait presque l'air mignonne, ce matin, dans le miroir : cheveux propres, maquillage correct, boucles d'oreilles anciennes en argent, robe grise à manches courtes (taille zéro) qui ondule juste au-dessus du genou, et talons hauts qui déchirent. J'ai seulement oublié qu'il faisait huit degrés, dehors.

« Tu es sûre qu'on est au bon endroit ? » demande Elijah en claquant sa portière.

Le gars au chapeau nous rejoint. « En vous grouillant, vous arriverez peut-être à temps près de la tombe.

— C'est par où ? je demande.

— En haut de cette colline, répond-il en indiquant une côte particulièrement abrupte. La cérémonie Parrish a lieu au sommet. Vous allez devoir y aller à pied. Toutes les places de parking sont prises, là-bas. Bonne journée. » Il s'incline imperceptiblement et retourne à son poste près de la grille.

« Je ne vais jamais y arriver avec ces trucs, je fais remarquer en montrant mes chaussures. Je peux à peine traverser la rue avec.

— Alors pourquoi tu les as mises ? » Elijah porte un jean foncé, des bottes de chantier, la chemise et la cravate qu'il avait à la veillée, et un blouson camouflage. Aujourd'hui, il a un plug noir en guise de boucle d'oreille.

« Parce qu'elles sont cool.

— Pas du tout, il réplique. Si elles te font mal, elles sont atroces. » Il se penche légèrement en avant en pliant les genoux. « Allez, grimpe sur mon dos.

— Quoi ?

— Je vais te porter jusque là-haut. Bon, ça va sans doute me tuer, mais au moins je partirai dans une aura de gloire.

— Ce ne sera pas nécessaire. » J'ouvre le coffre de ma voiture et fourrage dedans pour extirper une vieille paire de baskets montantes d'un blanc crasseux, décorées de fleurs bleues dessinées à l'encre en cours d'histoire. « Je vais mettre ça. »

Je m'assieds sur le pare-chocs, retire mes talons hauts et enfile les baskets. À l'odeur, on croirait qu'elles ont mariné dans un coffre rempli d'ordures pendant un an, mais au moins mes orteils sont contents.

Je me relève. « Raffiné, pas vrai ? »

Elijah contemple les baskets, la robe, et remarque que je tremble. Il retire son blouson et me le tend. « N'essaie même pas de protester. »

Son blouson est imprégné de la chaleur de son corps, et il sent le garçon et l'essence. « Merci.

— Voilà, approuve-t-il en me jaugeant de nouveau. Là tu es bien. »

31,00

Le temps d'arriver en haut, je ne me sens plus très bien. Les coupures encore fraîches à ma hanche me font mal et je suis certaine que l'une d'elles s'est rouverte et saigne. Plus je me rapproche de Cassie, plus j'ai froid et les jambes qui flageolent. Elijah n'est pas vaillant non plus. Il marche la tête baissée, les mains enfoncées dans ses poches.

Le sommet de la colline grouille de centaines de scarabées noirs venus festoyer sur la charogne : des élèves du lycée, des profs, et les parents présents à toutes les occasions. Les membres du club de théâtre sont rassemblés par trois ou quatre. L'équipe de foot fait bloc, en maillot. Je ne vois ma mère nulle part.

« Tu veux aller plus près ? me demande Elijah à voix basse.

— Aussi près que possible. »

Il pousse un soupir. « Ok. Suis-moi. »

Nous nous frayons un chemin à travers la foule, en direction de la tente blanche. Les parents et la famille de Cassie sont assis à l'intérieur, sur des chaises en plastique, à écouter le pasteur qui prêche, une main sur l'épaule de Monsieur Parrish.

Le cercueil est recouvert d'une épaisse couche de roses couleur poudre. Il repose sur une armature en fer, telle une fournée de biscuits en train de refroidir sur la grille du four. Des brins de gazon synthétique sont censés dissimuler le métal, mais le vent les a à moitié décollés.

Je me hisse sur la pointe des pieds. En m'approchant un peu plus, je pourrais voir le fond de la fosse.

Les parents de Cassie le peuvent, eux. Le trou s'ouvre à quelques centimètres de leurs pieds.

Derrière la tente, un tas de terre en forme de ruche attend la fin de la cérémonie. Les fossoyeurs le déverseront dans la fosse pour empêcher Cassie de remonter à la surface et de s'échapper.

Au nord, les montagnes ont disparu dans une tempête de neige. Autour de nous, le vent hurle entre les rangées de pierres tombales couleur tonnerre. Je ferme les paupières.

Pinky, la souris blanche de Cassie, est morte pendant l'été, à la fin du CE2. Cassie a tellement pleuré que j'ai cru qu'on allait devoir appeler une ambulance, ou au moins ma mère. J'ai dû l'aider à descendre l'escalier. Sa mère était partie je ne sais où et c'est son père qui nous gardait. Il regardait un match entre les Red Sox et les Yankees à la télé. Il a dit à Cassie d'arrêter de pleurer, et qu'il mettrait le cadavre à la poubelle après le match.

Cassie a tenu bon jusqu'à ce qu'on soit de retour dans sa chambre, puis elle s'est jetée sur son lit en sanglotant : « Je veux pas qu'on la mette à la poubelle.

— T'inquiète pas, j'ai répondu. On va lui faire un vrai enterrement. »

J'ai pris une spatule pour sortir Pinky de sa cage et la déposer sur le bandana préféré de Cassie, le bleu. Je l'ai enroulée dedans comme un burrito à la souris et j'ai attaché le tout avec de la ficelle. J'ai dit à Cassie que c'était elle qui devrait la porter, mais dès qu'elle a touché le bandana, elle s'est mise à hurler. Alors j'ai enfilé des maniques et j'ai emmené Pinky dans le jardin. Cassie suivait avec une petite pelle.

L'endroit le plus mou où creuser, c'était au milieu des plates-bandes de roses de sa mère. On s'est relayées pour gratter le paillis et faire un trou entre deux rosiers, un *Old Blush* et un *Nearly Wild*, à en croire les petites étiquettes soigneusement calligraphiées.

J'ai inventé une incantation en latin de cuisine et récité le Notre Père. Cassie a accompagné le tout de longs « *ooooooom* » prétendument chinois (ses parents l'encourageaient à explorer d'autres cultures). Pendant qu'elle *oooomait*, j'ai déposé Pinky dans le trou et l'ai recouverte de terre.

« J'espère qu'aucun chien ne viendra la déterrer », j'ai commenté.

Cassie s'est décomposée.

« Attends. »

J'ai couru de l'autre côté de la rue prendre un seau en plastique dans ma chambre, qui contenait des cailloux ramassés sur la plage. On a aligné les pierres sur la tombe, étalé du paillis par-dessus, et récité encore quelques prières. On est restées debout, main dans la main et les yeux clos, et on s'est juré de ne jamais, jamais oublier notre chère Pinky.

L'été suivant, le *Nearly Wild* de sa mère a remporté le grand prix de l'Association des Rosiéristes de Manchester. Le journal a fait un reportage en couleur sur son jardin et *les Parrish ont organisé une fête pour célébrer ça.*

Le pasteur se tient à la tête du cercueil, les bras tendus pour implorer les dieux. Il remercie tout le monde d'être venu, puis il baisse la voix et on n'entend plus rien. Quelques retardataires se pressent à flanc de colline en essayant de rester aussi discrets que possible. Parmi eux se trouve une grande femme avec des bottes, un long manteau en vison et des cheveux jaunes tirés en arrière en une tresse indienne impeccable. Elle porte des lunettes de soleil qui ne servent à rien vu que le ciel est plombé de gros nuages noirs et bas.

Ma mère.

Je me planque derrière Elijah. « Tu veux bien me bloquer le vent, s'il te plaît ?

— Quoi ? euh, bien sûr. »

Je compte jusqu'à dix avant de jeter un œil par-dessus son épaule. Ma mère est tout derrière, à côté de l'équipe de foot. Elle salue les gens autour d'elle avec des petits hochements de tête et distribue des demi-sourires.

Un type s'approche du pasteur et lui murmure quelque chose à l'oreille, sans doute pour l'informer que personne n'entend un mot de ce qu'il raconte à cause du vent.

Le pasteur hoche la tête et s'écrie : « Prions. »

Je pose le front contre le dos robuste d'Elijah.

Le jour où on a enterré Nanna Marrigan, j'ai traversé le cimetière derrière ma mère, qui tendait de temps en temps la main dans son dos pour me prévenir qu'il y avait des racines. J'avais treize ans. On est passées sous des chênes mourants d'où nous observaient des corbeaux à l'œil acéré, on a croisé des anges adolescents figés dans le marbre, avec des toiles d'araignées tissées entre leur tête et leurs fines épaules.

Nanna attendait dans son cercueil, près de la fosse fraîchement creusée au fond du cimetière, là où ils plantaient les nouveaux morts. Elle avait choisi elle-même le cercueil, les chants et les prières. Elle avait demandé aux gens de faire un don à la bibliothèque plutôt que d'envoyer des fleurs.

Le pasteur nous a distribué des petits livrets pour qu'on puisse suivre, mais je n'en ai pas pris. Ma mère a pleuré sans trop se décomposer, parce que Nanna n'aimait pas qu'on se donne en spectacle. Moi, j'étais tellement abasourdie de la voir le visage baigné de larmes que j'ai raté les trois quarts de la cérémonie.

Les fossoyeurs ont soulevé le cercueil de ma grand-mère comme s'il avait été rempli de plumes. Alors qu'ils le mettaient en terre, le vent s'est levé et des ombres fantômes se sont déployées puis repliées au sol tels des papillons. Les jeunes filles en marbre chuchotaient et les ombres *se sont glissées en moi pour se cacher derrière mes côtes...*

❋ ❋ ❋

Je rouvre les yeux. Le pasteur est toujours en train de citer la Bible. Elijah a le visage parfaitement calme, tourné vers le ciel. Mira, la fille du lycée, sanglote et son père la tient par l'épaule. Ma mère a la tête baissée et les lèvres qui psalmodient. J'aimerais savoir pour quoi elle prie.

Madame Parrish est appuyée contre son mari. Il pose la joue contre sa tête et la retient fermement pour qu'elle ne saute pas dans le trou. Les pétales de roses sur le cercueil claquent au vent. Quelques-uns se détachent et sont aspirés droit vers le ciel.

Le reste du cortège frissonne tandis que l'orage se rapproche. Des nuées de fantômes s'engouffrent en tourbillonnant dans les travées, d'une tombe moite à une autre.

« Amen ! » crie le pasteur dans le vent.

32,00

Game over.

L'homme en noir braille qu'on est tous conviés au domicile de la défunte pour prolonger l'hommage qui lui est rendu et se soutenir les uns les autres. Au moment où les parents de Cassie quittent la tente, ma mère s'approche pour leur parler. Ils l'enlacent à tour de rôle et Maman leur tapote doucement le dos.

« Les enterrements, ça craint, me dit Elijah. La prochaine fois qu'on fait un pari, on le joue au poker. T'es prête à partir ?

— Pas tout à fait. Je veux les voir la recouvrir. »

Il se mord l'intérieur de la joue. « Je vais t'attendre à la voiture. Tous ces morts, ça me fout les chocottes.

— Lia ! » Le vent étouffe presque sa voix.

Merde. Elle m'a vue.

Je me glisse derrière Elijah. « Ne bouge pas », j'ordonne. Il essaie de se retourner, mais je lui balance un coup dans les côtes. « Je ne plaisante pas.

— Qu'est-ce qui se passe ? De qui tu te caches ?

— De ma mère. »

Il tente à nouveau de pivoter. « Pourquoi ? »

Je l'attrape par la chemise pour l'empêcher de bouger. « Cache-moi, c'est tout. »

Je me blottis contre son dos, le visage camouflé derrière mes cheveux en rideau. Des portières de voitures s'ouvrent et se referment, les moteurs démarrent, les pneus crissent sur le gravier.

« Pourquoi ? » répète Elijah.

… *La deuxième fois qu'ils m'ont internée,*

… la deuxième fois qu'ils m'ont enfermée, j'ai été méchante, méchante, méchante. Mes parents étaient furieux, furieux, furieux. Les filles mortes en train de pourrir, ça laisse une mauvaise odeur qui ne veut pas partir, même si la femme de ménage frotte comme un diable. Ils se renvoyaient la responsabilité à la tête, Lia la grande malade qui s'affame, mais qu'est-ce qui cloche donc chez elle, tout est ta faute ta faute ta faute.

Ma mère voulait tout contrôler, être le Docteur Marrigan plutôt que la maman de Lia la Malade. Ça n'a pas fonctionné. Les médecins de la clinique ont creusé des douves autour de moi puis lui ont annoncé qu'elle n'avait pas le droit de les traverser à la nage, qu'elle devait attendre d'être invitée à emprunter le pont-levis. Après ça, elle a loupé quelques séances de thérapie familiale. Elle a bien tenté de se justifier, mais j'avais les oreilles bouchées au pain, aux pâtes et au milk-shake.

J'ai rejoint le rang des autres poupées de chiffon en clopinant. L'une d'entre elles avait une trappe en plastique dans l'estomac pour pouvoir larguer la nourriture sans avoir à se servir de sa bouche. Quand elle se mettait en colère, elle gerbait par la porte de son ventre, la refermait en la claquant, et se barricadait dans sa chambre.

J'ai dû raser mes jambes poilues sous la surveillance d'une infirmière pour ne pas m'ouvrir une veine par accident. Quand je suis devenue une souris rose et imberbe, elle m'a repris le rasoir. Je me suis roulée en boule dans une boîte d'allumettes remplie de sciure et je me suis couvert le visage avec ma queue froide et annelée. Les psys ont farfouillé dans leurs sacs à malice et en ont sorti de nouvelles pilules : mes bonbons pour dingos, bleu pastel et gris sieste.

Pendant des semaines, ils se sont livrés à des expériences sur moi. 40,3. 41. 42,2. 43. Ils ont gavé la Lia-piñata de fromage fondu et de miettes de pain. 44,8. 46,6. 47,1. 47,5. 48. Ils m'ont relâchée à 49, en me refilant un dossier à spirale rouge vif comprenant toutes les leçons que je devais appliquer : planning des repas, rendez-vous de suivi, ~~formules magiques~~ affirmations pour repousser les mauvaises pensées.

J'ai refusé de retourner chez ma mère. Puisque j'étais une enfant tellement difficile, un tel calvaire pour elle, je trouverais un autre endroit où vivre. Elle a essayé de m'en dissuader, mais j'ai remonté le pont-levis, je l'ai bloqué avec des barres de fer, et j'ai posté une sentinelle armée devant.

Les médecins ont remis à Papa et à Jennifer un sac en plastique noir rempli de bouteilles tintinnabulant de *graines folles et de mini-castagnettes*, tchic tchic tchic.

Elijah fait craquer ses jointures. « Pourquoi tu ne veux pas voir ta mère ?

— Tu aimes tes parents, toi ? je demande.

— Ma mère, oui. Mon père me battait, et puis il m'a foutu dehors.

— Oh. Je suis désolée.

— Attends. Il faut qu'on pivote un peu vers la gauche. » Il ajuste légèrement sa position pour faire rempart entre ma mère et moi.

« Merci. Est-ce qu'elle regarde par ici ?

— Il y a deux secondes, oui, mais elle vient de se faire tacler par deux dames à parapluie. Et là elles sont en train de la tabasser à coups de sac à main. Pourquoi tu ne veux pas la voir ? Elle a brûlé toutes tes poupées dans un feu sacrificiel ? Ou bien elle a lu tes mails, peut-être ?

— Elle veut gouverner ma vie, j'explique.

— Quelle conne. On croirait qu'elle se prend pour ta mère.

— C'est une psychopathe. C'est compliqué.

— Aux dernières nouvelles, les psychopathes n'ont pas les moyens de se payer des manteaux de vison.

— Elle, si. Qu'est-ce qu'elle fabrique, là ?

— Sa tête tourne sur elle-même à trois cent soixante degrés et crache des crapauds.

— Qu'est-ce que tu… » Je tends le cou sur le côté. Ma mère est à trois tombes de nous.

« Lia ?

— Lia ? » répète Elijah.

Il fait un pas de côté et ruine mon camouflage.

Je monte sur la pierre tombale la plus proche – Fanny Lott, 1881-1924 – dans l'espoir que la terre s'effondre sous mes pieds. Mais rien ne se passe.

« Qu'est-ce que tu fiches ici ? demande ~~ma mère~~ le Docteur Marrigan.

— Euh.

— Tu t'appelles Lia ? fait Elijah.

— Je croyais qu'on avait convenu que tu ne viendrais pas, ajoute-t-elle.

— Une minute. » Elijah lève la main pour calmer le jeu. « Tu es Lia, l'amie que Cassie a essayé de joindre. Pourquoi tu n'as pas répondu au téléphone, ce soir-là ? »

En une nanoseconde, le Docteur Marrigan le scanne du regard. « C'est qui, au juste ?

— Mon ami Elijah. Elijah, je te présente ma mère, le Docteur Chloé Marrigan. »

Elle se plante entre nous deux. « Veuillez nous excuser. Je dois parler à ma fille. »

Elijah frissonne et s'efforce de ne pas le montrer. « Pourquoi tu ne m'as pas donné ton vrai nom ? »

Le long de la pente, les voitures glissent lentement vers le pied de la colline.

« Je suis désolée, je réponds. Je peux tout expliquer.

— Tu as beaucoup de choses à expliquer, visiblement, commente le Docteur Marrigan.

— Non, Mère, je riposte d'un ton sec. Le Docteur Parker m'a dit que je pouvais venir, même si ce ne sont pas tes affaires. Plus rien de ce que je fais ne te regarde, désormais. »

La lame de rasoir dans ma voix fait grimacer Elijah.

Le Docteur Marrigan ouvre la bouche pour répondre mais, au même moment, un homme et une femme l'appellent. Je ne les reconnais pas, mais ma mère si apparemment, et elle pivote pour leur parler.

« C'est vrai qu'elle est... intense, admet Elijah à voix basse. Pas tout à fait une psychopathe, mais pas mal perchée quand même.

— Elle déteste que je pense par moi-même. »

Ma mère affiche son visage sympa, celui qu'elle arbore tout le temps quand elle serre des mains à la sortie de la messe ou qu'elle croise d'anciens patients à l'épicerie. Elle ne me présente pas.

« Tu lui ressembles, fait remarquer Elijah. Sauf pour la couleur de cheveux.

— Ce n'est pas un compliment.

— Elle te fait vraiment tourner en bourrique, hein ?

— Elle a un don pour ça.

— Et ta solution, c'est de fuir ?

— Ça a marché pour toi, que je sache. »

Il croise les bras sur sa poitrine. « Pas vraiment. »

Je devrais lui rendre son blouson, mais je finirais congelée en moins de deux secondes, et alors ma mère dira un truc horrible et je me briserai en mille morceaux.

Elijah décroise les bras et souffle sur ses doigts. « Même si ta mère est barjo, au moins elle essaie de venir vers toi. Tu dois respecter ça.

— Elle ne vient pas vers moi. Elle m'étouffe. Nuance. »

L'assistant du directeur des pompes funèbres est en train de replier le faux gazon sous la tente. Un type en parka rouge vif manœuvre une minuscule tractopelle vers la fosse. Le vent emporte le chapeau de l'assistant, qui se met à courir après.

Tandis que le couple s'éloigne, le Docteur Marrigan se retourne vers nous. « Il faut que j'aille vérifier l'état d'un patient à l'hôpital. Tu seras à la maison quand je rentrerai, n'est-ce pas ? »

Elijah me donne un petit coup de botte dans la basket.

« Oui, je réponds sans réfléchir. Mais je dois d'abord déposer Elijah. »

Elle cligne les paupières plusieurs fois, visiblement déstabilisée. Elle se préparait à un affrontement qui n'a pas eu lieu.

« Très bien dans ce cas, répond-elle sur un ton quelque peu incertain. À tout à l'heure. Attention sur la route.

— Ouais. »

Tandis qu'elle prend congé, l'assistant sous la tente se saisit d'une petite télécommande et appuie sur un bouton, envoyant le cercueil de Cassie sous terre.

33,00

Elijah et moi retournons à la voiture sans un mot.

« Tu m'en veux pour cette histoire de nom ? je finis par demander en déverrouillant la portière.

— Je ne crois pas.

— Je peux t'expliquer... »

Il lève les deux mains pour me couper. « On peut se taire un moment ? demande-t-il presque à voix basse. Ça se bouscule un peu dans ma tête. Les morts et les parents en colère, ça ne fait pas bon ménage pour moi. Il faut que je me calme.

— Ok. »

On ne dit rien jusqu'au motel. Je me gare devant sa chambre et lui tends son blouson.

« J'apprécie vraiment ce que tu as fait aujourd'hui.

— Pas de problème. Merci de m'avoir raccompagné. » Il attrape son blouson, sort de la voiture, claque la portière et s'en va.

Je baisse ma vitre. « Attends. Quand est-ce qu'on peut se revoir pour discuter ?

— Je ne sais pas. » Il sort sa clef de sa poche.

« J'ai oublié de demander à mon père pour le ferrailleur. Je t'appellerai quand j'aurai l'adresse.

— Merci. » Il disparaît dans la pénombre de sa chambre.

Je ne sais pas trop ce qui l'a fait changer d'humeur comme ça. Peut-être qu'il y a quelque chose dans l'air des cimetières qui vous rentre sous la peau et vous infecte. C'est peut-être pour cette raison que je me sens mal subitement. Une vague de nausée me percute l'estomac comme un bulldozer : tristefurieuseconfuse, ces sentiments m'étouffent. Je repousse les images qui m'envahissent : les roses qui tremblotent sur son cercueil, les larmes qui coulent au sol, les nuages de chagrin qui foncent sur nous. Je m'étrangle et tousse. Si j'avais mangé quoi que ce soit aujourd'hui, ce serait en train de remonter.

Un voyant rouge s'allume près du compteur de vitesse. Je fouille dans mon sac à la recherche de mon téléphone pour appeler mon père et lui demander si le moteur va exploser. Mais je n'ai plus de téléphone.

Je monte le chauffage au maximum et colle le nez près de la soufflerie. L'air sent Cassie et j'ai un nouveau haut-le-cœur.

~~J'ai faim, il faut que je mange.~~

Je déteste manger.

~~Il faut que je mange.~~

Je déteste manger.

~~Il faut que je mange.~~

J'adore ne pas manger.

Le voyant rouge clignote, allumé/éteint, allumé/éteint, allumé/éteint. Je passe la première et accélère.

34,00

Briarwood Avenue est jalonnée de maisons sur commande. Il n'y a pas de trottoirs, pas de porches. Les pelouses ont été conçues pour se dérouler sagement de la porte d'entrée jusqu'à la route, chaque brin d'herbe taillé à la main, à hauteur réglementaire. La rue est toujours vide et parfaitement propre.

Sauf aujourd'hui. Des voitures sont alignées des deux côtés de la route et laissent des empreintes boueuses à la lisière des pelouses. Des portières métalliques claquent, les alarmes gazouillent et des gens en manteaux noirs et aux sourcils froncés avancent contre le vent, le dos courbé, et pénètrent d'un pas traînant dans la maison en face de chez ma mère.

Ils sont venus rendre un dernier hommage, c'est le prix à payer quand on connaît les parents d'une adolescente morte.

Je me gare dans l'allée de ma mère.

Le jardin de roses de Madame Parrish s'est étendu de part et d'autre de la maison et sur la pelouse de devant. Les buissons taillés sont hérissés de branches nues et épineuses, enveloppées dans des sacs de jute pour l'hiver, tandis que leurs rêves estivaux de bourgeons dodus sommeillent au plus profond de leurs racines.

La première fois que j'ai vu Cassie vomir, c'était dans le jardin. Ses parents avaient organisé une garden-party pour la fête du Travail, la dernière avant la rentrée scolaire. Les adultes étaient saouls et parlaient fort dans la piscine, les jeunes couples avaient regagné le canapé moelleux dans le sous-sol de leurs parents, et les enfants étaient au lit. À onze ans, on ne faisait plus partie des petits. On avait le droit de rester debout du moment qu'on ne traînait pas dans les pattes de Papa-Maman.

J'ai couru chez moi de l'autre côté de la rue pour aller me chercher un sweat-shirt. À mon retour, Cassie avait disparu. Je l'ai cherchée partout et j'ai fini par la trouver à l'ombre des rosiers, à l'écart des flambeaux et du vrombissement des mixeurs à margarita. Elle avait les doigts dans la gorge et était secouée de haut-le-cœur. Pratiquement tout ce qu'elle avait ingurgité était répandu sur le paillis : un paquet de chips, un pot presque entier de sauce à l'oignon, deux brownies et une part de gâteau à la framboise.

« Je vais chercher ta maman, j'ai dit.

— Non ! » Elle m'a attrapée par le bras et m'a tout expliqué à voix basse, entre deux spasmes. Elle se faisait vomir exprès pour ne pas grossir. Elle s'est mise à pleurer parce qu'elle avait attendu trop longtemps et que les calories s'étaient déjà infiltrées en elle et qu'elle se sentait mal.

« Pourquoi tu as mangé des brownies, si tu ne veux pas grossir ? a demandé mon minuscule corps d'elfe.

— Parce que j'avais faim ! » Les larmes ont roulé le long de ses joues puis dégouliné au creux de son menton souillé.

Avec le pied, j'ai mis du paillis sur les vomissures et j'ai discrètement emmené Cassie dans la salle de bains pour qu'elle se lave les cheveux. J'ai nettoyé son chemisier maculé dans le lavabo avec un savon, manquant de vomir moi-même à cause de l'odeur. Pendant qu'elle était sous la douche, j'ai mis le chemisier dans le sèche-linge. Puis, avec un couteau à beurre, j'ai raclé le savon pour en retirer l'odeur nauséabonde.

Plus tard, alors qu'on était enfouies dans nos sacs de couchage, elle m'a raconté que toutes les filles de sa colo de théâtre se faisaient vomir. Quand j'ai demandé pourquoi, elle m'a répondu qu'elles étaient grassouillettes et qu'il fallait bien faire quelque chose. Visiblement, Cassie avait appris beaucoup plus de choses dans cette colo qu'à l'école.

En quatrième, elle était passée pro. Elle avait même un code couleur quand elle s'empiffrait au début de ses crises – orange Doritos ou mauve myrtille – pour pouvoir repérer le moment où elle avait tout régurgité. Son doigt préféré pour ce rituel était strié d'éraflures qui ne cicatrisaient jamais. Elle racontait à sa mère qu'elle se les faisait au foot ou en construisant les décors de théâtre. Ou encore qu'un chien l'avait mordue.

Dans le parc d'attractions qu'était le collège, Cassie s'apparentait aux montagnes russes. Moi j'étais le cheval de bois du manège, figé dans la même position, *avec des yeux grands ouverts dont la peinture s'écaillait...*

Je devrais creuser sous le *Nearly Wild* pour exhumer les petits os desséchés de Pinky, bien au chaud dans le bandana bleu. Je devrais les coudre à l'intérieur d'un pull ou les porter autour du cou au bout d'un ruban. Si j'avais toujours le *voir* de mer vert, je le mettrais à contribution, lui aussi. Comme ça, je pourrais regarder dedans quand je me perdrais. Bien plus efficace qu'une boussole.

~~Ma mère~~ Le Docteur Marrigan vient se garer dans l'allée. Elle me regarde à travers nos deux vitres pendant que la porte du garage s'ouvre. Elle a le nez rouge et les yeux gonflés, comme si elle avait pleuré. Elle détourne la tête et entre dans le garage.

Je reste dans ma voiture encore quelques minutes, puis je la suis.

35,00

Je suis persuadée qu'elle m'attend dans le salon, où il fait dix degrés, entourée de tout un tas de notes bien ordonnées listant mes erreurs par ordre de gravité décroissante. Elle a sans doute des diagrammes démontrant que tout ce que je fais est mal et que mon seul espoir serait que la science l'autorise à greffer ses cellules souches dans ma moelle pour faire pousser une réplique d'elle-même dans mon corps.

Mais non, elle n'y est pas.

Elle m'attend donc dans la bibliothèque, que les gens normaux appellent un bureau.

Non plus. Des kilomètres d'étagères, des revues de cardiologie empilées sur la table basse, mais pas de Docteur Marrigan.

Rien non plus dans la cuisine.

Elle n'est pas sur le tapis de course du sous-sol, ni sur le vélo elliptique, ni en train de faire des abdos.

« Maman ? »

Les canalisations vibrent et le chauffe-eau s'enclenche. Elle doit être en train de prendre une douche.

Je monte deux étages, traverse le parquet ciré de sa chambre sur la pointe des pieds, et entrouvre très délicatement la porte de sa salle de bains. Un nuage de vapeur s'échappe, chargé des sanglots d'une femme adulte se brisant en petits morceaux enfantins.

Je referme la porte.

Quand elle descend une heure plus tard, le café est en train de passer, le jus d'orange est servi, et j'ai dressé la table avec la porcelaine tendre de Nanna Marrigan, l'argenterie de l'énorme coffre de la salle à manger, et une serviette en lin couleur neige. Exactement comme elle aime – net et précis. Au détail près.

Les larmes ont été essuyées, mais elle a toujours le nez rouge. Elle balaie la pièce du regard, déstabilisée parce que je n'ai pas suivi le scénario auquel elle s'attendait.

Je lui tends le verre de jus d'orange. Tandis qu'elle en boit une gorgée, je casse trois œufs et allume le feu sous la poêle pour faire fondre le beurre.

Le moindre de mes gestes dans cette cuisine est une épreuve – *J'ai la force de soulever une plaquette de beurre. Et aussi de retirer l'emballage, d'en faire glisser une noix dans la poêle, et de la regarder/sentir fondre.* Je nettoie le film graisseux sur mes doigts sans le lécher. Décidément, je passe tous les tests haut la main, aujourd'hui.

« Depuis quand sais-tu cuisiner ? demande ma mère.

— C'est Jennifer qui m'a appris. Emma adore l'omelette. »

Elle renifle les odeurs qui embaument sa cuisine. « Il y a quelque chose au four ?

— J'ai voulu faire des muffins carotte-raisins secs. Emma adore ça, aussi. Mais comme tu n'avais ni carottes ni raisins secs, j'en ai fait à la muscade. » Je bats les œufs. « Ton réfrigérateur est quasiment vide. Pour l'omelette, il n'y a que de l'oignon ou des épinards. »

Elle fixe les légumes débités sur la planche à découper. « Juste épinards. »

Je lui sers du café dans une tasse en porcelaine et la lui tends. Elle la pose sur la table, puis sort son téléphone et son bipeur de la poche de sa robe de chambre et les aligne soigneusement à côté de sa fourchette. Elle se laisse glisser sur sa chaise, le regard flou fixé sur son reflet dans son assiette vide.

« C'était qui ? » je demande.

Elle lève les yeux. « Comment ça ? »

Je verse lentement les œufs dans la poêle chaude. « Le patient qui est mort ?

— Comment sais-tu qu'un de mes patients est mort ? »

Je soulève la peau de l'omelette pour faire glisser l'œuf liquide dessous. « Les seules fois où tu pleures sous la douche comme ça, c'est quand tu as perdu un patient. »

La poêle grésille. Le minuteur du four sonne.

Maman déplie sa serviette sur ses genoux. « C'était une assistante sociale qui s'occupait d'enfants en foyer. Cardiomyopathie dilatée, très avancée, c'est elle qui avait passé le plus de temps dans le service, à attendre une greffe. Je lui ai donné un nouveau cœur à Thanksgiving. Il a lâché aujourd'hui. Elle est morte avant qu'on ait pu faire quoi que ce soit. »

Pendant qu'elle parle, je dispose des lamelles d'épinard sur l'omelette, la saupoudre de fromage râpé, replie le tout et la fais glisser dans une assiette que je dépose devant elle. « Je suis désolée.

— Merci. » Elle prend une bouchée sans même attendre que ça refroidisse. « C'est très bon. J'espère que tu t'en fais une aussi. » Elle mange machinalement, avec le même nombre de mastications par bouchée et le même nombre de secondes entre chaque déglutition, jusqu'à ce que l'omelette soit liquidée et son estomac plein.

On ne se hurle pas dessus. On ne cherche pas à taper là où ça fait mal. C'est chouette.

On ne tourne pas autour du pot non plus. Je jette la question dans la poêle brûlante pour voir ce qui va se passer.

« Est-ce que Cassie est morte comme ta patiente ? Est-ce que c'est le cœur qui a lâché ?

— Je préférerais ne pas discuter de ça avec toi, répond ma mère. Pas pour l'instant.

— Mais tu as vu le rapport d'autopsie, non ?

— Je ne pense pas que ce soit le bon moment... » Son bipeur se met à vibrer sur la table. « Bon sang. » Elle lit le message et compose un numéro. « Docteur Marrigan à l'appareil. »

Je me brûle les doigts en sortant les muffins du four. ~~Ils veulent sauter dans ma bouche. Non, ce qu'ils veulent, c'est se rouler dans le beurre et le miel et ensuite sauter dans ma bouche, un, deux, trois, quatre. Puis par-dessus un peu de crème glacée et des crackers Graham et un pot entier de glaçage chocolat et trois paquets de pop-corn.~~

Le Docteur Marrigan donne des instructions sur des médicaments, des perfusions et des analyses, avant de raccrocher. « Les muffins sont cuits ?

— Encore un peu chauds.

— Ça ira. »

Je ramasse l'assiette sale et dépose trois muffins devant ma mère. « Tu as dit que tu expliquerais les résultats de l'autopsie à Madame Parrish.

— Je l'ai fait.

— Alors, qu'est-ce qui s'est passé ?

— Tu ne manges rien ? »

Je mets l'assiette au lave-vaisselle. « Je n'ai pas faim. »

Maman ôte le papier rose à la base du muffin. « Tu as pris quoi, au déjeuner ?

— Je n'ai pas encore déjeuné.

— Il est pratiquement deux heures. Mange un muffin.

— Je n'en veux pas.

— Et des œufs. Un peu de protéines ne te ferait pas de mal.

— J'ai pris du lait avec mes céréales, ce matin.

— Il faut que tu manges. » La Voix est de retour, celle qui donne des ordres et exige qu'on lui obéisse.

« Maman… »

Le bipeur vibre de nouveau en sautillant sur la table comme une abeille en colère. « Bon sang ! » Elle rappelle. « Docteur Marrigan. »

Je mets la poêle et le moule à muffins dans l'évier, fais couler l'eau chaude et verse du liquide vaisselle. Avec toute cette chaleur, les fenêtres de la cuisine sont opaques de buée.

La vraie fille que j'étais se glisse hors de mon corps pour écouter l'écho des voix qui se braillent des injures dans toutes les pièces de cette maison. Maman contre Papa. Papa contre Maman. Papa contre le boulot de Maman. Maman contre la maîtresse de Papa. Maman-Papa contre les bulletins de Lia, les concerts de Lia, la décision de Lia d'arrêter le solfège ou la danse. Lia contre tout et tout le monde.

Les voix s'infiltrent dans la bouche de cette fille par surprise, comme un insecte qui vous rampe à l'intérieur de la gorge par une nuit d'été, juste après qu'on l'a avalé. Les voix grouillent dans ses entrailles et se multiplient – des échos métalliques et carbonisés qui se sont installés définitivement sous la coquille de son crâne.

::stupide/moche/stupide/chienne/stupide/grosse/
stupide/bébé/stupide/ratée/stupide/perdue::

« Lia, regarde-moi ! » crie Maman en me secouant par les épaules.

Je cligne les paupières. La vaisselle est faite, mais j'ai toujours les mains plongées dans l'évier. Plus de bulles. L'eau est froide.

Maman ~~me traîne~~ me guide jusqu'à sa chaise, un bras passé autour de mes épaules, m'attrapant le poignet de l'autre pour prendre mon pouls. Elle s'agenouille devant moi et me fait regarder en haut, puis sur le côté, puis droit sur la loupiote au bout de son stylo.

« Je parie que ta glycémie est catastrophique », marmonne-t-elle.

Trois emballages vides de muffins sont pliés en triangle sur son assiette. Un petit bloc vert pâle est posé à côté, couvert des notes qu'elle a prises pendant ses coups de téléphone alors que j'étais au Pays des Zombies. Son verre de jus d'orange et sa tasse de café sont vides. L'eau dans l'évier semble avoir aspiré le temps.

J'ai perdu dix minutes, peut-être même quinze.

Elle me sert un verre de jus d'orange. « Bois ça. »

Si je refuse, il y a de grandes chances qu'elle me plaque au sol et m'ouvre la bouche de force pour me le faire ingurgiter. Ou qu'elle m'emmène directement à l'hôpital pour qu'on me plante des intraveineuses jusqu'à ce que je gonfle et monte au plafond comme un ballon de fête foraine.

J'avale le jus et l'oblige à descendre dans mon estomac.

Elle s'assied et me dévisage pendant que le brouillard sur les vitres se dissipe et que l'électrolyte se répand dans mes veines.

« Je vais bien, j'affirme. Je suis juste triste à cause de Cassie. »

Au lieu de répondre, elle se lève, fait claquer la poêle propre sur la cuisinière, jette du beurre dedans, allume le brûleur, ouvre la porte du réfrigérateur d'un coup sec, en sort le lait et les œufs, en casse deux dans la poêle, renverse du lait dessus et bat le tout avec une fourchette.

« Je ne vais pas manger ça », je préviens.

Penchée au-dessus de la cuisinière, elle bat, bat, bat.

« Je ne peux pas. »

Toujours pas de réponse. Brouillebrouillebrouille.

« Tu n'es pas censée me forcer. Je dois me sentir en sécurité avec la nourriture.

— C'est le truc le plus stupide que j'aie entendu de ma vie. » Elle verse les œufs cuits dans une assiette propre, ajoute deux muffins, retraverse la cuisine et dépose le tout devant moi.

Le jus d'orange est un virus qui m'attaque les entrailles. « Tu peux oublier. »

Elle secoue la tête. « Tu n'as pas les idées claires. Tu as eu un vertige. Et tu m'as menti à propos du petit déjeuner.

— Ok, j'ai oublié d'en prendre, la belle affaire. La journée a été dure.

— Tu as une mine horrible. Combien pèses-tu ?

— C'est Jennifer, le nazi de la balance. Tu n'as qu'à lui demander. »

Elle croise les bras en travers de sa poitrine.

« J'étais à 48,4 kilos mardi dernier.

— Je ne te crois pas.

— Elle te montrera le carnet.

— Tu vas manger tout ce qu'il y a sur cette assiette. »

Deux œufs brouillés + lait + beurre = 365 + deux muffins (450) = Horreur.

« Je vais essayer. »

Je prends une petite bouchée de jaune. Le jus d'orange me perce la paroi intestinale. J'avale du jaune et du gras, replante ma fourchette dans l'amas visqueux et ouvre grand la bouche pour que le petit avion rentre dans le hangar.

Maman se ressert une tasse de café.

Je repose la fourchette. « Je me sens mal. Je n'y arriverai pas.

— Tu *vas* mal. Quand tu mangeras comme quelqu'un de normal, tu te sentiras mieux.

— Quand je mange, c'est encore pire.

— Prends une bouchée de muffin. »

Je décolle lentement le papier rose. Qu'est-ce qui m'a pris de cuisiner pour elle, d'essayer de faire un poutou à Mô-man pour que tout s'arrange ? Je coupe le muffin en deux, puis chaque moitié en quatre, et chaque morceau encore en deux. J'en place un dans ma bouche. Une bulle de farine éclate sur ma langue.

Elle me regarde mâcher et avaler. Elle constate que je ne reprends pas d'autre bouchée. *Une minute, deux, trois, quatre...* Il y a deux ou trois ans, je suis tombée sur l'avis d'imposition de ma mère et j'ai fait le calcul pour savoir combien elle gagnait de l'heure. Je viens de gaspiller douze dollars de son précieux temps.

Je repousse l'assiette. « Je ne peux pas. »

Au lieu d'exploser, elle inspire à fond et fait glisser l'assiette vers moi. « Je te propose un marché. »

Le jus d'orange me tord l'estomac. « Comment ça ?

— Si tu manges ça, je t'expliquerai comment Cassie est morte.

— C'est une blague ?

— Est-ce que j'ai l'habitude de plaisanter avec toi au sujet de la nourriture ? »

~~J'ai tellement faim.~~ Je dois rester forte – plier, mais ne pas rompre. « Un muffin.

— Deux muffins. Tu as besoin de glucides.

— Un muffin et les œufs. »

Nouvelle inspiration. « Marché conclu. »

Ça me prend une heure.

Des œufs brouillés = 25 bouchées.

Un muffin = 16 bouchées.

36,00

Mon estomac tout rose aime être petit et vide. Il me déteste de l'avoir autant gavé. Je m'allonge sur le canapé, tire la couverture chauffante sur moi et essaie de contenir mes haut-le-cœur.

Maman s'installe sur le canapé d'en face. Elle se met un plaid sur les jambes, celui que j'ai tricoté pour Noël dernier, truffé de mailles ratées et de motifs irréguliers. « Tu es sûre de vouloir entendre ?

— Ça ne peut pas être pire que ce que j'imagine.

— Ce n'est pas joli.

— Elle était droguée ?

— Non, rien d'illégal, mais elle était sous deux antidépresseurs différents, un psychorégulateur et un traitement contre l'ulcère. Et elle avait ingéré de la vodka. Beaucoup de vodka.

— Coma éthylique ?

— Non. » Elle ajuste le coussin derrière son dos et garde le silence.

« Tu as promis, je lui rappelle. J'ai fait ce que tu as demandé. Tu dois tout me raconter.

— Tout ? » Elle respire un bon coup et se redresse – en mode médecin chef. « Cassie avait des lésions au foie, ses glandes salivaires étaient pratiquement détruites, et son estomac distendu. » Elle brandit un poing fermé. « Un estomac sain fait à peu près cette taille et peut s'étendre jusqu'à contenir environ un litre. Celui de Cassie pouvait en contenir trois. En outre, ses parois abdominales s'étaient affinées et présentaient des signes de nécrose précoce. »

La dernière fois que j'ai vu Cassie, c'était juste avant les vacances de Thanksgiving. J'allais à la bibliothèque et elle collait des affiches pour la comédie musicale du lycée. À l'extérieur, elle était propre et bariolée : nouveau jean, joli pull, super boucles d'oreilles. Elle avait des joues d'écureuil et les cheveux secs comme de la paille. Elle n'était pas nécrotique. Elle mâchait un chewing-gum. Elle avait les yeux fatigués, mais on est en terminale. On a tous le regard mort.

Je suis passée devant elle et j'ai marmonné un bonjour qu'elle n'a pas entendu.

À coups de remplissages et de vidanges forcées, le seau de Cassie n'en finissait pas *d'aller au puits, de gré ou de force*.

« Cassandra a eu une très grosse dispute avec ses parents, le jeudi, à Thanksgiving, reprend Maman. Elle s'est levée pour aller vomir au beau milieu du repas. Cindy m'a raconté que même Jerry voyait qu'elle avait rechuté. Ils lui ont dit qu'il fallait qu'elle se fasse aider en clinique. Elle a refusé, prétextant qu'elle avait dix-neuf ans et qu'ils ne pouvaient pas la forcer. Jerry s'est énervé et l'a menacée de ne pas payer l'université tant qu'elle ne serait pas en bonne santé. Cassie est partie. Plus tard, elle a appelé Cindy pour dire qu'elle était chez une amie et qu'elle rentrerait le samedi. En fait, elle était au motel. Elle a bu, mangé et vomi compulsivement pendant deux jours entiers.

— Alors elle a fait une crise cardiaque ? Parce que ses électrolytes étaient détraqués ? »

Maman remonte le plaid contre sa poitrine. « Non, chérie. L'œsophage de Cassie s'est rompu.

— Rompu.

— Déchiré. C'est le syndrome de Boerhaave, qu'on retrouve en général chez les alcooliques qui régurgitent souvent après avoir trop bu. Les vomissements trop violents peuvent rompre l'œsophage. » Maman fixe ses mains. « Elle était en train de se faire vomir dans les toilettes de sa chambre quand ça s'est produit. Elle était aussi très très saoule, comme je te le disais. Elle a fait un choc anaphylactique et est morte dans la salle de bains. »

Je compte jusqu'à dix, puis cent. Maman attend en m'observant. Inspiration. Expiration.

« Tu as des questions ? finit-elle par demander.

— Est-ce que ce sera dans le journal ? »

Maman secoue la tête. « J'en doute. Comme ils n'ont pas retrouvé de drogue, ils diront qu'elle est morte d'un problème médical préexistant, quelque chose dans le genre. »

Dans la rue, les gens retournent à leurs voitures, verrouillent leurs portières et filent aussi vite qu'ils le peuvent. À la place de Madame Parrish, je ne les laisserais pas repartir. Je les supplierais d'emménager pour un mois ou deux, de manger ma nourriture, de salir ma moquette, tout ce qui pourrait m'éviter de rester dans une maison vide. Je serais même prête à payer des inconnus pour ça.

« Est-ce qu'elle a souffert ? »

Maman allume la petite lampe sur la table à côté d'elle. L'orage descendu des montagnes est sur nous. « J'ai peur que oui. Elle est morte terrorisée et seule. C'est une fin atroce. »

Je suis un iceberg dérivant vers le bord de la carte.

« Je ne te crois pas. Tu inventes tout ça pour me faire peur.

— Je n'ai pas besoin d'inventer quoi que ce soit. Elle est morte et tu reviens de son enterrement. Cindy te montrera le rapport d'autopsie, si tu y tiens.

— Je n'ai plus envie de parler. »

Maman se penche en avant. « Tu as le droit de te sentir perturbée. Pour tout dire, je préférerais te voir triste plutôt que faisant semblant que tout va bien.

— Ne t'inquiète pas. » Je me redresse et entreprends de nouer mes cheveux en tresse. « Je suis triste qu'elle soit morte, et encore plus triste qu'elle soit partie de manière aussi pourrie, mais ça ne va pas me ruiner la vie. Déjà avant l'été, on n'était plus aussi proches que quand on était petites. »

On écoute le vent souffler.

« Cindy veut te parler, ajoute Maman. Elle m'a dit que tu étais la seule personne à pouvoir l'aider à comprendre pourquoi.

— Pourquoi ? »

Elle hoche la tête. « Cassie avait tout : une famille qui l'aimait, des amis, des hobbies. Sa mère veut savoir pourquoi elle a fichu tout ça en l'air. »

Pourquoi ? Tu veux savoir pourquoi ?

Enferme-toi dans une cabine à UV et restes-y à frire pendant deux ou trois jours. Une fois que ta peau fera des bulles et se décollera toute seule, roule-toi dans le gros sel, puis enfile une combinaison incrustée d'éclats de verre et de fils barbelés. Ensuite, mets des habits normaux par-dessus, du moment qu'ils soient bien serrés.

Fume de la poudre à canon et cours à l'école sauter dans des cerceaux, t'asseoir et supplier, ou encore faire des cabrioles sur commande. Prête l'oreille aux chuchotements qui te vrillent la tête la nuit, qui te traitent de moche, de grosse, de crétine, de chienne et de pute, et pire que tout, de « ratée ». Fais-toi vomir, affame-toi, mutile-toi et bois parce que tu ne veux plus ressentir tout ça. Fais-toi vomir, affame-toi, mutile-toi et bois parce que tu as besoin d'un anesthésiant et que ça fonctionne. Mais seulement pour un temps. Alors l'anesthésiant se transforme en poison et c'est déjà trop tard parce que tu es accro jusque dans ton âme. Ça te pourrit de l'intérieur et tu ne peux pas t'arrêter.

Regarde dans le miroir, tu y trouveras un fantôme. Écoute chaque battement de ton cœur te hurler que tout cloche chez toi.

« Pourquoi ? » n'est pas la bonne question.

Demande plutôt : « Pourquoi pas ? »

* * *

Le bipeur vibre sur la table de la cuisine. Maman lâche un juron, lit son message et passe le coup de fil magique. « Docteur Marrigan. » Elle écoute un moment, puis bondit hors de la pièce et se précipite dans l'escalier. Je me rallonge sur le divan.

La couverture électrique a fini par se réchauffer et je m'enfouis dessous. Mon estomac de souris gémit parce qu'elle m'a forcée à ingurgiter pratiquement mille calories. Je vais devoir rester forte jusqu'au dîner de demain pour rééquilibrer tout ça.

Je dérive…

« Lia, réveille-toi. » Elle me secoue de nouveau par l'épaule. « Je dois y aller. C'est l'hôpital. » Ses yeux sont pointés dans ma direction, mais elle voit déjà le tracé d'ECG, les résultats d'analyses et la ligne fine et fumante qu'elle va couper dans le torse de son patient d'ici une heure ou deux.

Je me redresse en frissonnant et cherche la télécommande de la couverture. « Ce truc ne marche pas.

— Je l'ai débranchée pour que tu ne te brûles pas. » Elle remonte la fermeture Éclair de son manteau et se penche pour m'embrasser. « Je suis désolée de devoir partir. » Elle me dépose son baiser sur le front. « Repose-toi. »

En sortant, elle claque la porte, mais pas par colère. Le Docteur Marrigan claque toujours les portes pour s'assurer qu'elles sont bien fermées.

37,00

La maison de ma mère respire et mange. Le lave-vaisselle enchaîne les cycles RINÇAGE, DÉCAPAGE, LAVAGE NORMAL, RINÇAGE ANTIBACTÉRIEN et SÉCHAGE. Le système de chauffage filtre l'air dans ses poumons électrostatiques et le recrache dans un chuintement ouaté. Le chauffe-eau s'excite. Le compresseur du réfrigérateur émet une vibration métallique, puis un bourdonnement, afin de tout bien maintenir au froid.

Je pourrais hurler de toutes mes forces, à en faire exploser les fenêtres, tout continuerait à fonctionner conformément au mode d'emploi, sous la surveillance d'une liasse de garanties.

Je vais aux toilettes en frissonnant. Lorsque je tire la chasse d'eau, le jet emporte tout. Avant de me traîner de nouveau sous la couverture, j'ouvre les rideaux et reste plantée face à la porte-fenêtre glaciale qui donne sur ~~ce qui était jadis le paradis~~ le jardin.

Quand Papa est parti, elle a engagé des paysagistes pour transformer le potager en un parterre de plantes vivaces, le genre qui ne nécessite pas trop d'entretien ou d'arrosage. Le tas de compost a disparu, les plantes aromatiques laissées à l'abandon ont monté, et le coin des fraisiers est devenu une allée. Des gars passaient une fois par semaine pour tondre, tailler et ratisser.

Je n'ai pas l'impression qu'elle les ait rappelés cette année. En juillet et août, ça devait être la jungle. Maintenant, c'est une jungle morte. L'herbe brune et desséchée, jonchée de bogues et de branches, arrive aux genoux. Les buissons difformes de vivaces sont étouffés par le lierre sec. La souche de l'érable qui abritait autrefois ma cabane est en train de pourrir. C'est comme si elle ne savait même pas qu'elle avait un jardin.

… *Ma cabane a été notre château jusqu'à l'été de nos douze ans.*

Nanna Marrigan est venue s'installer à la maison pendant les vacances parce que j'étais trop vieille pour avoir une nounou et trop jeune pour rester seule. Tous les matins, elle faisait de la pâtisserie : du pain aux courgettes, des biscuits à l'avoine, ou de la tarte aux myrtilles. C'est elle qui m'a appris le tricot, et à Cassie, le crochet. Les fils interminables couraient sur ses mains en papier et s'enroulaient autour de ses doigts tordus.

On n'avait aucune envie de regarder une vieille dame cuisiner ou tricoter. Nous, ce qu'on voulait, c'était aller traîner au centre commercial. Claquer des doigts et se retrouver enfin à seize ans, pour pouvoir conduire et avoir des petits copains un peu voyous. La cabane perchée était devenue trop petite pour des filles insatiables telles que nous, mais c'était tout ce qu'on avait. Alors on lisait, on jouait à la Dame de Pique et au Uno, on se mettait du vernis à ongles, et on se goinfrait de glaces à l'eau et de sandwichs fromage-moutarde, au point qu'on n'a jamais réussi à faire partir les taches sur nos chemisiers.

C'est cet été-là que j'ai fini par grandir, après avoir toujours été plus petite que tout le monde. La puberté m'a mise au supplice du chevalet : mes bras et mes jambes sont sortis de leurs cavités, et ma nuque a bien failli lâcher. Ce nouveau corps sentait l'humidité. Les fesses ballottaient, les cuisses faisaient un kilomètre de large dans mes collants, et un double menton gélatineux est apparu. Ma prof de danse classique a commencé à pincer les bourrelets qui dépassaient, m'a retiré mon solo et recommandé d'arrêter de manger de la glace vanille-caramel. De cygne élégant, je suis passée à vilain petit canard incapable de faire trois pas sans se prendre les pieds dans le tapis.

Cassie a dit que la danse classique, c'était bon pour les bébés. J'ai répondu que je m'en fichais, de ce cours, même si ce n'était pas vrai. Deux jours plus tard, elle est partie en colo de théâtre et je suis restée toute seule.

C'est l'été où le livre le plus célèbre de mon père est sorti, où il passait sans arrêt aux infos et où ma mère a découvert l'existence de sa nouvelle maîtresse. Il a dormi sur le canapé pendant quelques semaines, puis il a déménagé. Il m'a dit qu'il m'aimerait toujours, quoi qu'il arrive, et il est parti vivre dans un deux pièces de location. Nanna Marrigan a dit bon débarras, les déchets à la poubelle. Elle n'avait jamais aimé mon père.

Maman a demandé le divorce.

Dans le bureau du médiateur familial, mes parents ont prétendu qu'on serait toujours une famille, mais que tout irait mieux comme ça. Plus de cris, plus de disputes. En déchirant notre famille, ils la rendaient plus forte. Le temps que je comprenne qu'ils racontaient n'importe quoi, la médiation était terminée et Papa menait Jennifer à l'autel.

Les poussées de croissance m'ont littéralement ravagé les organes internes. La douleur me réveillait presque toutes les nuits dans les hurlements. Ma mère m'a fait faire des bilans sanguins pour une vingtaine de cancers et a consulté des experts qui, après inspection des clichés en noir et blanc de mes entrailles, lui ont assuré que rien ne clochait chez moi. La douleur finirait bien par passer quand j'aurais achevé ma croissance.

Ils mentaient, eux aussi. Elle n'a fait qu'empirer.

Nanna Marrigan est repartie chez elle juste avant la rentrée de septembre. Cassie est revenue de colo avec un faux accent britannique, une vilaine infection au sumac vénéneux et trois boîtes de laxatifs.

Je lui ai montré les minuscules entailles que je m'étais faites dans la peau pour laisser suinter la douleur et tout ce qui était mauvais en moi. Au départ, elles étaient courtes et superficielles, comme les griffures d'un chat affolé cherchant à se cacher sous un meuble. La douleur de la coupure avait une saveur différente. Ça m'aidait à oublier que *mon corps, ma famille et ma vie m'étaient dérobés, ça m'aidait à ne pas m'en soucier...*

Les entrailles de Cassandra Jane ont explosé comme un ballon de baudruche rose. Personne ne lui a chanté de berceuse, personne ne l'a aidée à ramasser les morceaux. Elle est morte seule.

Je ne supporte de regarder par aucune des fenêtres qui donnent sur sa maison, car je commence seulement à intégrer le fait que jamais plus elle ne dormira là-bas, jamais plus elle ne claquera la porte, jamais plus elle ne chantera sous la douche en se lavant les cheveux.

Je retourne dans le salon, les yeux fermés et le pas traînant. Je m'interdis de regarder quoi que ce soit avant d'être à bonne distance de ces abominables fenêtres.

Mon ventre gémit toujours, alors je repars m'enfouir sous la couverture du canapé. Je la branche et la règle au maximum. Le gras des œufs se mélange à la pâte du muffin et au jus d'orange. La mixture se déverse dans mes artères, purée lente qui ne demande qu'à se transformer en béton. À tout instant, mon cœur menace de

s'arrêter.

38,00

Je me réveille, l'esprit encore plus embrumé que d'habitude parce que mon lit n'est pas tourné dans le bon sens et qu'en plus ce n'est même pas un lit, mais un canapé, celui de Maman, le canapé moelleux de la maison de ma mère. Je suis recouverte d'une lourde couverture confectionnée par une aïeule Marrigan, un patchwork de chutes de robes anciennes et de jupons défraîchis.

Je ne me rappelle pas m'être endormie ou avoir eu du mal à m'endormir, ni même avoir rêvé. Je ne me suis pas réveillée au retour de Maman. J'ignore si c'est une bonne chose ou non.

Cassie n'est pas venue me rendre visite. Ça, c'est bien. Peut-être qu'elle réussit enfin à dormir, elle aussi.

La maison a la même odeur que d'habitude : un mélange de café et d'eau oxygénée.

« Maman ? » Ce mot a un drôle de goût.

« Par ici », répond-elle d'une voix assourdie.

Je m'enroule dans la couverture et traverse la maison. J'ai l'impression d'en être partie depuis six vies, et non six mois.

Après le départ de Papa, elle a tout chamboulé : nouveaux meubles, nouveaux tapis, cuisine totalement refaite. Elle a fait abattre quelques murs, redessiné l'espace au sol, posé des fenêtres et déplacé les portes. Pendant deux ans, on a enjambé charpentiers, maçons et ouvriers couverts de poussière qui juraient comme des charretiers. Une fois le chantier bouclé, elle avait une maison toute neuve, lavée de la présence de mon père.

Je m'attendais presque à ce qu'elle remette ça quand je suis partie, mais d'après ce que je vois, une seule chose a changé : les portraits, cartes et photos du Maine, de ses grands-parents et de moi en tutu, ou bien bébé en train de dormir sur son épaule, ont tous été décrochés du mur et posés par terre. Ils ont laissé des fantômes derrière eux, des rectangles de couleur vive avec leurs crochets nus et leurs petits clous. Le reste des murs est tout délavé.

Sa voix filtre à travers la porte close de la bibliothèque. « J'arrive dans une minute.

— Je serai en haut. »

Ma chambre est telle que je l'ai laissée quand ils m'ont internée à New Seasons la deuxième fois, depuis les traces de bottes sur la porte du placard jusqu'aux cartes d'anniversaire déchirées jonchant le sol. Elle n'a pas envoyé la femme de ménage faire mon lit, descendre le matelas sur le trottoir ou même passer l'aspirateur.

Sur l'encadrement de la porte, il y a toujours la toise avec les marques au stylo, indiquant ma taille au fil des années, depuis notre emménagement jusqu'à mon entrée au lycée. Si, il y a quand même quelque chose de nouveau : le chambranle a été verni pour éviter que les repères et les marques soient effacés par mégarde.

« Lia ? Petit déjeuner.

— J'arrive. »

Le temps que j'atteigne la cuisine, elle est en train de se servir un bol de muesli et le comptoir croule sous la nourriture : paquets de céréales, flocons d'avoine, miches de pain, bananes, boîte d'œufs, yaourts, sachets de viennoiseries et de beignets. Elle a fait les courses pendant que je dormais.

On se regarde par-dessus ce champ de bataille comestible. Aucune de nous n'ose dire un mot, mais le vieux scénario plane dans l'air :

Ilfautquetumanges/jenaipasfaim/mangequelquechose/
Arrêtedemeforcer/écoutemoi/laissemoitranquille.

De l'autre côté de la rue, Madame Parrish se meut dans sa maison sans fille, dans sa cuisine sans Cassie.

~~Les viennoiseries sentent merveilleusement bon le sucre et je sais l'effet qu'une simple bouchée me ferait~~ Il faut que j'avale quelque chose, sinon elle va piquer une crise et je suis trop fatiguée pour ça. Je prends la miche de pain. « Il n'y a pas de sirop de glucose dedans, n'est-ce pas ? je demande.

— Bien sûr que non », elle répond en versant du lait de soja dans son bol. Elle écarquille les yeux en me voyant découper une tranche (77) et la mettre dans le grille-pain.

« Il reste de la confiture de fraise de Nanna ?

— Je l'ai jetée. Je n'avais pas confiance après toutes ces années. J'ai acheté de la gelée de prune et du miel. »

Si je mange le pain nature, elle va démarrer au quart de tour. « Je vais prendre du miel. »

Une fois le pain grillé, j'étale une couche microscopique dessus (30) et me sers une tasse de café noir. Elle fait semblant de ne pas me regarder et m'écouter manger. Je fais semblant de ne pas remarquer qu'elle fait semblant.

« Pourquoi tous les cadres sont par terre ?

— J'avais l'intention de repeindre, mais je n'arrive pas à me décider sur la couleur, répond-elle. Ça fait des mois. Je devrais sans doute me contenter de les raccrocher. »

On n'a rien d'autre à se dire. Heureusement qu'il y a le journal.

Après avoir fait la vaisselle, je prends ma douche et me brosse les dents en évitant de laisser mon regard vagabonder vers les miroirs. Je m'habille aussi lentement que possible et prie pour qu'une catastrophe naturelle survienne, le genre qui réquisitionne tous les médecins pour la journée.

« Lia ? appelle ma mère. Tu ne redescends pas ? »

Elle m'attend dans le salon. Quand j'entre, les cheveux dégoulinant dans le dos, elle tapote le coussin à côté d'elle, une seule fois, comme si elle n'était pas totalement sûre de son geste.

Je m'assieds sur l'autre canapé, celui avec la couverture chauffante.

« Alors, se lance-t-elle, qu'est-ce que tu as envie de faire ?

— Je ne sais pas. Et toi ?

— On pourrait discuter. »

J'aurais dû retourner me coucher. « D'accord.

— Comment ça va, l'école ?

— Ça craint. »

Elle se penche en avant pour remettre de l'ordre dans les revues éparpillées sur la table basse entre nous. « Tu as rendu ta fiche d'inscription à la fac, ou pas encore ? Tu as visité le campus ?

— Je n'en ai pas besoin. Je traîne là-bas depuis que je suis bébé.

— Tu pourrais le voir sous un nouveau jour. Rencontrer le responsable de la visite. Te faire de nouveaux amis. Ça te motiverait peut-être. »

Et c'est parti.

Je repousse la couverture et bondis. « C'est débile. Tu vas me faire la morale, me donner des ordres, et je vais te répondre en hurlant, comme d'habitude. On n'arrive même pas à faire semblant de s'entendre. Je m'en vais. »

Elle lève les deux mains en signe d'apaisement. « Attends. Je suis désolée. Pas de morale, c'est promis. Encore quelques minutes, tu veux bien ? »

Je me rassieds et fixe mes pieds.

« Quand tu vivais ici, continue-t-elle, et que tu allais passer le week-end chez ton père, qu'est-ce que tu faisais avec lui ?

— En général, on allait dans des librairies et on lisait. Parfois, il m'emmenait jouer au squash.

— Tu aimes le squash ?

— Non, c'est atroce comme jeu.

— Pourquoi tu l'accompagnais ?

— Parce que ça lui faisait plaisir. » J'attends qu'elle m'énumère les défauts du Professeur Overbrook, la liste exhaustive de ses mauvaises habitudes, de ses manies exaspérantes, mais elle s'abstient. Elle aussi fixe mes pieds. Elle a l'air un peu perdue.

Je me recule dans le canapé. « On peut mettre la télé ?

— Bonne idée. » Elle se saisit de la télécommande et la pointe en direction de l'écran.

On regarde *Discovery Channel* toute la matinée. C'est mieux que de parler, mais pas aussi bien que de détaler à toutes jambes.

Elle ne fait aucun commentaire sur mon déjeuner à base de laitue et de concombre. De mon côté, je ne dis rien quand elle disparaît derrière son ordinateur le reste de l'après-midi.

Le conflit mijote à petit feu toute la journée, les bulles remontent et éclatent, les ingrédients tombent au fond puis refont surface. Mais ce n'est qu'au coucher du soleil que ça commence vraiment à chauffer.

Maman décide qu'on commandera des sushis pour le dîner. Je décide de ne pas l'accompagner quand elle va les chercher. Elle décide qu'on s'installera à la table de la salle à manger parce qu'elle a toujours le contrôle dans les situations formelles. Je décide de lire en mangeant. Elle décide que j'ingurgiterai quatre sushis, quatre sashimis, et un bol de soupe aux nouilles udon avec des crevettes tempura. Je décide que je n'ai pas faim. Je bois du thé vert dans une tasse sans anse.

Elle ne me force pas à manger, alors je sais que quelque chose se trame. Elle attend que son assiette soit vide pour balancer sa bombe. « Je veux que tu te réinstalles ici.

— Non.

— Chez ton père, tu as fait des progrès pendant quelque temps, argumente-t-elle. Mais on dirait bien que c'est fini. »

Le sol tremble sous ma chaise et des plantes grimpantes surgissent entre les lattes du parquet en chêne ciré. Je ne veux ni parler de ça ni l'écouter disserter.

Elle poursuit son discours. Ça doit faire des jours qu'elle le prépare. « Je ne m'attends pas à ce que tu m'invites à tes séances de thérapie. Ce qui s'y passe reste entre toi et le Docteur Parker. Mais je pense que pour l'heure, tu seras dans un environnement plus sain ici. »

Je fais pousser les plantes le long des pieds de ma chaise et les enroule tout autour de moi jusqu'au plafond, en une spirale bien serrée. Je la vois à peine entre les épines qui étouffent ses paroles et me permettent de dériver dans un demi-sommeil. Une question sèche me ramène à la réalité.

« Qu'est-ce que tu dirais du week-end prochain ?

— Quoi ?

— Pour ramener tes affaires ici. Le week-end prochain. J'ai déjà tout arrangé.

— Je ne reviens pas m'installer. »

Il me faut une diversion. Je glisse ma main de force entre les branches, prends un sushi et me le fourre dans la bouche, en prenant soin de l'avaler sans le déguster. La seule issue, c'est de jouer la normalité.

« La semaine d'après, alors ? elle propose.

— Non.

— Pourquoi ?

— Parce que je ne veux pas. Je n'en ai pas besoin. Regarde, je mange. Je suis en bonne santé. Je suis normale. Si je reviens ici, je risque de rechuter. Je vivais ici quand tout a basculé et la maison de Cassie est à dix mètres. »

Mon cerveau (NON !) et mon estomac (NON !) me hurlent d'arrêter (NON ! NON ! NON !), mais je force une cuillerée de soupe aux nouilles à franchir mes dents, et je l'avale.

« Pourquoi ne pas faire un essai sur une courte période ? Une semaine ? suggère-t-elle. Tu pourrais venir pour les vacances de Noël et retourner chez ton père à la rentrée.

— Toutes les vacances ? »

Son masque tombe et ses épaules s'affaissent. « Tu me détestes tant que ça ? demande-t-elle d'une voix rauque. Au point de ne pas pouvoir passer une semaine ici ? »

Les nouilles s'immobilisent à mi-chemin de ma gorge. « C'est à peine si on arrive à rester dans la même pièce pendant une heure, Maman. Qu'est-ce qu'on ferait pendant une semaine ?

— Je pourrais t'apprendre à jouer au bridge.

— Je préférerais le poker.

— Je demanderai à un de mes internes de me montrer. Alors, tu viendras ? »

~~Non, je ne remettrai jamais les pieds dans cette maison ça me fait peur et ça me rend triste et j'aimerais que tu sois le genre de mère avec des yeux qui voient mais je pense que c'est impossible.~~ « D'accord. »

Elle sourit. « Merci, Lia. C'est un début. »

Les larmes lui montent aux yeux et je ne supporte plus d'être dans cette pièce.

Je me lève. « Je peux me servir de ton ordinateur ? J'ai des devoirs à faire.

— Bien sûr. Le mot de passe est…

— *Lia.* Je m'en souviens. »

Je passe un quart d'heure à faire des recherches sur Cassie via Google et à inspecter les sites des journaux locaux en quête de nouveaux articles à son sujet. Rien à signaler.

Mes doigts pénètrent dans l'écran pour trier les ordures et finissent par trouver le chœur hurlant des filles affamées qui ressassent leur hymne pendant que nos gorges saignent, se rouillent et se noient dans la solitude. Je pourrais passer en revue ces chants jusqu'à la fin de mes jours sans jamais en voir le bout.

❋ ❋ ❋

j'ai besoin d'inspiration.

❋ ❋ ❋

❋ ❋ ❋

j'ai besoin d'une copine par texto
pour jeûner demain...
Au secours, les filles !!!

❋ ❋ ❋

❋ ❋ ❋

bon courage pour aujourd'hui, mes beautés,
vous êtes fortes et la journée sera radieuse.

❋ ❋ ❋

❋ ❋ ❋

ouais je me sens dégueu...
j'ai mangé qu'un bol de céréales aujourd'hui,
c'est bien.

❋ ❋ ❋

❋ ❋ ❋

si j'avale ça je vais devoir tout dépenser, mais
je suis trop fatiguée pour courir.
ça vous a déjà fait ça ?

❋ ❋ ❋

Les blogs et les forums résonnent toujours du bruissement d'ailes minuscules, celles de mouches qui se cognent contre la paroi à l'intérieur de l'écran sans même savoir pourquoi elles essaient de s'enfuir. Ça ne changera jamais.

Je tape l'adresse du blog secret de Cassie. Elle a arrêté de poster l'été dernier après un gros coup de flip, mais elle ne l'a pas effacé. Je me demande si elle le consultait aussi souvent que moi.

Les pages Internet me traversent de leur éclat comme si j'étais en papier, secouent leur baguette magique et *flash*, les photos de deux petites filles.

flash qui font coucou dans leur cabane perchée, les lèvres teintées de glace à la myrtille.

flash portant le même maillot de bain.

flash vacances de Noël à Killington, en quatrième, l'année où Papa est parti en lune de miel, où Maman a fait lambrisser toute la maison, où j'ai refusé de l'accompagner visiter un hôpital au Costa Rica, et où les Parrish ont eu pitié de moi et fourré ma valise dans leur coffre pour m'emmener avec eux dans le Vermont. J'ai emporté un sac à dos rempli de livres de Tamora Pierce, un canif, et de la vodka volée dans le placard à alcools de Maman.

On a skié pendant huit jours. Cassie et moi, on a vécu comme des filles de vingt-cinq ans, avec nos passes pour la remontée mécanique et quasiment notre propre appartement, une mini-suite à côté de celle de ses parents, dans une résidence en copropriété. On a flirté avec les gars des tire-fesses en s'imaginant qu'ils répondaient favorablement à nos avances. On n'arrêtait pas de penser au maillot de bain qu'on allait mettre pour le jacuzzi, et on inscrivait le nombre de calories de chaque bouchée qu'on avalait.

flash nous deux en train de nous prendre en photo, les joues rentrées.

flash nous deux comparant la taille de nos fesses.

Pour le nouvel an, ses parents nous ont donné une bouteille de champagne sans alcool. On a attendu qu'ils soient partis à la fête du club (« Ne laissez entrer personne, les filles, on compte sur vous ») et Cassie l'a mélangé à ma vodka. On s'est gavées de biscuits maison au gingembre et on a bu jusqu'à ce que nos têtes se mettent à flotter toutes seules, descendent l'escalier et s'aventurent dans la nuit glaciale.

La lune nous a regardées trébucher sur la piste pour débutants, derrière la résidence. On s'est roulées dans la neige pour y imprimer des silhouettes d'anges et on a essayé de faire des ronds de fumée avec notre souffle dans le froid. Cassie s'est mise à quatre pattes et a hurlé à la lune comme un loup, les yeux brillants. Moi, je n'arrêtais pas de glousser. J'étais assez nulle, comme loup. Cassie a commencé à beugler de plus en plus fort, comme une hystérique, dans l'espoir d'attirer de vrais loups hors des bois, ou au moins les gars du tire-fesses, et quelqu'un a fini par ouvrir une fenêtre pour lui ordonner de la fermer. On s'est écroulées dans la neige en riant.

Un feu d'artifice a éclaté au-dessus de nos têtes. Les cloches ont sonné. Des inconnus ont crié en chœur, parce que c'était la nouvelle année et que tout le monde repartait de zéro.

« Il faut qu'on prenne de bonnes résolutions, j'ai proposé. Je décide de lire un livre par jour, toute l'année.

— C'est débile, a commenté Cassie. Tu le fais déjà.

— Et la tienne, c'est quoi ? »

Elle a réfléchi quelques instants. « Les résolutions, ça craint. Je veux faire un serment.

— Je jure de rentrer à l'intérieur parce que je me pèle le cul.

— Non, écoute. » Elle s'est redressée et m'a attrapée par les bras. « Il est minuit, c'est un moment magique. Tout ce qu'on se jurera ce soir se réalisera. »

C'était la Cassie de CE2-CM1-CM2, la gamine assez forte pour balancer des gnons aux garçons et assez folle pour gerber dans les roses. Je l'aurais suivie jusqu'en enfer.

On s'est mises à genoux.

« Je jure de toujours faire exactement ce que je veux. » Elle a offert ses paumes à la lune. « Je serai heureuse, riche, mince et sexy. Tellement sexy que les garçons se jetteront à mes pieds. »

J'ai recommencé à glousser.

« Arrête, a-t-elle sifflé. À ton tour. Et réfléchis bien avant d'ouvrir la bouche. »

Jamais je ne deviendrais populaire. Je ne le voulais pas de toute façon ; j'aimais être timide. Jamais je ne serais la plus intelligente ou la plus sexy ou la plus heureuse. En quatrième, on commence à prendre conscience de ses propres limites. Mais il y avait une chose pour laquelle j'étais très douée.

J'ai sorti le canif de ma poche et me suis fait une petite entaille au creux de la main. « Je jure d'être la fille la plus mince de l'école, plus mince que toi. »

Cassie a écarquillé les yeux en voyant le sang former une petite flaque dans ma paume. Elle a saisi le couteau et s'est coupée à son tour. « Je parie que je serai plus mince que toi.

— Non, ne transforme pas ça en compétition. On n'a qu'à être les plus minces ensemble.

— Ok, mais je le serai encore plus. »

On a frotté nos paumes et mêlé nos sangs parce que c'était interdit et dangereux. Au-dessus de nous, les étoiles tourbillonnaient et les fusées multicolores s'embrasaient. La lune veillait sur nous tandis que *les gouttes de sang coulaient, graines insouciantes grésillant dans la neige.*

flash le jour de la rentrée en troisième, coupes de cheveux ratées.

flash photo du bal de promo en fin de seconde, avec des terminales qu'on ne pouvait pas blairer.

flash l'année dernière, fête du club théâtre, Cassie archi-bourrée feignant la sobriété, pendant que j'observais depuis un coin de la salle.

Ma mère frappe doucement et ouvre la porte. « Il est tard. Je t'ai mis des draps propres, au cas où tu voudrais rester ce soir. »

Je ne quitte pas l'écran des yeux et, sur le clavier, mes doigts hurlent qu'on les laisse effacer mon historique. Elle ne voit pas ce que je suis en train de faire. Elle se dirige vers la fenêtre et ouvre les rideaux.

« Oh, non, dit-elle. Ça n'est pas bon signe. »

Je referme l'ordinateur avant de la rejoindre. De l'autre côté de la rue, Madame Parrish est assise sur le trottoir, se balançant d'avant en arrière, les bras serrés autour du torse, vêtue seulement d'une fine chemise de nuit et de pantoufles miteuses.

« Je vais m'occuper d'elle, annonce Maman. Tu devrais te coucher.

— Il faut que je rentre chez Papa. Je n'avais pas prévu de passer deux nuits ici. Toutes mes affaires de cours sont là-bas. »

Maman sort la première, pendant que je boucle mon sac. Je nettoie la cuisine et lance le lave-vaisselle. Avant que j'aie pu m'échapper, un couteau à manche de corne de l'argenterie de Nanna Marrigan se glisse dans mon sac à main.

Ma voiture me lâche au moment où j'atteins l'allée de Jennifer.

39,00

Le fait d'avoir continué à conduire avec un voyant rouge clignotant sur le tableau de bord a fait griller le moteur. Les moteurs morts, voilà bien un truc qui a le don de mettre mon père hors de lui. Vraiment, parfois, je suis inconséquente/irresponsable/stupide. Quand il me hurle dessus, une grosse veine gonfle et pulse au-dessus de son sourcil gauche. Le grondement de son ire terrorise Emma qui se réfugie dans sa chambre, avec Kora et Pluto sur ses talons. Jennifer essaie de calmer le jeu en proposant à Papa de venir marcher un peu avec elle, mais il l'envoie bouler et se défoule sur moi pendant encore une demi-heure.

J'ai envie de rétorquer qu'il ne s'agit que d'une malheureuse voiture, mais je suis éparpillée aux quatre coins de la ville : au cimetière, au lycée, dans la chambre de

Cassie, au motel, et devant l'évier dans la cuisine de ma mère. Rassembler tous les morceaux me demanderait trop d'énergie, alors je reste assise là à le regarder exploser. Ce n'est pas comme s'il pouvait me punir encore plus. Alors qu'est-ce qu'il va faire ?

Me consigner dans ma chambre ? Me retirer mon téléphone ?

Je vais devoir prendre le bus pour aller en cours à partir de maintenant.

La saison de foot d'Emma se termine, et celle de basket commence. Je l'aide à s'entraîner dans l'allée. Elle peut dribbler trois fois avant de lancer. Mon boulot, c'est de rattraper le ballon.

Elle parle constamment, sans même prendre le temps de respirer : des gosses de sa classe, de sa prof qui a un œil qui part en vrille, du poisson pané de la cafétéria, de l'odeur des toilettes, des répétitions du concert d'hiver. Elle veut apprendre à skier, à faire du patin à glace et du snowboard. Le scooter des neiges, ça a l'air marrant aussi. Elle veut que je persuade David de nous en acheter un. Elle me demande si je crois au Père Noël et si c'est le cousin de Jésus, parce qu'elle pense qu'ils ont un lien de parenté, même s'ils ne se ressemblent pas. Quand elle commence à claquer des dents à cause du froid, je lui prépare un chocolat chaud maison. Je suis tellement balèze que pas un grain de sucre n'atterrit sur ma langue.

Il faut que j'enregistre sa voix quand elle babille, pour pouvoir l'écouter quand elle n'est pas là.

* * *

Pendant deux semaines, Madame Parrish me laisse un message par jour sur le répondeur de la maison. Elle veut/a besoin/exige/supplie/demande/mérite/donnerait tout pour que je lui parle. Dix minutes, pas plus. Il est important/vital/impératif/nécessaire/essentiel/crucial que je la rappelle. Une fois, elle suggère que ma mère devrait être présente, elle aussi. La fois d'après, elle dit d'oublier pour ma mère, du moment que je la rappelle.

Au lycée, on raconte que Cassie a succombé à une overdose d'héroïne. Je ne suis pas certaine qu'il faille rétablir la vérité. Est-ce qu'il vaut mieux rester dans les mémoires comme la fille qui est morte avec une aiguille dans le bras, ou bien comme celle qui s'est déchiré les entrailles à force de vomir ?

Les élèves en charge de l'album de la promotion s'étripent au sujet de l'hommage. Ceux qui l'ont connue estiment qu'il faut y consacrer une pleine page. Ceux qui croient aux rumeurs autour de sa mort déclarent qu'une demi-page maximum ferait l'affaire, ou bien que les parents de Cassie devraient rédiger une annonce locale pour que la photo de Cassie apparaisse chez le fleuriste du quartier, l'agent d'assurances et la boutique d'informatique.

Pendant deux semaines, je laisse un message par jour à Elijah. Je lui annonce que j'ai trouvé un ferrailleur, mais il ne rappelle pas. Je me dis qu'il a fini par comprendre que je suis complètement paumée ; ça tombe très mal parce que j'ai besoin qu'il m'en dise plus sur la dernière journée de Cassie. Ça m'aidera peut-être à trouver comment la faire partir.

Car elle est toujours là. Et depuis l'enterrement, elle est plus forte et plus furieuse que jamais.

Chaque soir, Cassie ouvre sa boîte de Pandore et se pointe en stop dans ma chambre. Elle ne se contente plus d'observer dans l'ombre. Elle passe à l'attaque. Dès que je me retrouve clouée au matelas par les somnifères, elle m'ouvre le crâne et en arrache tous les câbles. Elle pousse des hurlements qui me vrillent le cerveau et elle me vomit du sang dans la gorge.

Du coup, je préfère laisser tomber les somnifères, attendre que Papa et Jennifer ronflent, et passer trois ou quatre heures sur le *stepper*. Quand je finis par me traîner sous les couvertures, exténuée, mon oreiller sent le sucre fondu, le clou de girofle et le gingembre.

Je pèse 44,3 kilos.

Je pèse 43,9 kilos.

J'affûte le joli couteau de Nanna Marrigan et le cache sous mon matelas, au cas où. Je pèse 43,7 kilos.

Certaines nuits, je ne dors pas du tout. Après le *stepper*, je tricote, maille après maille, avec de la musique dans les oreilles, en me balançant d'avant en arrière. J'ai commencé une écharpe l'année dernière mais, dans un de mes moments d'inattention, il lui est poussé des ailes et elle a exigé de se faire appeler « châle ». J'ai obéi et, une fois caché au fond du panier, le châle s'est démultiplié et est devenu une couverture aux cent couleurs et mille histoires différentes. Je n'achète pas ma laine dans une boutique de tricot. Je trouve des pulls dans des friperies – plus ils sont vieux, mieux c'est – et je les détricote. Dans cette écharpe/châle/couverture, il y a des pays entiers de femmes. Bientôt, elle sera assez grande pour me tenir chaud.

Ma bouche, ma langue et mon ventre ont commencé à se liguer contre moi. Je suis en train de somnoler dans ma chambre, et *paf!* je me retrouve devant le réfrigérateur ouvert, la main tendue vers le fromage blanc. Ou le beurre. Ou le reste de lasagnes.

« Rien qu'une petite bouchée, me tente la lumière blanche à l'intérieur du frigo. Une cuillerée à soupe, une cuillerée à café. Réchauffe-toi une part de lasagnes, d'abord tu la mets au micro-ondes, puis tu l'enfournes sur la grille du haut à quatre cents degrés pour que le fromage gratine et que les bords brunissent. Tu t'assieds, tu saisis la fourchette en métal argenté de Jennifer et le couteau à manche en corne, et tu en découpes juste un centimètre carré. Je te conseille de prendre une pilule pour ralentir le temps, parce que tu vas vouloir savourer autant que possible. Remplis-toi la bouche de fromage fondu, de viande hachée, de sauce tomate – la bonne sauce tomate de l'été, qui danse en jupe courte – et d'une tranche de pâte aussi épaisse que ta langue. Avale. Allume les étoiles dans ton cerveau, électrifie ton corps, travaille ton sourire, et tout le monde t'aimera de nouveau. »

Si je pensais pouvoir m'arrêter après une bouchée, deux maximum, je n'hésiterais pas. Mais je pèse 43,7 kilos, à la limite de la zone de danger. Une bouchée de lasagnes déclencherait une véritable révolution. Une bouchée, puis dix, et c'est tout le plat qui se déverserait dans ma gorge. Ensuite je mangerais des Oreo. Puis de la glace à la vanille. Et des Myrtille-Pops, tout le reste du paquet. Et enfin, juste avant que j'explose, que mon estomac se déchire et que ce flot de nourriture se répande à l'intérieur de ma cavité corporelle, que le sang m'étouffe, je devrais aller chercher les laxatifs dans le tiroir secret de mon placard et mourir d'humiliation aux toilettes.

Je saisis le bocal de cornichons. Un petit aigre-doux aux aromates = 5.

Kora et Pluto me suivent à l'étage. Je jette un œil dans le tiroir secret – laxatifs et diurétiques d'urgence –, juste au cas où. Je n'en ai pas pris depuis des mois. J'ai bien fait de vérifier, parce que les réserves sont presque épuisées. Il faut que je pense à refaire le plein.

Je m'allonge sur mon lit et les chats me rejoignent d'un bond. Ils se lovent dans les creux de mon corps et ronronnent si fort que ça résonne dans mes os.

40,00

Ne.Dois.Pas.Manger. Ne.Dois.Pas.Manger. Ne.Dois. Pas.Manger.

Ne.Dois.Pas.Manger. Ne.Dois.Pas.Manger. Ne.Dois. Pas.Manger.

Ne.Dois.Pas.Manger. Ne.Dois.Pas.Manger. Ne.Dois. Pas.Manger.

Ne.Dois.Pas.Manger. Ne.Dois.Pas.Manger. Ne.Dois. Pas.Manger.

Ne.Dois.Pas.Manger. Ne.Dois.Pas.Manger. Ne.Dois. Pas.Manger.

Ne.Dois.Pas.Manger. Ne.Dois.Pas.Manger. Ne.Dois. Pas.Manger.

Ne.Dois.Pas.Manger. Ne.Dois.Pas.Manger. Ne.Dois. Pas.Manger.

Ne.Dois.Pas.Manger. Ne.Dois.Pas.Manger. Ne.Dois. Pas.Manger.

Ne.Dois.Pas.Manger. Ne.Dois.Pas.Manger. Ne.Dois. Pas.Manger.

Ne.Dois.Pas.Manger. Ne.Dois.Pas.Manger. Ne.Dois. Pas.Manger.

Ne.Dois.Pas.Manger. Ne.Dois.Pas.Manger. Ne.Dois. Pas.Manger.

Ne.Dois.Pas.Manger. Ne.Dois.Pas.Manger. Ne.Dois. Pas.Manger.

Ne.Dois.Pas.Manger. Ne.Dois.Pas.Manger. Ne.Dois. Pas.Manger.

Ne.Dois.Pas.Manger. Ne.Dois.Pas.Manger. Ne.Dois. Pas.Manger.

Ne.Dois.Pas.Manger. Ne.Dois.Pas.Manger. Ne.Dois. Pas.Manger.

Ne.Dois.Pas.Manger. Ne.Dois.Pas.Manger. Ne.Dois. Pas.Manger.

Ne.Dois.Pas.Manger. Ne.Dois.Pas.Manger. Ne.Dois. Pas.Manger.

Ne.Dois.Pas.Manger. Ne.Dois.Pas.Manger. Ne.Dois. Pas.Manger.

Ne.Dois.Pas.Manger. Ne.Dois.Pas.Manger. Ne.Dois. Pas.Manger.

Ne.Dois.Pas.Manger. Ne.Dois.Pas.Manger. Ne.Dois. Pas.Manger.

Ne.Dois.Pas.Manger. Ne.Dois.Pas.Manger. Ne.Dois. Pas.Manger.

Ne.Dois.Pas.Manger. Ne.Dois.Pas.Manger. Ne.Dois. Pas.Manger.

Ne.Dois.Pas.Manger. Ne.Dois.Pas.Manger. Ne.Dois. Pas.Manger.

Ne.Dois.Pas.Manger. Ne.Dois.Pas.Manger. Ne.Dois. Pas.Manger.

Ne.Dois.Pas.Manger. Ne.Dois.Pas.Manger. Ne.Dois. Pas.Manger.

Ne.Dois.Pas.Manger. Ne.Dois.Pas.Manger. Ne.Dois. Pas.Manger.

Ne.Dois.Pas.Manger. Ne.Dois.Pas.Manger. Ne.Dois. Pas.Manger.

Ne.Dois.Pas.Manger. Ne.Dois.Pas.Manger. Ne.Dois. Pas.Manger.

Ne.Dois.Pas.Manger. Ne.Dois.Pas.Manger. Ne.Dois. Pas.Manger.

Ne.Dois.Pas.Manger. Ne.Dois.Pas.Manger. Ne.Dois. Pas.Manger.

Ne.Dois.Pas.Manger. Ne.Dois.Pas.Manger. Ne.Dois. Pas.Manger.

Ne.Dois.Pas.Manger. Ne.Dois.Pas.Manger. Ne.Dois. Pas.Manger.

Ne.Dois.Pas.Manger. Ne.Dois.Pas.Manger. Ne.Dois. Pas.Manger.

Ne.Dois.Pas.Manger. Ne.Dois.Pas.Manger. Ne.Dois. Pas.Manger.

Ne.Dois.Pas.Manger. Ne.Dois.Pas.Manger. Ne.Dois. Pas.Manger.

Ne.Dois.Pas.Manger. Ne.Dois.Pas.Manger. Ne.Dois. Pas.Manger.

Ne.Dois.Pas.Manger. Ne.Dois.Pas.Manger. Ne.Dois. Pas.Manger.

Ne.Dois.Pas.Manger. Ne.Dois.Pas.Manger. Ne.Dois. Pas.Manger.

Ne.Dois.Pas.Manger. Ne.Dois.Pas.Manger. Ne.Dois. Pas.Manger.

Ne.Dois.Pas.Manger. Ne.Dois.Pas.Manger. Ne.Dois. Pas.Manger.

Ne.Dois.Pas.Manger. Ne.Dois.Pas.Manger. Ne.Dois. Pas.Manger.

Ne.Dois.Pas.Manger. Ne.Dois.Pas.Manger. Ne.Dois. Pas.Manger.

Ne.Dois.Pas.Manger. Ne.Dois.Pas.Manger. Ne.Dois. Pas.Manger.

Ne.Dois.Pas.Manger. Ne.Dois.Pas.Manger. Ne.Dois. Pas.Manger.

Ne.Dois.Pas.Manger. Ne.Dois.Pas.Manger. Ne.Dois. Pas.Manger.

Ne.Dois.Pas.Manger. Ne.Dois.Pas.Manger. Ne.Dois. Pas.Manger.

Ne.Dois.Pas.Manger. Ne.Dois.Pas.Manger. Ne.Dois. Pas.Manger.

Ne.Dois.Pas.Manger. Ne.Dois.Pas.Manger. Ne.Dois. Pas.Manger.

Ne.Dois.Pas.Manger. Ne.Dois.Pas.Manger. Ne.Dois. Pas.Manger.

Ne.Dois.Pas.Manger. Ne.Dois.Pas.Manger. Ne.Dois. Pas.Manger.

Ne.Dois.Pas.Manger. Ne.Dois.Pas.Manger. Ne.Dois. Pas.Manger.

Ne.Dois.Pas.Manger. Ne.Dois.Pas.Manger. Ne.Dois. Pas.Manger.

Ne.Dois.Pas.Manger. Ne.Dois.Pas.Manger. Ne.Dois. Pas.Manger.

Ne.Dois.Pas.Manger. Ne.Dois.Pas.Manger. Ne.Dois. Pas.Manger.

Ne.Dois.Pas.Manger. Ne.Dois.Pas.Manger. Ne.Dois. Pas.Manger.

Ne.Dois.Pas.Manger. Ne.Dois.Pas.Manger. Ne.Dois. Pas.Manger.

Ne.Dois.Pas.Manger. Ne.Dois.Pas.Manger. Ne.Dois. Pas.Manger.

Ne.Dois.Pas.Manger. Ne.Dois.Pas.Manger. Ne.Dois. Pas.Manger.

Ne.Dois.Pas.Manger. Ne.Dois.Pas.Manger. Ne.Dois. Pas.Manger.

Ne.Dois.Pas.Manger. Ne.Dois.Pas.Manger. Ne.Dois. Pas.Manger.

Ne.Dois.Pas.Manger. Ne.Dois.Pas.Manger. Ne.Dois. Pas.Manger.

Ne.Dois.Pas.Manger. Ne.Dois.Pas.Manger. Ne.Dois. Pas.Manger.

Ne.Dois.Pas.Manger. Ne.Dois.Pas.Manger. Ne.Dois. Pas.Manger.

Ne.Dois.Pas.Manger. Ne.Dois.Pas.Manger. Ne.Dois. Pas.Manger.

Ne.Dois.Pas.Manger. Ne.Dois.Pas.Manger. Ne.Dois. Pas.Manger.

Ne.Dois.Pas.Manger. Ne.Dois.Pas.Manger. **Ne.Dois. Pas.Manger**.

41,00

Papa rechigne à acheter un sapin de Noël. Jennifer finit par en prendre un chez un type édenté qui fait pousser des Douglas et les vend à l'arrière de son pick-up. Le gars nous livre, mais n'accepte de le fixer sur le pied que quand Jennifer lui allonge un autre billet de cinquante dollars. Lorsque Emma rentre de son entraînement de basket avec Papa, elle hurle si fort que la moitié des aiguilles de l'arbre tombent d'effroi.

Le basket se passe mieux que le foot. La banque de Jennifer subventionne l'équipe, et Jennifer a prévenu l'entraîneuse que si Emma ne jouait pas assez, elle suspendrait le sponsoring et rembarquerait les uniformes au passage. Emma ne le sait pas. Elle pense être le centre de toutes les attentions parce qu'elle est hyper douée.

J'ai atteint la zone : un demi-bagel moyen (75) pour le petit déjeuner, une pomme (82) pour le déjeuner, et ce qu'il faut que j'ingère à dîner (500-600) pour ne pas m'attirer d'ennuis. ~~Maman~~ Le Docteur Marrigan envoie un mail à Papa pour l'informer qu'elle sera à l'hôpital jusqu'à Noël, mais qu'ensuite elle prendra une semaine de congé et que j'ai accepté de venir la passer chez elle. Elle nous met en copie du message, Jennifer et moi. Quand Jennifer me demande ce que j'en pense, je réponds que je n'ai pas encore décidé.

Maintenant que l'hiver est là (c'est officiel, vu qu'il y a un arbre qui perd ses aiguilles dans notre salon), il est plus facile de se camoufler sous des couches de caleçons longs et de cols roulés, de sweat-shirts rembourrés et de doudounes. Il suffit de ne pas regarder la fille à l'intérieur. Elle a les genoux plus larges que les cuisses, et les coudes plus gros que les bras.

Jennifer commence à se douter de quelque chose au sujet de la balance. Je fais donc subir quelques réglages à la Grassouille T-3000, de sorte qu'elle affiche que je pèse 47,3 kilos. Jennifer inscrit le chiffre dans son carnet en poussant un long soupir.

« Je suis vraiment désolée, je dis. Je vais faire plus d'efforts, c'est promis. Ne te mets pas en colère. »

Jennifer fait son rapport à Papa. Je suis censée être sous la douche, pas en train d'espionner dans l'escalier.

« D'accord, elle a perdu un kilo ou deux, mais dès que tu lui auras mitonné tes recettes de Noël, elle ne pourra pas résister, répond-il.

— Si elle maigrit encore, il faudra qu'elle fasse un check-up. Même si ça doit causer un esclandre. Quitte à lui dire que c'est la condition pour qu'elle reste ici.

— Je ne veux pas en arriver là. Pourquoi tu ne ferais pas un cheesecake, ce week-end ? Avec des fraises dessus ? Elle adorait ça, avant. »

Quand on s'affame, l'adrénaline s'emballe. C'est ce que personne n'arrive à comprendre. En dehors des moments où j'ai froid et faim, la plupart du temps, je me sens capable de tout. Ça me confère une ouïe et un odorat surnaturels. Je vois ce que les gens pensent et j'ai toujours deux temps d'avance sur eux. J'en fais suffisamment côté scolaire pour ne pas éveiller les soupçons. Chaque soir, je monte mille marches vers le ciel pour m'épuiser, de sorte à m'écrouler sur mon lit sans remarquer Cassie.

Et tout à coup, c'est le matin, je saute sur ma roue de hamster, et tout recommence.

À cinq cents calories par jour, ça fonctionne. La preuve : 42,5 kilos.

Encore un objectif atteint. *Yihaa !*

Je devrais être en train de sauter en l'air au milieu de bulles de champagne en diamant, mais le haut-parleur entre mes oreilles se met à grésiller, puis annonce un nouvel objectif à plein volume : 38,5 ; 38,5 ; 38,5.

38,5 kilos, c'est en pleine zone de danger. 38,5 kilos, c'est le feu d'artifice de la fête nationale dans une petite boîte en métal.

La deuxième fois qu'ils m'ont ~~enfermée~~ internée pour mon propre bien, tout mon corps, y compris ma peau, mes cheveux, mes ongles d'orteils bleu pastel et mes dents pesaient 38,5 kilos : 4,5 de gras et 34 de tout le reste.

Des guirlandes de graisse couleur pus m'étouffaient les cuisses, le derrière et le ventre, mais ils ne les voyaient pas.

Ils ont dit que mon cerveau était en train de rétrécir. Des orages électriques se déchaînaient sous mon crâne. Mon foie fatigué se faisait la malle. Mes reins étaient perdus en pleine tempête de sable.

38,5 ça n'était pas assez de fourrage pour une Lia en papier.

38,5 c'était la mue qui ne demandait qu'à tomber.

38,5 c'était du duvet tout doux qui poussait partout pour me tenir chaud.

Ils ont dit qu'il fallait que je grossisse.

Je leur ai annoncé que mon objectif était de descendre à 36 et que s'ils voulaient que je les respecte un minimum, ils feraient bien d'arrêter de me mentir.

Quand mon cerveau s'est remis à fonctionner, j'ai vérifié leurs calculs. Quelqu'un avait fait une erreur, parce qu'ils n'avaient pas tenu compte des serpents dans ma tête et *des ombres épaisses cachées à l'intérieur de ma cage thoracique.*

38,5 c'est possible. Je l'ai déjà fait, pénétrer dans la zone de danger, dans l'air bourdonnant et vaporeux aux relents de gingembre, avec des trolls rusés planqués sous les ponts.

Mais à 38,5, j'ai envie de descendre à 34. Pour y arriver, il faut que je m'ouvre les os avec un maillet en argent, et puis que je récure la moelle à l'intérieur avec une cuillère à manche long.

42,00

Une fois le semestre terminé, Papa s'envole vers New York pour faire des recherches dans un institut historique, et aussi fuir toutes les femmes complètement cinglées qui vivent sous son toit. Jennifer conduit Emma à un match de basket. Je reste à la maison pour réviser. Je brûle 858 calories sur le *stepper*, j'ai les jambes qui fument et les cheveux en feu.

À leur retour, j'ai jonché le salon de fiches et de manuels ouverts. Elles ne s'en rendent pas compte, parce qu'Emma s'est blessée et que Jennifer est au bord de la crise de nerfs. Pendant les échauffements, ma ~~demi~~-sœur s'est pris les pieds dans ses lacets, a chuté sur le terrain et s'est cassé le bras droit. Elles viennent de passer deux heures aux urgences pour lui faire poser un plâtre rose vif, et le mascara de Jennifer en est sorti totalement ravagé.

Je serre Emma du côté gauche et l'embrasse sur le dessus du crâne. « Je sais ce que tu ressens, Emma-chou. Je me suis explosé le bras en CP, quand Papa a retiré les petites roues de mon vélo. J'ai pédalé sur un mètre et je me suis étalée. J'ai percuté le sol tellement fort que j'ai fissuré le béton. Ça va vite guérir, ne t'en fais pas.

— Là, c'est un peu plus grave, intervient Jennifer. Elle s'est fracturé le radius et le cubitus.

— C'est le principe du bras cassé, je fais remarquer avec précaution. Fracture du radius, du cubitus, ou des deux. Ce sont les noms techniques des os de l'avant-bras. Tu veux en parler avec ma mère ?

— Elle est cardiologue, qu'est-ce qu'elle en saurait ? »

J'ouvre la bouche et me ravise. Ça n'en vaut pas la peine.

« Enlève tes affaires du canapé, s'il te plaît, ordonne Jennifer, la tête dans le réfrigérateur. Elle doit s'allonger avec le bras surélevé. »

Je façonne un petit nid pour Emma avec des couvertures toutes douces, des coussins et M. Éléphant, M. Ours et M. Escargot, le cercle intime de ses amis en peluche. Emma s'allonge, la télécommande dans sa main valide, et Jennifer me tend ses clefs de voiture et sa carte de crédit. « J'ai besoin que tu ailles à la pharmacie me chercher les médicaments que le médecin a prescrits, annonce-t-elle. Et prends-lui des glaces à l'eau – au jus de fruits, pas au sirop de glucose.

— Je ne veux pas de glace à l'eau, je veux du chocolat », objecte la victime sur le divan.

Je ne suis pas sûre de peser assez lourd pour appuyer sur l'accélérateur. Je fais 42,3 kilos, avec un déficit de 1 500 calories pour la journée. Si je bousille une autre voiture, ils vont m'enfermer pour de bon, cette fois.

« Euh, je me sens un peu vaseuse. Je ne pense pas être en état de conduire. »

Jennifer plonge la main dans le bocal à biscuits sur le comptoir, en sort un cookie avoine-raisins secs aussi gros que ma tête et me le flanque sous le nez. « On pourrait parler d'autre chose que de toi pour une fois, Lia ? Alors mange ça, arrête de geindre, et va à cette fichue pharmacie. »

Je mâchonne le cookie, assise derrière le volant dans la voiture à l'arrêt. Ce cookie ne contient aucune calorie.

Ce n'est pas de la nourriture. C'est du carburant. De l'essence pour que le moteur ne cale pas. Je me force à en avaler un quart et allume le moteur.

Le gars au comptoir de la pharmacie dit qu'ils sont débordés à cause de l'épidémie de gastro et qu'il faudra attendre dix ou quinze minutes avant de pouvoir récupérer les médicaments d'Emma. Il y a tellement de décos de Noël dans la boutique qu'il reste à peine assez de place pour les gels douche et les pastilles contre la toux. La musique est un peu trop forte. J'ignore comment, mais ils ont réussi à diffuser un parfum de biscuits au gingembre dans tout le magasin.

Je ne trouve pas les diurétiques et les laxatifs. Ils ont tout changé de place. Le rayon 4 est devenu le royaume du Père Noël. Dans le 3, il y a une congère au sol, en véritable neige.

Je passe les étalages en revue. Des gens las errent à la recherche de baumes anti-hémorroïdes, d'antalgiques et de bains de bouche. Deux dames traversent la neige en traînant les pieds, sans remarquer qu'elles en envoient partout autour d'elles. La neige ne fond pas en retombant. Un peu cher comme déco, pour une simple pharmacie, mais il paraît qu'Amoskeag est le nouveau Boston. Ça doit être grâce à des détails de ce genre.

Cassie apparaît dans le rayon 3. La Cassie morte.

« Salut, dit-elle. Étagère du bas. C'est là qu'ils sont. »

Elle porte un blouson de ski gris par-dessus sa robe bleue et ses cheveux sont tirés en arrière en une queue de cheval humide, comme si elle sortait de la douche. Les relents de gingembre, de clou de girofle et de sucre fondu sont entêtants.

« Tu ne me félicites pas d'avoir réussi à te suivre comme ça ? » Sa voix bourdonne, on dirait qu'elle a des mouches à l'agonie coincées dans la gorge.

Je me penche vers l'étagère du bas. Elle a raison. J'attrape deux boîtes de diurétiques et trois de laxatifs. Elle va disparaître d'un moment à l'autre – après tout, ce n'est qu'une hallucination.

Je me relève. Elle est si près que je pourrais sentir son souffle si elle respirait.

« Va-t'en, je murmure.

— Tu plaisantes, ou quoi ? » Elle donne un coup de pied dans la neige, qui s'envole et envahit tout le rayon, masquant le reste du magasin et étouffant le beuglement des chants de Noël. Les flocons planent en suspens dans l'air, sans monter ni retomber.

« Tu n'as rien à faire ici, j'ajoute. Retourne d'où tu viens. »

Elle fronce les sourcils d'un air confus. « Mais je veux rester dans le coin, moi. Ça m'a demandé beaucoup d'effort de trouver un moyen de revenir. Ce n'est pas si simple de faire des allers-retours, figure-toi. »

Je me plaque les paumes sur les oreilles. « Tais-toi. »

Qu'elle vienne me hanter la nuit, je peux le concevoir. Quand je vais au lit, je suis fatiguée, bourrée de cachetons, et avec une glycémie à zéro. Mais dans le rayon 3 de la pharmacie Binney ? Jennifer a dû glisser un truc louche dans ce cookie. Elle essaie de me rendre dingue pour qu'on me passe la camisole et être débarrassée de moi une fois pour toutes.

Cassie s'appuie contre le rayonnage. « Tu devrais prendre de l'eau oxygénée. Pour nettoyer, quand tu auras viré la banane moisie dans le sac au fond de ton placard. C'est dégueu.

— Tu n'es pas là. Je ne suis pas en train de te parler. »

Elle penche la tête sur le côté. « Tu es sérieuse, pas vrai ? Tu crois vraiment que tu ne me vois pas réellement ? »

J'essaie de partir, mais mes bottes sont prises dans la neige.

« Qu'est-ce que je dois faire pour que tu y croies ? demande-t-elle.

— Tu n'es pas censée être au ciel, ou je ne sais où ?

— C'est un peu compliqué.

— Tu n'es que le fruit de mon imagination, ou bien une hallucination provoquée par les médicaments ou par ce foutu cookie. Tu n'existes pas. »

Elle cligne des paupières, comme un interrupteur qu'on éteint et rallume. « Ça me fait vraiment de la peine, ce que tu dis.

— Ma sœur a besoin de ses médicaments. Je dois y aller. »

La lumière tremblote et la silhouette de Cassie pâlit légèrement. Je distingue les étagères à travers.

Elle approche la bouche de mon oreille. « Tu y es presque, ma grande. Reste forte. »

Impossible de bouger. Ou de m'enfuir.

« Je sais combien tu te sens mal. Piégée. Mais ça va mieux après, je te le promets. Tellement mieux. »

Elle m'adresse ce regard qu'elle avait pour me supplier de l'accompagner au parc et servir d'alibi si elle croisait par hasard le dernier garçon sur lequel elle avait flashé, afin qu'il ne croie pas qu'elle le suivait exprès. Je devrais fermer les paupières jusqu'à ce qu'elle se volatilise. Mais je n'en fais rien.

« De quoi tu parles ? » je demande.

Elle essuie un flocon collé sur ma joue. « Tu n'es pas morte, mais tu n'es pas vivante non plus. Tu es une fille de l'hiver, Lia-Lia, prisonnière entre deux mondes. Tu es un fantôme avec un cœur qui bat. Bientôt, tu franchiras la frontière et on sera réunies. Je suis super contente. Tu me manques énormément. »

Je recule et secoue la tête pour me débarrasser des toiles d'araignées qui l'engluent.

« Qu'est-ce qui te prend ? Tu t'en fiches, de ce qui est arrivé ? »

Elle fronce les sourcils.

« Tu t'en fous que tes parents soient au fond du trou ? Tu n'aurais jamais dû faire ça. Tu aurais dû demander de l'aide. »

La neige converge vivement vers elle et forme un tourbillon jusqu'au plafond.

« J'ai essayé. » Les flammes dans ses yeux me brûlent les joues. « Tu n'as pas répondu. »

43,00

Ça n'est pas arrivé. Je ne l'ai pas vue. Tout va bien. Bien. Bien. Bien. Bien. Bien.

Je rapporte les médicaments d'Emma à la maison, avale une tasse de soupe à la tomate coupée d'eau (82) et fais semblant de terminer mes devoirs. Pendant que Jennifer et Emma regardent un film, je fais couler de l'eau bouillante dans la baignoire, me déshabille et m'immerge.

Le manège tourne trop vite. Je veux descendre. Fermer les yeux, ou même simplement cligner les paupières. Je veux choisir ce que je vois. Toute cette merde qu'il faut se coltiner pendant la journée, quand on est réveillés – le lycée, la maison, le centre commercial, le monde –, c'est déjà assez galère. Est-ce que je ne pourrais pas au moins avoir un peu de répit quand je dors ? Ou bien, si je suis condamnée à être hantée par des fantômes, est-ce qu'ils ne sont pas censés agir uniquement de nuit et s'évaporer à la lumière du jour ?

Je sors le bras de l'eau. C'est une bûche. Je le replonge et il devient carrément énorme. Les gens regardent la bûche et appellent ça une brindille. Ils me hurlent dessus parce que je ne vois pas la même chose qu'eux. Personne n'est en mesure de m'expliquer pourquoi mes yeux ne fonctionnent pas comme les leurs. Personne ne peut m'aider.

Le manège se remet à tourner. Pour descendre de ce machin, je pense qu'il faudrait que je hurle. Mais j'en suis incapable. Le corset de mes os est tellement serré que j'arrive à peine à respirer.

Cette nuit-là, lorsque Cassie se glisse dans mon lit et enroule ses doigts autour de ma gorge, elle ne reparle pas de ce qui s'est passé à la pharmacie. Et moi non plus.

J'ai le cœur qui cogne comme une alarme incendie pendant toute la nuit.

44,00

La vie continue.

Impossible pour une gamine avec une fracture du radius et du cubitus de jouer du violon au concert de Noël de l'école élémentaire de Park Street, aussi le chef d'orchestre s'est-il pointé avec un triangle qu'Emma pourra faire sonner en temps voulu. Elle est aussi chargée de faire tinter les clochettes du traîneau dans « Vive le vent ». Elle passe toute la soirée du jeudi à répéter.

Je quitte le lycée tôt (fichues crampes – ha ha) et passe mon vendredi après-midi à cuisiner parce que Emma a inscrit sa mère sur la liste des parents qui apporteront des gâteaux pour la vente d'après-concert. Bien entendu, Jennifer s'est empressée d'acheter des gâteaux bas de gamme avec glaçage rouge et vert poisseux. Je fais des biscuits au gingembre en forme de petites filles avec un plâtre rose au bras, et aussi un pain aux noix et aux dattes d'après la recette de Nanna Marrigan. Les cuillères veulent me fourrer du sucre, du beurre et de la mélasse dans la bouche. Je fais semblant d'être allergique à ces ingrédients. Il suffirait d'un gramme pour que ma langue et mes lèvres doublent de volume et que j'étouffe.

Je me sers du reste de pâte au gingembre pour confectionner un biscuit vaudou, une fille robuste aux cheveux jaune orangé, en robe bleue, avec un trou noir en guise de bouche. Une fois qu'elle a refroidi, je dépose l'effigie sur la planche à découper et l'explose à coups de rouleau à pâtisserie. Quand je m'arrête, il ne reste plus qu'un tas de poussière de gingembre.

Lorsque Emma rentre de l'étude, elle sent l'odeur des biscuits et pousse de tels cris de joie que le reste des aiguilles tombent du sapin. Elle se jette dans mes bras et me serre de toutes ses forces avec son plâtre, manquant de me briser les côtes. Je la laisse m'appliquer le même vernis à ongles qu'elle pour qu'on soit jumelles.

Jennifer est quelque peu abasourdie en voyant mes biscuits. Emma lui rappelle qu'elle a accepté de tenir le stand de gâteaux de l'école et je propose de la remplacer, ce qui la surprend encore plus.

On a tout juste le temps d'avaler un sandwich à la dinde (230) avant de filer au concert.

* * *

L'école élémentaire de Park Street a exactement la même odeur qu'à l'époque où j'y étais élève : un mélange de corps chauds en sueur, de sauce spaghetti bon marché, de marqueur indélébile et de papier. Il y a un hommage à Cassie sur le panneau d'affichage dans le hall d'entrée. La photo date de quelques années, avant que les vomissements ne lui brûlent les glandes salivaires et ne les fassent gonfler comme des noix de chaque côté de sa mâchoire. En la voyant, j'ai le cœur qui tambourine, mais je continue à marcher, je tourne à droite au niveau de la bibliothèque, puis à gauche au bout du couloir. La photo est bien là, ce n'est pas moi qui l'ai inventée, ce n'est pas une hallucination. Le père de Cassie est le directeur de cette école, et sa mère s'occupe de tout le reste. Rien d'étonnant à ce qu'il y ait un autel.

Emma file retrouver ses camarades en coulisse.

« Tu es sûre que tu ne veux pas venir écouter ? propose Jennifer. On pourrait échanger à l'entracte. »

Pour m'asseoir au milieu de six cents parents survoltés, tous armés de caméras ? « Non, vraiment, vas-y, toi. Reste jusqu'au bout. »

Elle me serre contre elle, suffisamment fort pour que mes côtes gémissent. Elle a été si rapide que je n'ai rien vu venir. Elle me lâche, attrape mon visage entre ses deux mains et m'embrasse le bout du nez. « Tu sais que tu peux être mignonne, parfois ? Je te suis très reconnaissante. » Elle se penche plus près de mon oreille et me chuchote : « Je ne supporte pas ces bonnes femmes. Elles me donnent envie de hurler.

— Pas de problème. » J'essaie de ne pas chanceler sous l'impact de son baiser.

Quatre tables de la cafétéria ont été disposées dans le foyer pour la vente de gâteaux. Elles croulent sous des plats de biscuits d'une dizaine de sortes différentes : aux pépites de chocolat, sans gluten, sans lait, sans œuf... Les mères de cette école passent beaucoup trop de temps devant les émissions culinaires. Il y a des moelleux pralinés, des gaufrettes à la cannelle, des caramels à la menthe. Quelqu'un a opté pour des cupcakes aux parfums bizarres : grenade, thé vert, airelle, pistache et goyave (avec une petite étiquette détaillant les ingrédients pour les allergiques). Sur la dernière table, près de la caisse, reposent deux seaux remplis de bretzels nappés de chocolat et roulés dans le sucre glace à côté de trois jolies petites maisons en pain d'épices, prêtes pour la vente aux enchères silencieuse. L'une d'entre elles a même des vitraux colorés en sucre filé.

Les mères avec lesquelles je vais devoir faire équipe sont en train d'engouffrer des biscuits et de maculer leurs pulls de miettes.

« Tu veux un caramel ? proposent-elles en fixant mes clavicules. Essaie les triple-choco, ils sont à se damner. »

J'adorerais goûter un triple-choco. J'adorerais choisir un caramel, discuter du dernier épisode de je ne sais quelle série, mordre dans ma friandise en riant, prendre plaisir à la mâcher et à savourer son goût, puis l'avaler et avoir le ventre rayonnant de joie caramélisée. Mais ce n'est pas pour moi.

« Non, merci.

— Regarde comme tu es mince ! piaillent-elles. Tu n'as pas à t'inquiéter pour ta ligne, contrairement à nous ! » Elles se tapent sur les cuisses, secouent leurs gros derrières et se pincent les poignées d'amour. « Prends-en donc un ! Ou même deux ! »

Au-dessus de ma tête, une main invisible tire sur mes ficelles de marionnette. Ma bouche se met à sourire et je bats des cils en haussant coquettement les épaules. « Mon déjeuner était très copieux. Je verrai plus tard. »

Une vague de spectateurs affamés nous interrompt et nous vendons à tour de bras. À un moment, j'aperçois Madame Parrish, déguisée en Mère Noël, qui dérive au milieu de la foule. Sa perruque penche d'un côté. Des gamins se précipitent vers elle en faisant coucou et lui demandent de dire au Père Noël qu'ils ont été bien sages. Elle passe sans les voir et se dirige droit vers le stand de gâteaux. Je me cache derrière une maison en pain d'épices jusqu'à ce qu'elle ait disparu.

Lorsque le concert commence, je dis aux grosses mères de famille d'aller écouter leurs enfants, que je resterai là à surveiller la nourriture et la caisse. Tout ce déballage ne me tente même pas, il m'écœure. C'est dire si je suis forte.

Les mères me donnent cent occasions de changer d'avis (« Non, je vous assure, aucun regret, allez-y, vraiment »), puis trottinent jusqu'à l'auditorium, armées de biscuits de secours, en cas d'hypoglycémie soudaine.

Je m'assieds derrière une montagne de nounours en guimauve dans leurs petits emballages individuels. L'orchestre joue « Douce nuit » ou « Il est né le divin Enfant ». Je scrute le foyer d'un bout à l'autre. Aucune trace de Cassie, pour le moment du moins. Pas de neige non plus. Ça sent bien le gingembre par contre, mais c'est à cause de tous ces biscuits. Je ne pense pas qu'elle viendra, avec sa photo affichée comme un avis de recherche à l'entrée et ses parents dans les parages. Ils la verraient, eux aussi, j'en suis sûre. Et ce serait le chaos. Elle n'oserait pas.

Je sors mon tricot, agrippe fermement les aiguilles, et m'enroule la laine autour du doigt. Deux mailles à l'endroit, une maille à l'envers. Deux mailles à l'endroit, une maille à l'envers. La laine est trempée de la moiteur de mes mains. Une maille à l'endroit, une maille à l'envers, une maille à l'endroit. Non. Je reviens en arrière et défais trois points. Deux mailles à l'endroit, une maille à l'envers.

~~Mes traîtres de doigts veulent ce caramel.~~ Non. ~~Ils veulent un triple-choco et des muffins bizarres et aussi ces bretzels.~~ Non, pas du tout. ~~Ils veulent écraser ces guimauves et me les fourrer dans la bouche.~~ Hors de question.

Le tricot tombe sur mes genoux. Les aiguilles sont trop lourdes, la laine est de plomb. Le cartilage de mes doigts, de mes genoux et de mes coudes se raréfie. Faim-faim et affame-affame se battent à mort sur le champ de bataille de mon esprit.

Tout me fait mal.

Une porte s'ouvre et se referme, me soufflant une bouffée de gingembre, clou de girofle et sucre fondu au visage et dans les cheveux.

Jusqu'ici, aujourd'hui, j'en suis à 412 calories. Je les brûlerai, et quelques centaines de plus au passage, si j'arrive à trouver l'énergie de monter sur le *stepper* ce soir. Je pourrais manger un demi-cupcake (150), ou même un quart (75). Je pourrais gratter le glaçage avec mes ongles et mordiller seulement la pâte.

Je ne devrais pas. Je ne peux pas. Je ne le mérite pas. Je suis un gros tas et je me dégoûte. Je prends déjà trop de place. Je suis une sale hypocrite repoussante. Une galère ambulante. Un détritus.

Je veux m'endormir et ne plus me réveiller, mais je ne veux pas mourir. Je veux manger comme une personne normale, mais j'ai besoin de voir mes os, ou bien je me détesterai encore plus et je serais capable de me découper le cœur ou d'avaler tous les cachets qui existent.

Je me saisis du cupcake qui, à mon avis, sera le plus répugnant : goût grenade. Il a un glaçage rose et des petits pépins rouges sur le dessus. Je les lèche puis les croque. Ils explosent dans ma bouche, chauds, acidulés et humides, pas comme de la fraise ou de la framboise, ni comme de la pomme, mais plus sombre, presque du vin. Je pourrais dévorer une pleine poignée de ces pépins, ou bien six poignées, ou m'en verser un seau entier dans le gosier.

Non, je ne le pourrais pas. J'ai croqué six pépins, point barre. 1.2.3.4.5.6. Je les sens me descendre le long de la gorge, tout tièdes, rien d'inquiétant.

J'entends une porte s'ouvrir, mais je ne la vois pas. Les ficelles contrôlant ce corps sont coupées et ces mains ne répondent plus, je ne peux les empêcher d'ôter la collerette en papier du cupcake pour le fourrer en moi. Cette bouche mâche et avale et se dépêche car en voilà un autre et un autre et un autre, jusqu'à ce que tous les cupcakes à pépins rouges aient disparu. Tous. Jusqu'au. Dernier. Ensuite, ces mains attrapent un brownie, puis un caramel et une Emma en pain d'épices avec son bras rose. Je me dissous dans un nuage de sucre filé, quand soudain les portes de l'auditorium s'ouvrent à la volée et le foyer se remplit d'applaudissements, de sifflets et de corps échauffés.

Je fonce aux toilettes.

J'ai beau m'enfoncer l'index dans la gorge aussi profond que je le peux, le cloaque refuse de se vider. Alors je me fais gicler du savon liquide dans la bouche et me gargarise jusqu'à ce que les bulles m'inondent les joues.

45,00

En plein milieu de la nuit, quelqu'un me plonge une épée dans les entrailles. Je me réveille en appelant mes parents au secours, mais c'est Jennifer qui rapplique, parce que mon père est encore en voyage et que ma mère ne vit pas ici. Elle m'aide à me traîner jusqu'à la salle de bains. Je ne sais pas si je ferais mieux de m'asseoir sur la cuvette ou de me fourrer la tête dedans.

Je baisse ma culotte et m'assieds. Jennifer humidifie un gant de toilette avec de l'eau froide, l'essore et me le pose sur la nuque.

« Ça va, je marmonne.

— Non, ça ne va pas. » Elle presse le dos de sa main contre mon front. « Tu n'as pas de fièvre. C'est peut-être une intoxication alimentaire. Qu'est-ce que tu as mangé au déjeuner ? »

La lame fourrage de nouveau dans mon ventre et je geins. « De la soupe et des crackers. Et au dîner, on a tous mangé de la dinde dans nos sandwichs.

— Tu as la nausée ? »

Je secoue la tête.

« Tu as mangé quelque chose à la vente de gâteaux ? »

Avant que j'aie pu mentir, ma tête fait oui. « Des cupcakes.

— Des cupcakes ? Tu en as mangé plus d'un ? »

J'acquiesce à nouveau. « Ils étaient bons.

— Je ne vois pas comment un cupcake pourrait te mettre dans cet état. Peut-être qu'il y avait de l'œuf cru dans le glaçage. Ça va aller, si je descends une minute ? Je veux vérifier quelque chose.

— Quoi ? » Je serre les dents. « Pas de problème. En revenant, tu pourras me remonter une verveine-menthe, s'il te plaît ?

— Tu ne devrais rien avaler tant que ton estomac sera douloureux.

— S'il te plaît, Jennifer. Je sais que ça me fera du bien.

— Très bien, détends-toi. Respire. Une verveine-menthe, ça marche. »

Une fois seule, je pousse un gémissement. Je sais parfaitement ce qui ne va pas. Je suis une truie, une ratée qui s'est gavée. Une erreur de la nature. Mon corps n'est pas habitué aux sucres rapides mélangés à de la sorcellerie. Il a déjà du mal avec de la soupe et des crackers.

La lame se retourne dans la plaie. Les laxatifs que j'ai gobés en rentrant me brûlent les intestins. En plus, mon taux de phosphate est complètement détraqué à cause de tout ce sucre. Sans compter qu'avec mon talent pour m'affamer, le ballon de baudruche vide et rose de mes entrailles a sans doute viré au gris fantôme, à mesure que ses cellules trop négligées se sont nécrosées. Ou bien, depuis la tombe, Cassie a elle aussi fabriqué une poupée vaudoue de moi en pain d'épices, qu'elle est en train de réduire en miettes sanguinolentes.

Ma tête est trop lourde pour tenir sur mes épaules. Je me penche vers l'avant pour la laisser pendre entre mes jambes.

« Lia ? »

À travers le rideau de mes cheveux, j'observe les pantoufles d'Emma se glisser à l'intérieur de la salle de bains. « Lia, est-ce que tu vas mourir ? » Des larmes sont perchées sur la crête de sa voix.

Je me force à me redresser et tente d'ignorer les points noirs qui fleurissent dans mon champ de vision.

« J'ai seulement mal au ventre, ma chérie. On n'en meurt pas. Ça va aller. »

Jennifer retourne coucher Emma et choisit de me croire quand je dis que je me sens beaucoup mieux et que je vais lire un peu aux toilettes, juste au cas où. Je passe pratiquement toute la nuit à me traîner de mon lit à la salle de bains, pour me vider, encore et encore, tandis que les laxatifs me vrillent de toutes parts pour faire leur sale boulot. Après chaque passage, je frotte la cuvette avec le détergent bleu.

Quand enfin je m'écroule sur mon lit, quelqu'un me martèle la poitrine de coups de batte de base-ball. J'essaie de prendre mon pouls, mais j'ai le cœur qui cogne bien trop vite pour pouvoir compter. Je suis en nage. Mon corps se mange lui-même, découpe mes muscles en morceaux et les jette au feu pour que la chaudière ne s'arrête pas.

J'ai du métal dans la bouche. Il faut que je réveille Jennifer.

Mais si je la réveille, elle va complètement flipper.

Si elle flippe, elle va appeler une ambulance.

Si l'ambulance vient, je suis fichue.

Je roule sur le côté et demande à Cassie de me frotter le dos en me chantant une petite berceuse.

46,00

Le samedi, quand Papa rentre de New York, je suis allongée sur le canapé en train de somnoler. Il me secoue par l'épaule et je sursaute, ne sachant plus très bien où je suis, qui je suis, et qui il est. Il ne s'en rend pas compte.

« Où sont Jen et Emma ? » il demande.

Je m'assieds. Lentement. Les crampes les plus douloureuses se sont calmées par rapport à la nuit dernière, mais j'ai l'impression d'avoir fait mille abdos la tête en bas.

« Au centre commercial. Et ton voyage, c'était comment ?

— Magnifique. Mon éditeur m'a accordé un nouveau délai, ainsi qu'une avance pour un voyage de recherches à Londres. Je suis un killer. »

Il essaie de brandir le poing façon joueur de foot qui vient de marquer, mais a seulement l'air d'un pauvre prof de fac en train de héler un taxi.

« C'est génial, Papa. »

Son sourire s'évanouit. « Ça va ? Tu n'as pas l'air en forme.

— J'ai eu une intoxication alimentaire, hier soir, à cause d'un cupcake. » J'enroule la couverture autour de mes épaules. « Va comprendre.

— Tu as appelé ta mère ?

— Non.

— Elle est médecin, je te rappelle.

— Oui, je n'ai pas oublié. Seulement, je n'avais pas envie qu'elle déboule ici avec une ambulance au beau milieu de la nuit. Jennifer m'a aidée. Je vais bien, je suis juste fatiguée.

— Tu es sûre ? » Il me plaque le dos de la main sur le front.

« Pourquoi tu fais ça ?

— C'est ce qu'on fait quand on a un enfant malade.

— T'es vraiment désespérant. »

Il m'enlace brièvement. « Je fais de mon mieux. Je vous ai rapporté des cadeaux de la ville, les filles. Peut-être que ça aidera. Ne bouge pas. »

Il quitte la pièce et revient avec un sac en plastique. « Regarde ça. »

Je vide le sac. J'imagine que la baguette magique remplie de paillettes est pour Emma, ce qui voudrait dire que les livres me sont destinés : que des histoires sur l'enfer du collège, écrites pour des gamines de douze ans. À moins qu'en réalité les livres soient pour Emma, et la baguette magique pour moi. Ça pourrait m'être utile.

« Tu préfères fraise, raisin ou miel ? demande Papa en entrant dans la cuisine.

— Quoi ?

— Fraise, raisin ou miel ? C'est presque l'heure du déjeuner – je vais nous préparer des sandwichs au beurre de cacahuète. »

Je me fourre la baguette sous le bras et le suis en traînant la couverture derrière moi telle une cape. « Je n'ai pas faim. J'ai encore l'estomac en vrac.

— Dans ce cas, je vais faire du thé et du pain grillé. Tu as pris tes médicaments ? »

Ma tête fait non avant que je puisse l'en empêcher.

« Alors, c'est réglé. Tu dois avoir quelque chose dans le ventre pour les prendre. Assieds-toi, fillette. »

Tandis que mon pain grille (2 tranches = 154), Papa se prépare deux sandwichs au beurre de cacahuète craquant et raisin. Il colle un mug dans le micro-ondes pour le thé et croque distraitement dans un sandwich. Il sort une assiette pour mon pain et avale une deuxième bouchée. Il est là, à vaquer à ses affaires en mangeant, il beurre le pain grillé (100) sans me demander mon avis, prend le lait du frigo et le pose sur la table, avec l'assiette et le thé. La moitié de son premier sandwich est déjà engloutie.

Comment fait-il ?

Je ne me rappelle pas ce que c'est, de manger sans tout prévoir, sans lister les calories et les lipides, sans mesurer mes hanches et mes cuisses pour voir si je mérite de me nourrir, et conclure le plus souvent que non, je ne le mérite pas, alors je me mords la langue jusqu'au sang et me ligote la mâchoire à coups de mensonges et de prétextes, pendant qu'un ver solitaire aveugle s'enroule autour de ma trachée, renifle et gratte en quête d'une ouverture humide vers mon cerveau.

Je suis tellement fatiguée. J'ai oublié comment dormir, aussi.

Papa raconte des trucs au sujet de lettres moisies stockées dans les archives de Londres et dit qu'en se débrouillant bien avec les billets, on pourrait tous aller en Angleterre, ce qui bien sûr n'arrivera jamais. J'avale mes pilules et bois mon thé. Alors que je tends la main vers la moitié d'une tranche de pain grillée (38) + trois grammes de beurre (25) = 63, le téléphone sonne.

Je fais mine de me lever.

« Laisse. Le répondeur va s'en occuper. »

Après le bip, la voix de Madame Parrish crépite dans le haut-parleur. « Lia ? Lia, s'il te plaît, rappelle-moi. Je ne suis pas en colère, c'est promis. On a cherché partout et on ne retrouve pas le collier de Cassie, celui avec la clochette en argent. Je me disais que peut-être, si je le portais… Tu peux m'aider ? » Sa voix se brise et finit en sanglots, puis elle renifle. « Je veux seulement que tu me rappelles, Lia. Je ne peux pas… j'ai besoin de ton aide. »

Papa efface le message dès qu'elle a raccroché. « Elle devrait parler à son psy au lieu de te harceler. »

Je fixe les fissures qui strient l'enduit entre les lattes du parquet. Si je pouvais me transformer en volute de fumée, je me glisserais à l'intérieur pour disparaître.

« Ce n'est pas grave, je réponds, tout en pensant le contraire. Elle est incapable de tourner la page. C'est triste.

— C'est comme ça que tu te sens, toi aussi ? » Il sirote son lait. « Incapable de tourner la page, et triste ? »

J'aurais dû faire semblant de dormir quand il est rentré. « Non.

— C'est pourtant ce qu'il nous a semblé.

— C'est qui, "nous" ? »

Le beurre de cacahuète essaie de lui fermer la bouche en lui collant les lèvres, mais mon père est trop costaud. « J'ai longuement discuté avec ta mère, hier soir.

— Tu as parlé avec Maman deux fois dans la même année ?

— Pas de sarcasme, je te prie. » Il prend une nouvelle bouchée de sandwich et mâche. « Chloé pense que tu devrais repasser des examens.

— Des examens ?

— Et Jennifer est d'accord.

— Pour examiner quoi ? »

Il arrête de manger. « Si tu dois refaire un séjour en clinique. »

Les fissures entre les lattes s'entrouvrent un peu plus. « Vous voulez encore me faire enfermer ?

— Chloé a dit qu'elle appellerait ce matin pour en parler avec toi.

— Elle ne l'a pas fait. » Je frissonne. Le froid s'engouffre par les fenêtres. « Tu penses que je devrais y retourner ?

— Franchement ? Ça me paraît un peu extrême. Tes notes pourraient être meilleures, certes, mais au moins tu vas au lycée. Tu ne fais pas le mur la nuit et tu ne t'attires pas d'ennuis. Seulement, j'aimerais que tu reprennes du poids. J'ai dit à ta mère que quelques visites chez le nutritionniste suffiraient probablement.

— Mais elle veut me faire enfermer.

— Les examens médicaux pourraient lui donner tort. Vois les choses comme ça.

— Elle a déjà pris rendez-vous, pas vrai ? »

Il attrape la baguette magique sous mon bras et la secoue pour agiter les paillettes l'intérieur. « Le surlendemain de Noël, à dix heures. »

Les fissures dans le parquet s'élargissent brusquement, comme des canyons sans fond. Je vacille au bord.

« Charmant. Je pourrai faire une dissertation sur mes vacances de Noël à la ferme de gavage où on m'a collé des tubes dans le nez et gavée de beurre et de jolis petits cachets, sans oublier les lavages de cerveau pour me transformer en zombie obèse. L'éclate totale.

— Tu ne seras internée que si tu en as besoin. Tu n'as pas envie d'être en bonne santé, de te sentir mieux ?

— Tu essaies de te débarrasser de moi, c'est tout.

— Je m'inquiète pour toi. Je veux retrouver ma petite fille. »

Je me lève et me mets à faire les cent pas entre la table et la cuisinière.

« J'ai déjà essayé l'hôpital. Deux fois. » La cape glisse de mes épaules. « Tu avais dit que je n'y retournerais plus parce que j'ai épuisé la couverture de l'assurance.

— Si tu dois être réinternée, ta mère vendra des actions et j'hypothéquerai de nouveau la maison. Mais on n'a pas à en arriver là. Il suffirait que tu manges…

— Je n'ai pas besoin de manger comme vous.

— Bon sang, Lia ! explose-t-il. Ce n'est pas vrai et tu le sais. Est-ce qu'on est censés te laisser t'affamer jusqu'à ce que mort s'ensuive ? »

La voix-de-Papa-qui-hurle me faisait peur autrefois. Maintenant, elle me rend juste méchante. « Ta femme me regarde monter toutes les semaines sur cette foutue balance.

— Et ton poids n'arrête pas de baisser. Tu étais à combien cette semaine ? Quarante-sept ? Tu m'avais juré de ne pas descendre en dessous de cinquante.

— J'ai de tout petits os et un métabolisme lent.

— Et ça recommence avec les conneries ! » Il expulse des postillons de sandwich partout sur la table. « Tu m'as supplié de venir t'installer chez nous. Tu ne supportais plus de vivre avec ta mère. Tu disais que c'était elle le problème et je t'ai crue, tout comme je t'ai crue quand tu m'as promis de jouer franc-jeu. »

J'essaie de baisser d'un ton. Plus il perd le contrôle, plus il faut que moi je me maîtrise. « Toi aussi, tu es nul en matière de promesses. Tous ces week-ends annulés, ces voyages qu'on devait faire, et cette maison que tu voulais acheter au bord du lac. »

Il me lance un regard noir. « Ne change pas de sujet.

— J'ai besoin de temps, Papa. Je ne peux pas juste me remettre à manger comme ça. C'est toute ma vie que je dois reprendre à zéro.

— Et c'est censé arriver quand, au juste ? » Plus il parle fort, plus sa voix devient laide ; c'est la même que quand il se disputait avec ma mère, alors que j'étais supposée dormir. « Cette année, peut-être ? Dans un siècle ?

— J'y travaille.

— C'est faux. Ça fait six mois que tu es ici et tu n'as toujours pas déballé tes cartons.

— Oh, tu as fini par t'en rendre compte ? je riposte, babines retroussées.

— Qu'est-ce que ça signifie ?

— Tu n'es jamais là. Jennifer s'occupe de tout pour que tu puisses aller à tes réunions, à la bibliothèque, à tes matchs de squash et à tes dîners en ville. Oh, attends voir, ça me rappelle quelque chose, mais quoi ? Tu t'es trouvé une nouvelle maîtresse, Papa ? Paré pour un autre petit tour au tribunal ? N'oublie pas de chercher un bon psy pour Emma, parce qu'elle te prend pour un dieu. »

Il a le visage couleur crise cardiaque. Les muscles de sa mâchoire sont si tendus qu'il pourrait se faire exploser les dents. D'un instant à l'autre, il va me décoller du sol pour me jeter par la fenêtre. Et je ne retomberai pas à terre avant un bon millier de kilomètres.

Il prend la bouteille de lait et se ressert. Il boit une longue gorgée avant de reposer son verre sur la table d'un air extrêmement déterminé. « Arrête de transformer cette discussion en procès contre moi. C'est de toi qu'on parle, Lia. »

Les traits de son visage s'affaissent sous le coup de la déception. Il a les yeux rouges à cause des nuits trop courtes, des erreurs qu'il a commises et de sa fille défectueuse. C'est plus facile de riposter quand il braille.

« J'aimerais comprendre ce qui se passe en toi. » Il retourne une nouvelle fois la baguette mais sans regarder les paillettes. « Pourquoi tu as tellement peur. »

Le manège tourne à l'intérieur de ma tête, tourne si vite que je ne vois plus que des traînées lumineuses, jaune miel, rouge fraise et mauve raisin, défiler devant mes yeux. Je n'aurais jamais dû venir dans cette maison, mais je n'avais pas d'autre endroit où aller.

« S'il te plaît, Lia. » Sa voix n'est plus qu'un murmure. « Je t'en prie, mange. »

Le manège se brise net et des échardes multicolores explosent sous mon crâne.

J'attrape le sandwich posé sur son assiette et me le fourre dans la bouche.

« C'est ça que tu veux ? je hurle. Regarde, Lia mange ! Lia mange ! » À chaque bouchée, j'ouvre la bouche bien grand pour que le pain, la confiture et le beurre de cacahuète mêlés de salive se déversent dans les canyons entre nous. « Tu es content, maintenant ? »

Je l'entends appeler mon prénom alors que je sors de la cuisine en courant.

Il ne me suit pas.

47,00

Je règle le radiateur de ma chambre à la température maximale et monte le volume de mes enceintes à fond. La musique liquéfie l'air et fait s'envoler les feuilles posées sur mon bureau. Je rampe dans mon lit, mais le matelas est rempli de cailloux et de coquillages pointus et je n'arrive pas à trouver une position confortable. J'ouvre des livres, mais les histoires sont toutes verrouillées et je ne connais pas les mots magiques.

DeQuoiPourquoiQuandCommentQui ?

DeQuoiPourquoiQuandCommentQui ?

DeQuoiPourquoiQuandCommentQui ?

De quoi ai-je peur ? Pourquoi n'ai-je même pas envie d'aller mieux ? Quand suis-je moi et comment le savoir ? Et qui serais-je si je faisais ce qu'ils voulaient ?

Comment en suis-je arrivée là ?

Peut-être Maman a-t-elle pris des médicaments quand elle était enceinte de moi. C'est cette année-là qu'elle a commencé son internat – elle a sans doute passé ces neuf mois sans fermer l'œil, et je suis née avec le syndrome du fœtus surcaféiné. Ou bien le Professeur Overbrook a fumé de l'herbe coupée d'une substance expérimentale, et il a ensemencé Maman avec du sperme mutant.

Bref.

J'époussette mes étagères et les rebords de fenêtres, puis descends chercher l'aspirateur, un verre de glaçons (le Professeur Overbrook tente de m'adresser la parole, dommage qu'il n'existe pas, je n'ai ni père ni mère, rien que des espaces blancs sans murs), et le rouleau de sacs-poubelle. Une fois la moquette aspirée, je déchire l'un des cartons bourrés de saloperies rapportées de chez Maman et en fourre tout le contenu dans un sac-poubelle. Sans même un regard. Sans écouter mes doigts qui m'indiquent qu'il s'agit d'une poupée, d'un collier, d'un livre de poche de Jane Yolen, ou d'une collection de pièces de monnaie. Je croque des glaçons et avale les éclats. Tout n'est que détritus.

Le Professeur Overbrook pénètre dans la pièce alors que je ficelle le troisième sac. Je regarde sa bouche se mouvoir. Il me tend un mug de verveine-menthe ainsi qu'une assiette remplie des biscuits glacés bas de gamme que Jennifer a achetés pour la vente de gâteaux. Il doit se rendre à son bureau pour récupérer des documents qu'il a oubliés.

Une fois qu'il s'est enfui, j'écrabouille les biscuits au-dessus des toilettes et tire la chasse d'eau. Je me glisse quelques bonbons pour les dingues supplémentaires dans la bouche et les fais descendre avec de l'eau glacée, puis je lutte de toutes mes forces pour venir à bout de cinq cents abdos –

::stupide/moche/stupide/chienne/stupide/grosse/
stupide/bébé/stupide/ratée/stupide/perdue::

– bien que ça me fasse un mal de chien au ventre. *Surtout* parce que ça fait un mal de chien.

Lia la Calamité appelle le bureau du motel Gateway. C'est Charlie qui décroche, et Lia la Calamité le menace d'appeler la police et de l'accuser de harcèlement sexuel s'il ne lui passe pas immédiatement Elijah.

Charlie répond : « Ne quitte pas. »

Tout en patientant, j'effrite mon vernis à ongles. Le Docteur StupideParker affirme que quand je suis triste, ça signifie que je suis en colère et que quand je suis en colère, ça veut dire que j'ai peur. Je n'arrive pas à croire qu'elle se fasse payer pour débiter des conneries pareilles. J'ai envie de déclencher une guerre, de faire péter un immeuble ou d'atomiser toutes les fenêtres de cette baraque. Je me demande ce que ça signifie, d'après elle.

Elijah finit par se matérialiser à l'autre bout du fil. « Salut. Quoi de neuf ?

Lia : Il faut que je te parle.

Elijah : Tu es Emma ou Lia, aujourd'hui ?

Lia : Tu passes bien ton temps à mentir.

Elijah : C'est une sale habitude.

Lia : Je suis désolée. Je te demande pardon.

Elijah : Ok. Pas de souci.

Lia : On est de nouveau amis, alors ?

Elijah : Il faut croire.

Lia : Bien. Et ta voiture, ça avance ?

Elijah : Elle sera prête quand Charlie fermera pour l'hiver.

Lia : Tu iras où ?

Elijah : Oxford, Mississippi, peut-être. Ou bien je retournerai au Mexique. Ça m'avait bien plu. (*Il couvre le combiné pour parler à Charlie.*) Il faut que j'y aille. Le patron s'est collé une drôle d'idée en tête, comme quoi il faudrait que je bosse les heures où il me paie.

Lia : Non, attends, j'ai une question.

Elijah : Balance.

Lia : Tu as dit que la première fois que tu as vu Cassie, c'est quand tu as trouvé son corps.

Elijah : C'est pas une question, mais ouais.

Lia : Au cimetière, tu m'as demandé pourquoi je n'ai pas répondu quand elle m'a téléphoné, cette nuit-là. Comment tu sais qu'elle m'a appelée ?

Elijah le Silencieux :

Lia : Tu es toujours là ?

Elijah : On peut en discuter plus tard ?

Lia : Non. Tu dois me le dire. C'est ce qu'elle voulait.

Elijah, après un profond soupir : Elle est arrivée jeudi soir, mais je ne l'ai pas vue avant samedi. Elle m'a invité à boire un verre, alors je suis allé dans sa chambre, après le boulot. Elle avait bu – beaucoup. J'ai mangé quelques biscuits et puis j'ai décidé que l'ambiance était glauque, alors je suis reparti.

Lia : Comment sais-tu qu'elle m'a appelée ?

Elijah : J'ai joué aux cartes avec Charlie jusqu'à minuit, puis j'ai eu envie d'aller faire un tour en ville. Cassie m'a vu passer et a ouvert la porte. Elle pleurait comme une madeleine et bafouillait que Lia était furieuse contre elle, que Lia ne voulait pas répondre. Je lui ai dit de dormir, que ça irait mieux demain. Elle n'a pas voulu me lâcher avant que j'écrive ton numéro de téléphone et que je promette de te transmettre un message. Je me suis tiré aussi vite que j'ai pu.

Lia : Qu'est-ce qu'elle a dit ?

Elijah : J'ai raconté tout ça aux flics, tu sais. Ils ont regardé les vidéos de surveillance : heureusement que Charlie est parano. Je ne l'ai pas touchée. Je ne lui ai même pas pris son sac à main, alors que ça aurait été très facile. On la voit sur la bande deux heures après mon départ, en train de tituber sur le parking en chantant à tue-tête. Puis elle rentre dans sa chambre.

Lia : C'était quoi, ce message ?

Elijah : Rien. Elle était totalement ravagée, rappelle-toi.

Lia : Dis-le-moi.

Elijah : Elle a dit : « Dis à Lia qu'elle a gagné. J'ai perdu et elle a gagné. » Fin de citation. Sur le coup, ça avait l'air super important, mais maintenant ça paraît idiot. Vous aviez fait un pari, toutes les deux ? Tu as gagné quoi ?

Je raccroche sans dire au revoir.

J'ai gagné le défi des filles de l'hiver. C'est moi qui me suis enfoncée le plus loin dans la zone de danger.

48,00

Je remets la musique à fond, en mode EXPLOSION DE TYMPANS, et me dirige vers la salle de bains pour laver le coup de fil, la poussière et le sandwich qui me souillent la bouche.

1. 2. 3. 4. 5. 6. 7. 8. 9. 10. 11. 12. 13. 14. 15. 16. 17. 18. 19.
20. 21. 22. 23. 24. 25. 26. 27. 28. 29. 30. 31. 32. 33.

Je n'ai pas gagné. Je n'arrive pas à croire qu'elle ait dit ça. Typique de Cassie, ce genre de conneries, toujours à donner dans le mélo. Ça n'est pas ma faute si elle a perdu pied si facilement, ou si ses parents n'ont jamais fait attention à elle. Pas ma faute si elle gerbait. Ou si gerber était la seule chose qui la soulageait.

elle m'a appelée.

Je me brosse les dents à en avoir les gencives qui saignent, puis je frotte encore plus fort. Du jus de Lia rouge me dégouline sur le menton, me donnant l'air d'un vampire affamé prêt à saigner à blanc quiconque le contrariera. C'est peut-être ça, mon problème. Peut-être que je suis une morte-vivante. Les vampires sont pâles, froids et minces, comme moi. Ils détestent secrètement le goût du sang, détestent faire pleurer les gens en agissant comme ils le font, détestent les cimetières et les cercueils, et détestent aussi le mal qui les possède. Mais ils prétendront le contraire avec conviction jusqu'à ce qu'on leur enfonce un pieu dans le cœur.

... toute seule, ils ont retrouvé le corps...

J'approche ma bouche du robinet, me rince et crache.

La balance se pavane sur le sol, la bonne, celle qui ne ment pas. Je me déshabille et monte dessus pour jauger ma médiocrité et peser mes fautes.

40,3 kilos.

Je pourrais dire que je suis extatique, mais ce serait mentir. Le chiffre n'a pas d'importance. Si j'étais à trente, je voudrais descendre à vingt-huit. Si je pesais cinq, je ne serais contente qu'une fois arrivée à deux. Seul le zéro me satisferait. Zéro kilo, zéro vie, taille zéro, double zéro,

zéro pointé. Au tennis, on ne dit pas zéro mais « love ». Je viens seulement de piger.

J'ouvre la fenêtre et jette la balance dans le jardin. Puis j'enclenche la douche – eau chaude uniquement – et me fixe dans la glace. Les creux de mon visage sont remplis de sable et de pus. Le blanc de mes yeux forme deux flaques de limonade renversée, avec deux ombres violettes en dessous. Mon nez n'est que poils et morve, mes oreilles du cérumen, ma bouche un égout. Je suis enfermée dans le miroir et il n'y a pas d'issue.

::stupide/moche/stupide/chienne/stupide/grosse/
stupide/bébé/stupide/ratée/stupide/perdue::

Le couteau à manche en corne de Nanna Marrigan glisse de sous mon matelas, s'introduit subrepticement dans la salle de bains et se couche à gauche du lavabo, lame tournée vers le miroir.

Les cachets que j'ai avalés il y a une heure rebondissent dans mes veines comme des boîtes de conserve dans une ruelle par grand vent. Les serpents lovés dans ma tête se réveillent, rampent le long de mon tronc cérébral et tentent de mordre les vautours somnolents. Les oiseaux font claquer leurs ailes de nuit, une fois, deux fois, trois fois, et décrivent des cercles haut dans le ciel. Leurs ombres masquent le soleil.

Je me sers de mon T-shirt pour essuyer la buée sur le miroir. Elle goutte sur mes bras et perle sur mon lanugo, ce fin duvet blanc que mon corps fait pousser pour me protéger du froid.

Abruti de corps. Quel est l'intérêt de me couvrir de fourrure, si c'est pour laisser tomber les cheveux que j'ai sur la tête ?

« Tu n'as pas envie de connaître la raison ? répond cet abruti de corps.

— Tu as gagné », ajoute Cassie.

J'ai gagné parce que je suis plus mince. Taille double zéro. Je suis restée forte et je n'ai pas essayé d'avoir le beurre et l'argent du beurre. Je n'ai même pas *goûté* le beurre.

J'appuie les doigts dans le creux de mes pommettes. Si je courais tête en avant contre un mur, je parie que je pourrais me fracturer tous les os du visage d'un coup. Mes doigts dérivent sur mon menton, descendent le long de ma gorge, sur les ailes de papillon de ma thyroïde, jusqu'à l'endroit où les clavicules s'articulent au sternum, comme un bréchet de poulet.

Dans le couloir, les chats d'Emma grattent à la porte pour entrer.

Mes doigts déchiffrent la carte en braille taillée dans l'os, en commençant par mes seins creux et marbrés de veines bleues, comme autant de rivières gelées. J'égrène mes côtes telles des perles de rosaire en marmonnant des incantations, les doigts recourbés sous la cage thoracique. J'arrive presque à sentir ce qui se cache à l'intérieur.

Ma peau dévale le ventre vide, se moule dans les concavités arides de mes hanches, creusets taillés dans la roche et peints de cicatrices rose pâle au rasoir. Je pivote dans le miroir. Mes vertèbres sont des billes humides empilées les unes sur les autres, et mes omoplates des ailes d'où des plumes pourraient surgir à tout instant.

Je saisis le couteau.

Les tendons du dos de ma main se bandent telles des cordes retenant une tente sous le vent. De fines cicatrices me zèbrent l'intérieur des poignets, s'élargissant en rubans au creux du coude, là où j'ai coupé trop profond en troisième.

Je gagne, j'ai gagné.

je suis perdue.

La musique en provenance de ma chambre braille si fort contre le miroir que j'en ai les oreilles qui sifflent. Je scrute la fille fantôme de l'autre côté, avec son corset d'os qui ne demande qu'à être encore plus serré, afin qu'elle puisse se replier à l'intérieur d'elle-même et disparaître en deçà de zéro.

Je coupe.

La première incision court de mon cou jusque sous mon cœur, assez profond pour que je sente enfin quelque chose, mais pas assez pour me dépouiller. La douleur coule comme de la lave et me coupe le souffle.

Le couteau se taille ensuite un chemin dans la chair entre deux côtes, puis entre les deux du dessous. De grosses gouttes de sang s'écrasent dans le lavabo, des graines rouges bien mûres. Je suis tellement, tellement forte, tellement blindée et magique que la lame dessine une troisième ligne entre deux os, droite et nette. Le sang s'amoncelle au creux de mes hanches et goutte sur le carrelage.

Des trous noirs s'ouvrent devant mes yeux et l'oiseau sauvage prisonnier dans mon cœur bat frénétiquement des ailes. Je transpire, j'ai enfin chaud.

La musique s'arr

49,00

La porte de la salle de bains s'ouvre à la volée.

Emma voit le sang qui me macule et les ruisseaux écarlates creusés dans mon corps. Emma voit aussi le couteau, poisseux de la lame en argent jusqu'au manche en os.

Les hurlements de ma petite sœur font exploser les miroirs.

50,00

Les urgences sont nimbées de brouillard. Des ombres furieuses se cognent aux murs et au plafond.

Cassie me tient la main et me chuchote les nouvelles à l'oreille : « Dans l'ambulance, ton cœur était à trente-trois battements par minute. Fichue bradycardie. L'ECG était bizarre, sans doute à cause de la déshydratation et de la perte de sang. Tu respires correctement, mais tu as la tension et la température d'un tas de poussière. »

Je ferme les yeux.

Quand je les rouvre, elle a les résultats d'analyses.

« Anémie, annonce-t-elle. Plus hypoglycémie, phosphates trop bas, calcium trop bas, T3 trop bas – va savoir ce que ça veut dire –, globules blancs trop hauts et plaquettes trop basses. Ils t'ont recousue au fil noir, trente-trois points de suture, c'est bizarre, pas vrai ? Oh, et tu as

des cétones dans les urines. Continue comme ça et on passera le nouvel an ensemble. Reste forte, chérie.
— Où est Emma ? » je demande.

Une infirmière m'enroule des colliers de tuyaux en plastique et des fils verts partout, puis elle décore la chambre de petits sacs remplis d'eau et de sang. Pour finir, elle me pique avec une aiguille.
Je repose dans un cercueil de verre onirique, aux parois recouvertes de rosiers me tissant une forteresse épineuse.

51,00

Deux jours plus tard, l'avant-veille de Noël, on me juge assez grosse et saine d'esprit pour me virer de l'hôpital. Le projet de me renvoyer à New Seasons dans la foulée tombe à l'eau. Il n'y a pas de place à la clinique pour une carcasse de Lia regonflée à coups de saletés. Pas pour le moment. Le directeur promet ~~à Maman~~ au Docteur Marrigan qu'il aura un lit pour moi la semaine prochaine.
D'ici là, mon état est assez stable pour me laisser rentrer à la maison. Ils répètent tous que je suis stable.
J'ai échoué sur toute la ligne. Échoué pour ce qui est de manger et boire. Échoué à ne pas me découper en lambeaux. Échoué en amitié. Échoué en tant que sœur et que fille. Échoué avec les miroirs, les balances et les coups de fil. Heureusement que je suis *stable*.

❋ ❋ ❋

C'est Papa qui vient me chercher à l'hôpital. Il est passé me voir tous les jours – sans Jennifer – (en prenant bien soin de ne jamais croiser Maman) et il a pleuré, la tête posée sur mon matelas. Il n'a pas dit grand-chose tout ce temps, même en m'aidant à monter en voiture.

Pendant que j'étais attachée à des tubes, dehors il a neigé. Les champs blancs reflètent tant et si bien le soleil que je suis éblouie. J'abaisse le pare-soleil et une fille me regarde dans le miroir. Une partie de mon cerveau – la portion réhydratée et nourrie au glycogène – sait que c'est moi, ce reflet. Mais tout le reste en doute. Je ne sais plus à quoi je suis censée ressembler. Même le nom sur mon bracelet d'hôpital me paraît étrange, comme si les lettres étaient dans le désordre, ou qu'il manquait une partie du nom.

Je relève le pare-soleil et espère que Papa ne m'a pas vue grimacer.

Les docteurs m'ont rafistolée avec des bouts de ficelle. Je n'arrête pas d'oublier mes points de suture, jusqu'à ce qu'un mouvement trop brusque réveille la douleur entre mes côtes. Ils m'ont injecté de l'eau sucrée dans tout le corps et servi des repas sur des plateaux en plastique divisés en cinq rectangles. Mon cerveau était drogué, mon corps également mais par une autre substance. Ma main enfournait de la nourriture dans ma bouche trop vite pour que je puisse compter les bouchées. Ils m'ont recousue, mais se sont contentés de nœuds simples. Mes entrailles suintent par les lignes de faille de ma peau, je le sens, mais à chaque fois que je vérifie les pansements, ils sont secs.

Je réintègre le corps assis sur le siège passager de la voiture de mon père.

« Où est Emma ? je demande. Ce n'est pas aujourd'hui, le début des vacances de Noël ? »

Papa appuie sur un bouton du tableau de bord. Une trompette de jazz se met à nous hurler dessus. Je grimace, me penche vers la molette du volume et baisse le son.

Il conduit vingt kilomètres sans prononcer un mot.

« Où est-ce qu'on va ?

— Je te ramène à la maison.

— Ce n'est pas le chemin. »

Ses doigts se resserrent autour du volant. « Tu resteras chez ta mère jusqu'à ce que tu sois internée.

— Non, Papa, je t'en prie ! Et Emma ? Elle veut qu'on refasse des biscuits au gingembre ensemble, et elle a besoin d'aide pour emballer vos cadeaux, et puis on va chanter des cantiques de Noël à l'église. Et j'ai aussi promis de l'emmener faire de la luge et des anges dans la neige. »

Il change de file sans regarder dans les rétroviseurs. « Tu ne reverras pas Emma tant que tu n'iras pas mieux. Peut-être que ça te motivera. Si tu ne le fais pas pour toi, fais-le pour elle. »

Sa voix se brise. Il renifle, déglutit avec difficulté et appuie sur l'accélérateur, faisant décoller le compteur de vitesse en zone rouge. Je n'ai jamais vu cet homme. Je m'accroche à la poignée en me demandant si on va s'en sortir.

❄ ❄ ❄

Il a toujours une clef de chez elle, sur le même trousseau que toutes les autres : le bureau, la salle de sport, la maison de Jennifer, et trois voitures. Il ouvre le verrou, entre dans la maison et attend que je le suive.

~~Maman~~ Le Docteur Marrigan est dans la bibliothèque, en train de dicter ses notes à son ordinateur. En nous voyant arriver, elle lève un doigt pour qu'on la laisse finir d'énumérer les détails de son dernier quadruple pontage sur un type qui a passé les quarante dernières années à se goinfrer de cheeseburgers.

Papa monte mes sacs dans ~~la chambre d'amis~~ ma chambre. Lorsqu'il redescend, je me demande un instant si ~~Maman~~ le Docteur Marrigan ne va pas lui laisser un pourboire comme à un garçon d'étage.

« Tu t'es organisé pour son rendez-vous de demain avec le Docteur Parker ? demande-t-elle.

— Jennifer viendra la prendre ici à treize heures et la ramènera après la séance. » Papa remonte la fermeture Éclair de son blouson et enfile ses gants. « Tu t'es arrangée pour la matinée ?

— Pourquoi c'est Jennifer qui doit m'emmener ? je dis. Je peux y aller toute seule si on me prête une voiture. »

Ils ne me regardent même pas. À croire que je ne suis pas dans la pièce.

~~Maman~~ Le Docteur Marrigan répond à la question ~~de Papa~~ du Professeur Overbrook d'un hochement de tête. « Une de mes infirmières, Melissa, restera ici de l'heure de mon départ jusqu'à l'arrivée de Jennifer. Elle pourra aussi nous donner un coup de main après Noël, quand elle ne sera pas de garde, moyennant quinze dollars de l'heure en liquide.

— Bien, répond-il.

— Vous m'avez dégotté une baby-sitter ? » je demande.

Ils ne réagissent pas. Je ne suis toujours pas là.

« À quelle heure elle rentrera ? demande Maman.

— C'est une séance de deux heures, donc trajet compris, disons quatre heures et demie, cinq heures moins le quart, répond Papa. Tu seras ici ? »

~~Maman~~ Le Docteur Marrigan réarrange la pile de revues médicales sur la table basse. « Je suis de garde jusqu'à dix-neuf heures. Demain, c'est la veille de Noël. Melissa ira chez son frère dès le départ de Lia, à treize heures. On ne peut pas lui demander de revenir. »

Il fronce les sourcils. « J'imagine que Jen pourrait rester.

— Si tout est calme, je me sauverai tôt, propose-t-elle.

— Oui, ce serait préférable. »

Le baiser d'au revoir de mon père est tellement léger que je ne le sens pas sur ma joue. Après avoir franchi la porte, il prend le temps de refermer à clef derrière lui.

« La couverture électrique du divan est branchée et déjà chaude, dit ~~Maman~~ le Docteur Marrigan. Et il y a aussi un bol de soupe au bœuf pour toi. Pendant que tu l'avales, je vais t'expliquer comment vont se passer les choses.

— Donc tu me reparles, c'est ça ?

— Je reviens dans une minute, je termine juste ça. »

Au bout de dix minutes de dictée, elle vient se percher sur le rebord de l'autre canapé, aussi droite que si elle avait une couronne en équilibre sur la tête. Elle attend que je fasse le premier pas.

« Je veux retourner chez Papa et Jennifer. »

Elle tend le bras vers sa gauche pour allumer une lampe. Le soleil se couche tôt en fin d'année.

« Tout le monde pense que tu seras mieux ici. New Seasons a appelé pour confirmer ta date d'entrée la semaine prochaine. » Elle époussette brièvement l'abat-jour. « Ils ont ton dossier médical et appelleront le Docteur Parker pour en discuter après ta séance de demain.

— J'ai dix-huit ans. Ce que je lui raconte est confidentiel.

— Pas si un tribunal décide que tu es un danger pour toi-même et pour autrui.

— Et c'est arrivé quand, exactement ?

— J'ai opéré la moitié des juges de la région, Lia. En cas de nécessité, ça arrivera. »

Je n'ai pas dix-huit ans, mais douze ; toujours aussi empotée, en train d'exécuter la petite chorégraphie que m'impose Maman tandis que, depuis les coulisses, celle-ci me souffle tout ce que je fais mal.

De la vapeur s'élève en volutes à la surface de la soupe. « Cet endroit ne m'a pas aidée les dernières fois. Ça ne sert à rien de m'y renvoyer.

— C'est exactement ce qu'a dit ton père.

— Vraiment ?

— Il a changé d'avis sur deux ou trois choses, après ce que tu as fait. Il a notamment fini par admettre combien la situation était désespérée, mais il pense que le traitement ne fonctionnera pas. »

Je ne peux m'empêcher de répliquer. « Et pourquoi ça ?

— Tu ne veux pas aller mieux. Il dit que rien ne marchera tant que tu n'auras pas décidé d'être en bonne santé et d'avoir une vraie vie. Je suis presque entièrement de son avis.

— Dans ce cas, pourquoi me forcer à y aller ? Pourquoi gaspiller tout cet argent ?

— Parce que si on ne le fait pas, tu mourras.

— Tu exagères. » J'enroule les mains autour du bol de soupe et penche le visage au-dessus de la vapeur, brusquement avide de sentir le pincement brûlant des points de suture. Je prends la cuillère et touille. Des légumes et de la viande remontent du fond. Nanna préparait la même soupe, mais je ne peux m'autoriser à la goûter. La première gorgée suffirait à faire fondre la couche de glace qui me tient en suspens au-dessus d'un gouffre.

Je lâche la cuillère et cache mes mains sous la couverture. « Pourquoi il fait si froid, ici ? » Les mots sortent trop fort, comme si mon bouton de volume était cassé.

« Tu n'as pas assez de tissu adipeux pour maintenir ton corps à une température normale. La solution, c'est de manger des choses nourrissantes toutes les quatre heures. C'est aussi simple que ça.

— Je n'ai pas besoin de manger toutes les quatre heures. J'ai un métabolisme lent.

— Ton métabolisme est ralenti parce que ton corps te croit en pleine famine. Il s'accroche à chaque gramme pour te garder en vie. »

Je serre les poings sous la couverture, où elle ne peut pas les voir. « Tu fais tout un plat de mes problèmes uniquement pour ne pas avoir à te demander pourquoi tu es si malheureuse.

— Arrête de changer de sujet.

— Arrête de me persécuter. C'est ma vie. Je fais ce que je veux. »

Maman frappe la table basse du plat de la main. « Pas si tu es en train de te tuer ! »

Le vent hurle par les portes-fenêtres, souffle entre nous, et me fait frissonner. Ma mère se lève et se met à arpenter le salon de long en large. Je fixe mon regard sur une tache plus claire au mur.

« Pourquoi te comportes-tu de façon si irrationnelle ? demande-t-elle en me tournant le dos. Qu'est-ce que tu essaies de prouver ?

— Tu crois que ça me plaît d'affoler Emma et de vous rendre tellement furieux que vous ne me regardez même plus ? »

Elle pivote vers moi. « Je ne sais pas. Je ne comprends rien à ce que tu fais. Bois ta soupe. »

Je remonte la couverture sous mon menton. « Tu ne peux pas me forcer. »

Elle ferme les lourds rideaux, neutralisant ainsi les courants d'air tout en me plongeant dans l'ombre. Puis elle allume deux autres lampes avant de prendre une grande respiration et de se rasseoir.

« Ton corps veut vivre, Lia, même si ta tête y renonce. À l'hôpital, tes constantes se sont vite rétablies : la fonction hépatique s'est améliorée, ton intervalle Q-T aussi, ainsi que ton taux de phosphates et ta calcémie. Tu es forte, et je te le dis de la meilleure façon qui soit : médicalement parlant. »

Coriace comme du cuir, aussi tenace qu'une tache, de l'acide qui ronge et détruit la maison.

« Si tu ne manges pas, je ne te gaverai pas comme une oie, même si c'est tentant. Mais tu dois rester hydratée. Si tu réduis les fluides, tu seras placée dans un service psychiatrique. Sur-le-champ. J'ai déjà tout arrangé avec le Docteur Parker et consulté le procureur : la paperasse est prête.

— Si tu me fais jeter à l'asile de dingues, je te haïrai pour toujours.

— Tu dois aussi prendre tes médicaments, sans en oublier un seul. » Elle retire une peluche du plaid. « Melissa ou moi, nous t'observerons pendant l'heure qui suivra leur ingestion, pour nous assurer qu'ils soient bien assimilés. Nous noterons également quelle quantité tu boiras et combien tu excréteras.

— Tu vas mesurer mon pipi ?

— C'est le meilleur moyen de vérifier que tu es bien hydratée. Il y a un récipient en plastique dans les toilettes du rez-de-chaussée, pour récolter l'urine.

— C'est ridicule. Je ne suis pas si malade que ça.

— L'incapacité à évaluer rationnellement ton propre état est une des conséquences de la malnutrition et d'un équilibre cérébral perturbé.

— Je déteste quand tu parles comme un livre. »

Elle se penche en avant. « Moi, je déteste quand tu t'affames. Je déteste quand tu t'automutiles et je déteste quand tu nous repousses. »

Le vent cogne si fort contre les portes-fenêtres que les rideaux oscillent.

« Moi aussi, je déteste ça, je murmure. Mais je ne peux pas m'arrêter.

— Tu ne *veux* pas t'arrêter. »

Le poison dans sa voix nous bouleverse toutes les deux.

Elle se lève de nouveau et ramasse le plaid en reniflant et en ravalant ses larmes. Au début, j'ai l'impression qu'elle va s'en aller, ranger le plaid dans le placard ou le mettre à la machine. Mais non. Au lieu de ça, elle l'étale au-dessus de la couverture chauffante sous laquelle je me cache et me borde aux épaules et aux hanches.

« Je te demande pardon, dit-elle. C'était méchant.

— C'était franc », je rectifie. Le poids des couvertures a quelque chose de rassurant. « Le Docteur Parker approuverait. »

L'espace d'un instant, le vent retombe. La maison est plongée dans le silence, attendant que je me livre à ma mère.

Je pourrais essayer. Peut-être pas tout dire. Mais lui parler au moins des voix, des injures

::stupide/moche/stupide/chienne/stupide/grosse/
stupide/bébé/stupide/stupide/stupide/stupide::

qui me poignardent quand je songe à manger un beignet à la cannelle ou un bol de céréales aux myrtilles. Et puis il y a cette histoire d'être piégée entre deux mondes, sans boussole ni carte.

Elle me caresse la joue du dos de la main et se penche en avant, mais pas pour m'embrasser. Elle me renifle la tête une fois, deux fois, trois fois.

« Qu'est-ce que tu fais ? » je demande.

Elle s'assied à côté de moi. « En fac de médecine, on a lu une étude selon laquelle les mères pouvaient identifier leur bébé à l'odeur à partir d'un jour après leur naissance. À l'époque, je pensais que c'était bidon.

— Et c'est vrai ?

— Je t'aurais reconnue à l'odeur dès les premières heures. Ça me réconfortait, c'était presque comme une drogue. J'étais accro à l'odeur de ma fille. Je te reniflais la tête sans arrêt quand tu étais bébé.

— Maman, c'est hyper bizarre. Et si moi je trouve ça bizarre, tu es vraiment dans la panade.

— Quand tu as déménagé, j'ai dormi sur ton oreiller pendant des mois, en essayant de me convaincre que je sentais encore ton odeur dessus. C'est stupide, hein ? »

Je déglutis avec difficulté. « Non, pas vraiment.

— Ça a failli me tuer quand tu es partie.

— Il le fallait.

— Je sais. » Elle baisse les yeux sur ses mains magiques. « Ma fille unique s'affamait et je ne pouvais pas l'aider. Quel genre de mère ça faisait de moi ? J'étais paumée. » Elle prend une profonde inspiration. « Je voulais que tu restes ici, mais toi, tu ne voulais pas. Je voulais que tu te tiennes à l'écart de Cassie parce qu'elle allait droit dans le mur, mais toi, tu étais bien décidée à rester proche d'elle. Cindy m'a appelée quand Cassie a mis fin à votre amitié. J'étais tellement contente que j'en aurais dansé dans la rue…

— Est-ce que je sens le biscuit ? je l'interromps.

— Quoi ? »

Je me racle la gorge, elle me démange. « Est-ce que je sens le biscuit ? Ma tête, je veux dire. Le gingembre, le clou de girofle et le sucre ? »

Elle me décoche un sourire sincère et chaleureux. « Non, pas du tout. J'ai toujours trouvé que tu sentais les fraises. C'est hyper bizarre, ça aussi ? »

Aucune de nous n'ose respirer, parce que nous sommes enfin réunies dans le même lieu au même moment, Maman et Lia, sans téléphones, sans scalpels, sans mots qui blessent. Aucune de nous ne veut briser le charme.

Si je lui raconte toute ma laideur maintenant, ce pont fragile s'écroulera sous le poids de mes paroles.

« Non, je réponds. Ce n'est pas bizarre, c'est mignon. »

Au dîner, j'avale de la boisson énergétique aux électrolytes qui laisse plus ou moins le même goût sur ma langue que si je léchais le carrelage des toilettes d'un hôpital (= score inconnu, Maman a retiré l'étiquette et fait disparaître tous les fils de l'ordinateur pour que je ne puisse pas aller vérifier). Je mange une petite banane (90) en plus. Elle a le goût de banane.

Maman mange une salade César luisante de petits globules de vinaigrette avec deux tranches de pain de seigle noir. Elle regarde un documentaire sur la Corée du Nord pendant que je fais semblant de lire. Après son émission, elle examine mes points de suture, prend mon pouls et ma tension, puis me donne mes médicaments, y compris le somnifère.

Je parie qu'elle en prend un, elle aussi. Sinon comment pourrait-elle s'endormir sans être hantée par toutes ces cages thoraciques béantes et ces cœurs qui tressautent ?

Je m'assoupis avant d'avoir fait ma toilette et me réveille au milieu de la nuit, à nouveau incapable de dire où et qui je suis. Un millier de doigts traversent mon matelas, me transpercent la peau pour m'érafler les os. Je saute hors du lit et fais les cent pas pour me débarrasser de cette sensation.

De l'autre côté de la rue, chez Cassie, une meute de loups creuse au pied des rosiers, à la recherche de cadavres à dévorer et d'os à broyer. Je n'arrive plus à savoir quand je dors et quand je suis réveillée, ni ce qui est le pire des deux.

52,00

Le temps a tourné pendant la nuit. Au lieu de s'évacuer au-dessus de la mer, la tempête hivernale est coincée au cœur de la Nouvelle-Angleterre. La météo annonce au moins soixante centimètres de neige aujourd'hui. Je me demande si je pourrais demander à quelqu'un d'emmener Emma faire de la luge. Mira, peut-être. Ou Sasha. Mais est-ce qu'elles répondraient au téléphone en sachant que c'est moi qui appelle ?

Penser à Emma me donne envie de m'arracher quelques points avec une tenaille. On devrait m'envoyer au bûcher pour ce que je lui ai fait. Me laisser dériver sur un morceau de banquise. J'aimerais tant qu'il existe un moyen de lui faire oublier ce qu'elle a vu, d'effacer sa mémoire. Mais tout le savon et tout le détergent du monde n'y suffiraient pas.

Pas besoin de tenaille, en fait. Je pourrais enlever les points au coupe-ongles et tirer jusqu'à ce que mon corps se délite.

Ma mère m'appelle. Je descends l'escalier.

~~Le chien de garde~~ Melissa l'infirmière arrive pendant le petit déjeuner (un demi-pamplemousse = 37, du pain de mie grillé = 77, un énorme mug de boisson aux électrolytes = ?, et de jolies petites pilules = des draps de velours blanc enveloppés autour de mon cerveau). Elle doit avoir à peine deux ans de plus que moi, mais elle a déjà ces rides caractéristiques que les infirmières développent sur le front à force de froncer les sourcils pour dire : « N'y pense même pas. »

Une heure plus tard, je pisse cinq cents millilitres d'eau jaunie. Melissa reste debout dans les toilettes à me regarder.

« On ne vous paie pas assez pour ce job », je lui dis.

Elle appelle le bureau ~~de Maman~~ du Docteur Marrigan pour le compte-rendu des fluides.

Je meurs d'envie de savoir combien je pèse. Il n'y a pas de balance ici, et ils n'ont rien voulu me dire à l'hôpital. Ils m'ont tellement gavée de boue gluante que j'ai dû prendre au moins cinq kilos. Tout ce gras me démange la peau. Je sens qu'elle va éclater et se décoller toute seule.

Melissa me donne de la crème hydratante et m'observe tandis que je m'en tartine les bras et les jambes.

Après quoi je pars dormir sous une montagne de couvertures jusqu'à midi.

Jennifer me conduit au cabinet du Docteur Parker sans prononcer un mot de tout le trajet. Je ne lui en veux pas. Moi non plus je ne m'adresserais pas la parole, si j'étais elle. Je parie qu'elle craint de ne plus pouvoir s'arrêter de hurler pendant des jours si elle ouvre la bouche maintenant, et ça ruinerait Noël en plus de tout le reste.

On passe l'intégralité de la route bloquées derrière un chasse-neige, avec les essuie-glaces réglés à fond et les mains de Jennifer tellement crispées sur le volant qu'elle en a les jointures exsangues. À cause de la neige, il est difficile de distinguer le haut du bas, ou de voir quoi que ce soit avant de s'encastrer dedans.

On finit par atteindre le parking du cabinet et Jennifer gare la voiture près du trottoir.

Je tente d'établir le dialogue. « Bon, à seize heures, c'est ça ? »

Elle hoche la tête une fois, le regard fixé sur la tempête droit devant elle.

« Et, euh, je viendrai le matin de Noël, hein ? Pour qu'on puisse ouvrir les cadeaux ?

— Dis à ta mère de m'appeler. » Elle pousse le chauffage à fond.

« D'accord. » J'ouvre la portière.

« Attends. » Jennifer m'attrape par le bras. Pour la première fois depuis qu'on m'a attachée sur le brancard, elle me regarde dans les yeux. « David ne veut pas que je te dise ça, mais tant pis. Je t'aime, Lia. Quand j'ai épousé ton père, je me suis juré de t'aimer comme si tu étais ma propre enfant. Mais tu as fait du mal à ma petite fille. »

Elle tremble de colère.

« Tu lui as fait du mal en t'affamant, tu lui as fait du mal avec tes mensonges et en luttant contre tous ceux qui veulent t'aider. Emma ne dort pas plus de deux heures par nuit maintenant. Elle est hantée par des cauchemars de monstres qui dévorent toute notre famille. Elle dit qu'ils nous croquent lentement pour qu'on sente bien leurs dents pointues. »

Mon cœur saute du point mort à la quatrième et patine comme une voiture de course en plein tête-à-queue.

« Je suis… »

Elle lâche mon bras et me couvre la bouche de sa main. « Chut. Rentre là-dedans et dis la vérité à cette femme. Dis-lui ce que tu as dans la tête et pourquoi tu fais ces choses. Dis-lui qu'il y a de grandes chances que tu ne puisses plus mettre les pieds chez ton père, et que tu as intérêt à trouver un moyen de t'entendre avec ta mère.

— Je n'ai pas le droit de revenir ?

— Je ne peux pas te laisser détruire Emma aussi. Je ne le permettrai pas. »

Elle se redresse sur son siège et remet son masque de belle-mère de banlieue implacable. « Seize heures. Peut-être un peu après, selon l'état des routes. »

53,00

Sheila, la réceptionniste, n'est pas à son poste. Elle est sans doute partie plus tôt pour préparer le dîner du réveillon. Je pose l'oreille contre la porte du bureau du Docteur Parker. Quelqu'un pleure de l'autre côté. Le Docteur Parker murmure quelque chose, puis le *ding!* exaspérant annonçant la fin de la séance retentit.

Je garde les yeux rivés au sol tandis que le ou la patiente en larmes traverse la salle d'attente et ouvre la porte sur la tempête qui rugit dehors, toujours secoué de sanglots.

Le Docteur Parker passe toujours aux toilettes entre deux séances et il lui arrive aussi de s'accorder une petite pause pour méditer. J'ai au moins cinq minutes devant moi avant qu'elle m'appelle. J'ai pris mes précautions : je sors mon tricot de mon sac. Il faut que je termine cette écharpe/châle/couverture de sorte à pouvoir commencer autre chose pour Emma – un bonnet, peut-être, ou un pull pour son éléphant en peluche.

Je regarde par la fenêtre. Une voiture est coincée sur le parking. Le moteur geint tandis que les roues moulinent dans le vide. Le conducteur a beau appuyer furieusement sur l'accélérateur, il n'ira nulle part. Les chasse-neige passent paisiblement dans un tintement de chaînes, et leurs lames font jaillir des étincelles en grattant la glace qui recouvre la chaussée. Tout est enfoui sous la neige. On dirait un autre monde.

« Ça craint, pas vrai ? » fait Cassie.

Mon cœur explose entre mes côtes.

Elle est assise en face de moi, les pieds posés sur la table basse, un magazine ouvert sur les genoux à la page des mots croisés. Elle s'est un peu couverte, vu la météo : elle porte sa robe bleue d'enterrement, un blouson de ski gris, un bonnet en laine assorti aux gants posés sur la chaise à côté d'elle, et des bottes fourrées humides.

« Ils ne te fichent jamais la paix, pas vrai ? C'est toujours : "Va causer au psy, raconte tout à ta mère, fais ce qu'on te dit, tu ne pourrais pas grandir un peu ?" » Elle remplit quelques cases de sa grille, avant de les effacer. « Treize vertical. Tu connais un mot en cinq lettres, pour "contrat" ?

— Pourquoi tu ne me laisses pas tranquille ?

— Tu me manques. »

L'arrière-goût dans ma gorge m'indique que je vais sans doute tomber dans les pommes. Je m'appuie contre le bureau de Sheila et pince l'une des entailles entre mes côtes. La douleur me réveille comme un coup de taser. « Tu sais ce qu'a vu Emma, pas vrai ? »

Cassie inscrit une réponse dans ses mots croisés. « "Liens", ça devrait le faire. Peut-être.

— Je n'arrive pas à croire que j'aie pu lui infliger ça.

— Tu ne mérites pas de vivre, balance-t-elle comme si elle me conseillait quel jean choisir. La prochaine fois, prends un couteau plus gros. Coupe plus profond. Fais ça proprement.

— Je ne crois pas que je veuille mourir. »

Elle lâche un grognement sarcastique. « Ouais, c'est ça. Tu n'arrives même pas à avaler un bol de céréales sans péter un câble. Tu penses vraiment que tu pourras faire des choses vraiment difficiles, comme disons, aller à la fac ? Ou trouver un boulot, ou vivre toute seule ? Et aller faire les courses à l'épicerie ? Bouh, ça fait peur ! »

J'entends la chasse d'eau du Docteur Parker.

Je m'approche à petits pas de la porte. « Pourquoi tu es si méchante ?

— Les vrais amis se disent toujours la vérité.

— Ouais, mais pas pour faire mal. Pour aider. »

Brusquement, elle disparaît de sa chaise près de la fenêtre et se matérialise sous mon nez. La température chute en dessous de zéro. Sa peau est rêche comme la pierre d'une statue dans un cimetière. Son haleine est suffocante.

« Tu veux que je t'aide, Lia-Lia ? »

Peut-on tuer un fantôme en lui plantant une aiguille à tricoter dans le cœur ? Ou du moins le renvoyer chez lui, sous terre ?

« Tu veux que je t'aide comme tu m'as aidée, moi ? » Elle fait traîner le dernier mot, de sorte qu'il gronde dans sa gorge. « Alors écoute : tu n'es pas mince. Tu n'es qu'une baleine obèse gorgée de pus. Ta mère regrette de ne pas t'avoir abandonnée. Ton père pense en secret que tu n'es pas de lui. Les gens se moquent de toi quand ta graisse ballotte. Tu es moche. Tu es stupide. Tu es chiante. Tout ce que tu sais faire, c'est t'affamer, mais même ça tu ne le fais pas correctement. Tu es une ratée. »

Elle m'adresse un clin d'œil. « Et c'est pour ça que je t'aime. Magne-toi, ok ? »

Le Docteur Parker ouvre la porte. « Prête ? »

54,00

Elle allume le radiateur et me donne une couverture de survie à poser au-dessus de l'horrible plaid poilu. « Désolée pour le froid. Il faut vraiment qu'ils changent ces fenêtres. »

Je me roule en boule sur le canapé en serrant mon tricot contre mon ventre.

Elle reprend sa place derrière son bureau. « Tu as traversé une période difficile. Je suis vraiment heureuse que tu sois venue. J'imagine que ces points de suture sont très douloureux. »

Après cette entrée en matière, je n'ouvre pas la bouche pendant quinze minutes. Je passe tout ce temps à triturer le petit duvet sur mes bras. Mais j'ai le cœur gonflé de poison, il est si plein qu'il se jette contre les parois de ma cage thoracique avec une telle force que j'en ai les dents qui claquent et que mes points de suture menacent de sauter.

« C'est comme si on m'avait injecté un océan entier dans le corps, articulent mes lèvres.

— À cause des fluides par intraveineuse ? demande-t-elle.

— Ça fait "splash" dès que je bouge.

— Tu étais sévèrement déshydratée. Tu avais arrêté de boire, en plus du reste ? Même de l'eau ? »

Je sors mon tricot de mon sac. Deux mailles à l'endroit, une maille à l'envers. « Je ne me rappelle pas. Peut-être.

— Comment vont les coupures ?

— Les points font plus mal que les coupures elles-mêmes. Le médecin en a trop mis. Je peux à peine bouger sans les arracher. »

Elle garde le silence pendant une minute avant de demander : « Je peux les voir ?

— Non. Pas encore. »

Elle hoche la tête. « Il y a autre chose qui te tracasse ?

— Cette odeur, ça me rend dingue. » *Merde.* Je n'avais pas l'intention de parler de ça.

« Quelle odeur ? »

Je pose les aiguilles sur mes genoux et regarde le fil de laine s'enrouler autour de mes mains. « Vous ne sentez rien, pas vrai ? »

Elle secoue lentement la tête, craignant visiblement d'effrayer cette fille étrange enveloppée dans ma peau. « Tu peux me la décrire ?

— J'ai d'abord cru que ça sentait les biscuits de Noël et que c'était mon crétin de cerveau qui essayait de me pousser à manger. Mais ce n'est pas ça. C'est Cassie. Chaque fois que je sens cette odeur, elle n'est pas loin.

— Cassie, ton amie qui est morte le mois dernier.

— Gingembre, clou de girofle et sucre, comme des biscuits en train de cuire. Au début, c'était sympa. Ça me faisait penser à elle. Maintenant, ça me fiche la trouille.

— Je ne comprends pas très bien. »

Oh mon Dieu. Oh mon Dieu. Je suis au sommet de la plus haute montagne. Le sol glacé vibre, c'est un tremblement de terre, le monde s'ouvre sous mes pieds, et je vois des flammes et des bras d'acier prêts à m'attirer dans le gouffre.

Il faut que je bouge. Je ne peux pas rester là plus longtemps.

Je me jette en bas de la montagne et ouvre la bouche.

Je parle de l'enterrement de Nanna Marrigan et des ombres qui rôdent depuis. Je dis que je vois des fantômes dans les vitrines et les vieux miroirs, et que la plupart sont très sympas, mais pas tous.

Tandis que mes lèvres remuent, la pièce s'allonge et s'étrécit, comme si des mains géantes tiraient sur les murs en caoutchouc rouge. La voix du Docteur Parker se fait de plus en plus fluette à mesure que son bureau s'éloigne de moi.

« Ces fantômes, ils te font peur ?

— Cassie, oui. »

Le fil de laine se resserre autour de mes mains et mes doigts virent au violet.

« Tu veux bien m'en parler ? »

Je déballe tout. Toutes les choses bien flippantes dont j'ai été témoin dernièrement, Cassie qui se redresse dans son cercueil, qui m'observe la nuit, qui rampe dans ma tête, qui me hante dans mes moindres faits et gestes, qui fait neiger en pleine pharmacie. J'avoue que j'ai arrêté de prendre mes cachets, que j'en ai avalé d'autres à la place, que je m'entraîne pendant des heures sur le *stepper* en pleine nuit, que je ne mange plus rien, que je ne bois plus rien, que je m'automutile pour faire disparaître Cassie, pour tout faire disparaître. J'explique que rien ne fonctionne. La pluie coule à flots sur mon visage et manque de me noyer.

Le Docteur Parker me fixe de ses minuscules yeux d'araignée, elle m'amadoue pour faire sortir les mots, restant parfaitement immobile au centre de sa toile, respirant à peine. Je parle jusqu'à ce que ma gorge soit vide et que je ne sente plus mes mains.

Elle se lève de son bureau et vient dérouler délicatement le fil de laine. Le sang afflue de nouveau dans mes doigts, comme après une brûlure. Elle essuie mes larmes avec un mouchoir en papier et s'assied à côté de moi.

« Qui d'autre est au courant ?

— Personne. Non, attendez, je me trompe. Cassie sait.

— Tu n'as jamais dit à tes parents que tu voyais des fantômes ? Même quand tu étais plus jeune ?

— Ça n'était même pas la peine d'y penser. Maman m'aurait répondu d'arrêter mon cinéma et Papa m'aurait conseillé de m'inscrire en licence de poésie ou de faire une thèse en littérature gothique. Ils ne m'écoutent jamais et ils me remarquent à peine. Je suis une poupée dont ils se sont désintéressés. »

Le Docteur Parker sort une pastille contre la toux à la cerise de la poche de son cardigan, la déballe et se la fourre dans la bouche. Pendant une minute, elle la fait cliqueter contre ses dents. Dehors, la neige n'en finit pas de s'entasser.

Elle finit par reprendre la parole. « Pourquoi me racontes-tu tout ça aujourd'hui ? »

Je déglutis avec difficulté. Je suis déjà dedans jusqu'au cou. Autant tout donner.

« Cassie essaie de me tuer. Elle dit que je suis piégée entre les vivants et les morts, et elle veut que je bascule de son côté. Elle est dans votre salle d'attente, en ce moment même, en train de remplir des mots croisés.

« Tu l'as vue dans ma salle d'attente ? » Le Docteur Parker me frotte le dos de la main du bout de ses doigts.

« Je lui ai ordonné de me laisser tranquille. Mais elle refuse. »

Le minuteur m'interrompt : *Ding ! c'est l'heure de la fermer !*

Le Docteur Parker pince les lèvres et se lève lentement, en s'étirant les muscles des jambes et du dos. « Tu vois Cassie en ce moment ?

— Non, elle n'est pas ici, mais de l'autre côté de cette porte. Du moins, c'était le cas tout à l'heure. Allez vérifier la grille de mots croisés. Elle s'est trompée sur le treize vertical. Elle a écrit “liens” alors que c'est “pacte” la bonne solution. »

Tandis que je lui explique tout ça, le Docteur Parker verse de l'eau dans un gobelet en polystyrène, qu'elle place ensuite dans le micro-ondes.

« Vous n'avez qu'à regarder le magazine. » Je fourre la laine dans mon sac. « Je n'invente rien. Je n'ai pas d'hallucinations. C'est aussi réel que le sang sur mes pansements ou que cette pastille dans votre bouche.

— On ne peut pas prouver qui a rempli cette grille, objecte le Docteur Parker.

— Mais je vous ai expliqué l'erreur qu'elle a faite. »

Elle sort le gobelet, colle un sachet de thé dedans, ajoute un sucre et touille le tout avec un bâtonnet en plastique. « Tu as pu le voir en feuilletant le magazine, ou même l'avoir écrit toi-même.

— C'est sûr. »

Des voix résonnent dans la salle d'attente. Visiblement, le patient suivant est assez désespéré pour sortir une veille de Noël en pleine tempête de neige.

Le Docteur Parker me tend le gobelet. « Du thé. Ça aide toujours. »

Je sirote une gorgée. Ça a le goût de copeaux de crayon sucrés.

Elle se rassied à son bureau et prend son stylo. « Je suis vraiment fière de toi, Lia. Tu as accompli plus de progrès aujourd'hui qu'au cours des deux dernières années. » Elle gribouille sur un bloc jaune. « Me donnes-tu la permission de parler de cette séance ? »

Je me mouche. « Oui, pourquoi pas ?

— Merci. J'aimerais en discuter avec le directeur de New Seasons. Nous allons sans doute devoir opter pour un autre traitement. Son établissement n'est peut-être pas l'endroit qu'il te faut. »

Je me remouche. « Alors je pourrai rester à la maison et être hospitalisée à domicile ? »

Elle griffonne encore quelques notes avant de répondre. « Non. Ce n'est pas ce que je voulais dire. »

Un petit quelque chose dans sa voix me glace, la main en suspens dans l'air, prête à attraper un autre mouchoir. « Je ne comprends pas.

— Je pense que nous devrions envisager un établissement psychiatrique. »

Un fracas retentit dehors, le tonnerre au milieu de la neige. Les fenêtres tremblent. Elle continue à parler comme si de rien n'était, comme si elle avait parfaitement l'habitude d'envoyer des petites filles à l'asile.

« Tu mérites ce qu'il y a de mieux, précise-t-elle. Du personnel qualifié qui sache comment te rendre ton équilibre psychique. Une fois les hallucinations et les délires maîtrisés, il te sera plus facile de travailler sur tes problèmes d'image et sur les relations qui te font tellement souffrir.

— Vous croyez que j'ai tout inventé. Vous ne me croyez pas quand je vous dis que je vois des fantômes.

— Je crois que tu t'es construit un univers métaphorique dans lequel exprimer tes peurs les plus sombres. En un sens, oui, je crois aux fantômes, mais nous les créons nous-mêmes. Nous générons ce harcèlement et, parfois, c'est tellement convaincant que nous en perdons le sens des réalités. » Elle se lève. « Je suis désolée de devoir arrêter maintenant, mais j'ai une autre patiente qui m'attend. Tu as vraiment de quoi être fière de toi, Lia. Tu as fait d'énormes progrès. Comment rentres-tu chez toi ?

— Jennifer. »

Elle tire le rideau pour inspecter le parking. « Un SUV noir, c'est bien ça ? Je ne le vois nulle part.

— Elle déteste conduire par mauvais temps.

— Je suis sûre qu'elle sera bientôt là. »

~~Excusez-moi, je rêve ou vous venez de dire il y a deux minutes que vous alliez recommander qu'on m'enferme chez les barjos, tout ça parce que je vous ai enfin dit la vérité ?~~ « Mieux vaut tard que jamais. »

Je la suis dans la salle d'attente, où une mère très agacée engueule sa fille à voix basse, laquelle la fusille du regard en retour. Le Docteur Parker leur fait signe d'entrer.

« Prends bien soin de toi, Lia, me dit-elle. Je t'appellerai demain. »

55,00

Cassie a disparu.

J'ouvre le magazine à la page des mots croisés. Treize vertical : *liens*. Quinze horizontal : *Cassandra*. Sept vertical : *Lia*. Nos noms ne correspondent pas aux définitions, mais ils rentrent dans les cases.

Ça plairait au Docteur Parker. Elle qui veut m'enfermer dans une case de la taille d'un diagnostic. Elle me flanquera là-dedans pour que les gens viennent m'observer en glissant leurs doigts entre les barreaux.

* * *

À New Seasons, j'ai connu trois filles qui s'étaient fait interner en hôpital psychiatrique : Kerry, Alvina et Nicole. Elles m'ont raconté toutes sortes d'horreurs à ce sujet pendant qu'on faisait des abdos, des pompes et des jumping jacks dans les douches à trois heures du matin, au clair de lune. Les murs y étaient vraiment capitonnés. Et on attachait ceux qui avaient perdu la boule avec des sangles rembourrées. Et puis il y avait les médicaments qui vous faisaient oublier jusqu'à votre propre prénom, les cris dans les couloirs, et les lumières qui ne s'éteignaient jamais. Il n'y avait jamais de matin et jamais de nuit, disait Kerry. Jamais.

Est-ce que ce sort serait pire que celui des femmes plus âgées qui résidaient dans notre service et ne nous parlaient pratiquement pas ? Ces filles de l'hiver de vingt-cinq, trente ou cinquante-sept ans qui se baladaient avec leur cage thoracique de onze ans, ces coquilles vides aux yeux injectés de sang, qu'on traînait de traitement en traitement, de balance en balance, et qui ne pesaient jamais assez ? Un jour, le vent les emportera et personne ne s'en rendra compte.

Une voiture pénètre sur le parking. Ce n'est pas Jennifer. Ce serait peut-être plus rapide de rentrer à pied, mais je suis déjà crevée et à moitié congelée.

J'examine les diplômes accrochés au mur. J'ai fait peur au Docteur Parker avec mes révélations. Elle ne peut pas admettre que mes fantômes existent. Si elle le faisait, cela compromettrait sérieusement sa version de la réalité. Si j'ai raison, ça signifie que sa conception du traumatisme, des troubles du comportement, de l'autosuggestion et de la guérison sont autant de supercheries. De la fiction. Des histoires qu'on raconte aux patients grognons qui ont besoin d'un petit somme.

Nous avons toutes les deux raison.

Les morts viennent bel et bien nous hanter et se glisser dans nos lits, la nuit. Les fantômes s'introduisent dans nos têtes quand on ne s'y attend pas. Les étoiles s'alignent et les volcans crachent des éclats de verre qui prédisent l'avenir. Les baies toxiques rendent les filles plus fortes, mais parfois elles les tuent. Si vous hurlez à la lune et concluez un pacte de sang, vous obtiendrez tout ce que vous désirez. Mais prenez garde à ce que vous demandez. Il y a toujours un piège.

Le Docteur Parker et mes parents vivent dans un monde de papier mâché. Ils réparent les problèmes avec des morceaux de journal et un peu de colle.

Moi, je vis à la frontière. Le mot *fantôme* résonne comme *souvenir*. Le mot *thérapie* signifie *exorcisme*. Mes visions se répondent et se multiplient à l'infini. Je ne sais pas comment les interpréter. J'ignore où elles commencent et si elles s'arrêteront un jour.

Mais il y a une chose que je sais : s'ils continuent à me retourner le cerveau à coups de psys ou à me noyer dans un océan de cachets, je n'en reviendrai jamais.

56,00

Je téléphone à Jennifer depuis le comptoir de la réception et tombe directement sur son répondeur. Idem quand j'appelle Papa. Le Docteur Marrigan est toujours à l'hôpital, ce n'est même pas la peine d'essayer.

La neige tombe si dru qu'on ne voit pratiquement plus les réverbères. Des ombres de voitures glissent lentement, on devine de petits monticules sur leur toit. Jennifer panique quand il neige, elle a constamment l'impression que les roues patinent et que l'arrière de son véhicule part en tête-à-queue. Mais elle a promis. Elle va arriver, me conduire chez ma mère, là où il n'y a pas de sapin parce que c'est plus encombrant qu'autre chose.

J'ingérerai des fluides que j'excréterai dans un récipient en plastique. Maman passera et recevra des coups de fil et fera tout ce qu'il faut pour me garder enfermée dans des donjons blindés.

La neige tombe si dru qu'elle nous étouffe.

J'appelle un taxi. Je propose de payer le double du prix à cause du temps.

Le type se pointe en deux minutes chrono. Toujours pas de Jennifer en vue. Je monte et lui explique ce que je veux. Il s'excuse car son chauffage ne fonctionne plus. Je réponds que ce n'est pas grave.

Le taxi s'arrête à la banque. On me laisse entrer, bien qu'il ne reste qu'une minute avant la fermeture.

Le taxi s'arrête à la pizzeria. Eux ne ferment jamais.

Le chauffeur ne veut pas m'emmener jusqu'au motel Gateway sous prétexte qu'il n'arrivera jamais à trouver un client à ramener en ville, et puis qu'est-ce qu'il fera s'il s'enlise ?

Je lui agite trois billets de vingt dollars sous le nez et insiste pour qu'il mette le turbo.

Une grosse bosse blanche en forme de voiture trône sur le parking du motel, une El Camino. Le chauffeur refuse de se garer parce que le chasse-neige n'est pas passé. Je lui tends son argent, récupère mon sac, mon nécessaire à tricot et la pizza, et me lance dans la neige.

❋ ❋ ❋

Elijah ouvre la porte de la chambre 115 sans retirer l'entrebâilleur.

Le vent m'arrache ma capuche. « S'il te plaît. »

57,00

Je ramène la tempête à l'intérieur, agglomérée sur mes bottes et mes vêtements, et parle à toute vitesse.

« Bon, écoute. Mon père m'a mise dehors et les règles de ma mère sont barjos. »

Il me dévisage sans rien dire. Je lui fourre la boîte de pizza dans les mains.

« Donne-moi un exemple, exige-t-il.

— Elle me fait pisser dans un gobelet en plastique chaque fois que je vais aux toilettes pour mesurer ce qui sort. »

Il dépose la boîte sur le lit. « Pour quoi faire ?

— Elle est obsédée par mon corps. Depuis toujours. Quand j'étais petite, elle me faisait manger du tofu à la place de la bouffe normale pour bébé. Elle m'a collée dans un cours de danse classique à l'âge de trois ans. Quel genre de mère fait ça ?

— Donc tu es venue ici pour échapper à tout ça le temps d'un soir ? Des petites vacances sans parents ? »

Je retire mes gants. « Pas vraiment. Tu pars quand ? »

Il saisit mes gants et va les poser dans la salle de bains. « Demain, s'ils dégagent les routes. Donne-moi ton manteau. Je vais le suspendre au-dessus de la baignoire. »

Je le déboutonne et le retire. « Si tôt que ça ?

— Personne ne réserve de chambre à Noël. » Il emporte mon manteau dans la salle de bains en attrapant au passage un cintre dans le placard. « Charlie est parti chez sa sœur à Rhode Island, avant la tempête. Je n'aurai qu'à fermer la boutique, pelleter comme un malade, et cap au sud. »

Je prends une minute pour respirer et examiner l'intérieur de la chambre. Les pages de livres et les coupures ont été soigneusement décollées des murs. Les vêtements rangés dans la penderie et la commode ont été emballés dans des sacs-poubelle noirs, empilés près de la porte. Le tas de carnets repose dans un cageot abîmé.

« Laisse-moi t'accompagner, je demande dans un frisson. Je viens de vider mon compte en banque. J'ai toute une vie d'économies de baby-sitting sur moi, en liquide. Je peux payer l'essence et te relayer au volant.

— Je ne sais pas trop. J'ai l'habitude de voyager seul. »

Il ajoute quelque chose, mais mes oreilles ne fonctionnent plus. Des points noirs devant mes yeux menacent de me plaquer au sol. Je ne dois pas m'évanouir.

« J'ai l'impression que tu n'as pas entendu ce que je viens de dire, j'objecte. J'ai presque mille dollars et une carte de crédit dont on pourra se servir jusqu'à ce que mon père la fasse bloquer. Tu veux… »

::étourdissement/gravité/sol/obscurité::

58,00

Je me réveille dans son lit. Tout habillée sous les couvertures. J'ai les pieds tellement surélevés sur des oreillers que je ne vois pas au-delà.

Elijah se penche vers moi. « Ça va ? Qu'est-ce qui s'est passé, bordel ? »

Je tâte la bosse sur mon front. « J'ai dû tomber dans les vapes. Tu n'as pas appelé d'ambulance, hein ?

— Je devrais ?

— Non. » Je me redresse tant bien que mal.

« Tu es malade ?

— Un peu. » Les points noirs se remettent à danser devant mes yeux. Je me rallonge. « J'ai passé quelques jours à l'hôpital parce que j'étais déshydratée. Je suis encore un peu patraque, mais ce n'est pas bien grave. »

Il écarquille les yeux. « Tu rigoles ou quoi ? C'est super grave. Tu ne peux pas venir avec moi – tu ne devrais même pas être ici. Si je me retrouve avec une autre fille morte sur les bras, les flics s'en foutront que j'aie un alibi sur vidéo. Tu dois partir.

— Je ne peux pas rentrer chez moi.

— Ça, je m'en fiche. Tu ne peux pas rester, c'est tout. »

Je désigne la fenêtre. « Tu vois cette tempête ? La police n'a pas assez d'effectifs pour gérer tous les accidents. La moitié des routes sont fermées à cause des congères. J'ai dix-huit ans, je suis sobre et je n'ai pas de casier judiciaire. Ils ne viendront pas me chercher, c'est promis.

— Peut-être, mais tes parents, si.

— Ils ne savent pas que je suis venue ici. Je ne leur ai jamais dit où tu travaillais ni comment je t'ai rencontré. »

Il prend les cartes à jouer sur la télévision et les repose une par une pour former une pile. Quelques-unes glissent et finissent par terre. « Je le sens pas trop. »

Il va me jeter dehors et je vais devoir les appeler et ils feront semblant d'avoir été suffisamment morts d'inquiétude pour me fourrer dans une voiture et m'emmener illico dans un hôpital psychiatrique aux fenêtres sans tain et je ne saurai plus jamais si c'est le jour ou la nuit ; et ils me laisseront là jusqu'à ce que j'oublie comment je m'appelle, et après ça, plus rien n'aura d'importance.

La pluie m'inonde les joues, une fois de plus. « Je t'en prie.

— Non, arrête. Ne pleure pas. Stop. Je déteste voir les filles pleurer. » Il va dans la salle de bains me chercher un rouleau de papier toilette. « Tiens. »

J'en déchire une feuille, m'essuie les yeux et me mouche avec, mais les larmes continuent à couler.

« Qu'est-ce qui s'est passé ? » Il s'agenouille près du lit pour se mettre à ma hauteur. « Qu'est-ce qui t'arrive, bon sang ?

— J'ai merdé, je chuchote. Grave. Vraiment grave.

— T'es enceinte ? Tu fumes du crack ? T'as braqué une banque ? Descendu quelqu'un ?

— Je vais te montrer. »

Je me redresse lentement en position assise et retire mon sweat-shirt, mon col roulé et mon T-shirt. Alors que j'arrive à la dernière couche, il lève les mains.

« Non. Attends. C'est pas une bonne idée. Ça marche déjà pas entre nous. Du tout. Mais… c'est du sang ? »

Je retire mon caraco en grimaçant. « Aide-moi. »

Il me laisse prendre appui sur son bras. Je me lève, compte jusqu'à dix pour m'assurer que je ne vais pas de nouveau tomber dans les pommes, puis je déroule les bandages et laisse les pansements de gaze tomber au sol.

Son regard glisse sur les entailles et les points de suture, les fils noirs sortent de ma peau comme des câbles brisés. Les hématomes sont apparus, de toutes les nuances du soleil couchant, étirés sur les os saillants. Il ne voit ni mes seins ni ma taille ni mes hanches. Il ne voit que le cauchemar.

« Qu'est-ce qui s'est passé ? il répète dans un murmure.

— J'ai basculé au bord du monde. » J'attrape mon caraco et l'enfile. C'est plus doux que les bandages. « Ma sœur m'a vue faire. Elle s'appelle Emma. C'est elle qui joue au foot, bien qu'elle ait horreur de ça. Elle a neuf ans et elle m'aime beaucoup et… » J'attends de retrouver ma voix. « … et je l'ai bousillée pour le reste de sa vie. Je ne peux pas rester ici. J'ai fait du mal à trop de monde. »

La neige tombe en tourbillonnant, les flocons légers comme l'air s'empilent jusqu'à menacer de faire s'écrouler le toit.

« Je peux te toucher le bras ? finit-il par demander.

— Bien sûr. »

Il prend ma main droite dans la sienne et, du pouce, remonte le long de l'avant-bras en suivant la dentelure entre le radius et le cubitus. Il enroule ses doigts autour de mon coude et décrit un cercle du pouce et de l'index, qui glisse facilement sur mon biceps.

« Combien tu pèses ? demande-t-il.

— Pas assez. » Je renifle. « Trop. » Un sanglot m'échappe. « Je ne sais plus.

— Rhabille-toi. » Il me tend mon T-shirt. Tu peux venir avec moi, mais à deux conditions.

— Lesquelles ? » Je passe la tête et les bras, fais glisser le T-shirt sur mon ventre et attrape le col roulé.

« Tu dois manger suffisamment pour éviter de t'évanouir ou de mourir.

— C'est de bonne guerre.

— Deuxièmement : tu dois appeler tes parents pour leur dire que tu es en sécurité.

— Non. Je ne peux pas leur parler.

— Si tu ne les appelles pas, tu ne viens pas.

— Tu l'appelles souvent, ta famille, peut-être ? »

Son visage se ferme. « Je n'ai pas de famille.

— Tu disais que ton père était un con, mais que tu aimais ta mère.

— J'ai menti. Je suis né dans un œuf. Je me suis élevé tout seul. »

Le vent pousse violemment la tempête contre le motel.

« Tu disais que tu ne mentirais plus », je fais remarquer.

Il fixe les murs vides derrière moi. « Tu veux la vérité ?

— Oui. »

Elijah ramasse mon sweat-shirt et frotte la doublure veloutée de son pouce. « Ma mère est morte quand j'avais quinze ans. Mon père m'a battu pour la dernière fois une semaine après ça. Il m'a fichu dehors parce que je me suis défendu. C'est la meilleure chose qu'il ait jamais faite pour moi. »

Il me tend mon vêtement.

« Oh. » Je ne trouve rien de mieux à dire.

« Je ne plaisante pas, poursuit-il, le regard implacable. Si tu ne les appelles pas immédiatement, je te dénonce aux flics en disant que tu es entrée par effraction. »

Je laisse un message sur le fixe de ma mère, pour être sûre qu'elle ne l'aura pas avant un bon moment. Je lui dis que je vais bien, que je suis chez un ami, et que je la rappellerai plus tard.

Elijah trouve un film de Noël à la télé. On le regarde en silence. Il mange deux parts de pizza et pointe le doigt vers moi. Je mange deux croûtes.

Deux heures et deux somnifères plus tard, je m'endors. Pas de Cassie dans ma tête. Pas de puanteur de Cassie dans mes narines. Pas de couteaux, pas de verrous, pas même une seule ombre dans un coin. J'ai des croûtes de pizza dans le ventre et je n'ai même pas envie de me l'ouvrir.

Je me réveille à deux reprises.

La première fois, la pendule indique 1 : 22. Je suis en train de rêver que je charrie des cendres. Le manche de la pelle est si brûlant que je dois le lâcher. J'ouvre les paupières. À cause des cachets, j'ai la tête trop lourde pour la soulever de l'oreiller.

Elijah est assis à la minuscule table près de la fenêtre, une cigarette aux lèvres, le visage illuminé par les reflets saccadés de l'écran de télévision. Il bat les cartes, une fois, deux fois, trois fois. Se distribue une main. La replace dans le jeu et se remet à battre – une fois, deux fois, trois fois. Il a roulé les manches de sa chemise jusqu'aux biceps. Le tatouage homme-monstre sur son avant-bras brille plus que la pointe de sa cigarette. De la fumée monte de sa peau et plane au-dessus de sa tête comme si elle était en feu. Elijah devient le monstre ou le monstre devient Elijah : sa silhouette passe de l'un à l'autre aussi vite que les cartes volent sur la table : *tchak, tchak, tchak*.

L'obscurité s'empare peu à peu de mes yeux.

La deuxième fois que je me réveille, le soleil brûle par les trous dans les rideaux.

Elijah est parti.

59,00

J'ouvre les rideaux. L'emplacement où se trouvait sa El Camino est déjà à demi recouvert de neige. Visiblement, il s'est enlisé deux fois en quittant le parking. J'aurais dû entendre les pneus patiner et le moteur geindre. Je l'aurais entendu si je n'avais pas pris le deuxième somnifère.

Non, il n'est pas vraiment parti. Il est sans doute allé faire le plein et acheter le petit déjeuner. On aurait dû en discuter hier soir. Je parie que je serais capable de manger un demi-bagel, peut-être même du yaourt.

Je retourne m'enfouir sous les couvertures imprégnées de l'odeur de fumée et me rendors.

* * *

Treize heures. C'est Noël, je crois.

Les chasse-neige sont passés. Est-ce qu'il a eu un accident ? S'est-il perdu ?

Je me sers des tasses d'eau chaude au robinet et bois jusqu'à ce que mon esprit s'éclaircisse. Deux somnifères, c'était clairement trop, parce qu'il m'a fallu une éternité pour me rendre compte que le cageot contenant ses carnets avait disparu. De même que ses sacs de pages de livres et de vêtements.

Mais il va revenir. Il le doit.

À quatorze heures, j'allume la télé et me mets à tricoter, une maille à l'endroit, une maille à l'envers, j'enroule et je noue le fil autour des longues aiguilles. Je passe tout l'après-midi comme ça. Je tricote des raisons de revenir à Elijah. Je tricote des excuses pour Emma. Des nœuds furieux et des mailles ratées pour toutes les erreurs que j'ai commises, et aussi des mailles humides et gonflées qui ne ressemblent à rien. Je tricote le soleil qui se couche.

Je dors.

Je me réveille dans le noir, tends le bras vers la lampe, et me lève pour faire pipi.

C'est en revenant que j'aperçois le morceau de papier glissé sous mon sac. Je le déplie. Dedans, il y a une clef et un mot.

L,

Je sais que tu es hantée par des fantômes, ça se voit dans tes yeux. Tu dois prêter attention à tes visions. Les affronter.

Tu peux me détester d'avoir volé ton argent, mais pas de t'avoir abandonnée. Ta famille veut t'aider. Ils t'aiment.

C'est mal de fuir ça.

Peace,

E

P.-S. : La clef ouvre le bureau. Le distributeur n'est pas verrouillé. Ne touche pas aux biscuits au fromage. Ils sont plus vieux que toi.

Il m'a laissé un billet de vingt dollars. Pour payer un taxi, sans doute.

Il neige à nouveau. J'avale deux autres cachets et tout devient blanc.

60,00

Ils disent : « Mange ça, Lia. Mange ça, s'il te plaît, je t'en prie mange juste ce tout petit morceau. »

« Je t'en supplie. »

Les corbeaux me harcèlent, avec leurs ailes repliées dans le dos et leurs yeux jaunes et affamés qui lorgnent mes zones tendres. Ils me tournent autour, une fois, deux fois, trois fois, et leurs serres scarifient le sol en pierre de l'église.

Je me roule en boule sur l'autel glacé. Ils s'approchent en battant des ailes, et leurs plumes noires me remplissent la bouche, les yeux et les oreilles.

mon corps
ma chambre de motel
toute seule

Ils se repaissent de ma chair, en arrachent des lambeaux à grands coups de bec – dans le mollet, derrière le coude –, débarrassent l'os de sa viande et s'envolent avec leur trésor.

61,00

Il me faut des heures pour m'extirper de mon cauchemar et me retrouver de nouveau dans le lit de la chambre 115. Non, des jours. Des heures, des jours ou des semaines. Je ne sais plus. J'ignore combien de cachets j'ai avalés.

Tout me fait mal. Des vers rongent mes coupures, s'infiltrent dans mes articulations, pénètrent à l'intérieur de mes os immondes. Mon cœur galope comme un lapin, puis s'allonge dans la boue pour hiberner. Si j'avais un couteau, je trancherais assez profond pour mettre fin à la partie. Mais je n'ai même pas de fourchette en plastique.

Je ramasse mes aiguilles à tricoter.

Je pourrais.

Si je veux vraiment mourir, là, tout de suite, maintenant, dans ce lieu vide, je peux me poignarder une veine : on les voit distinctement courir sous ma peau. Je pourrais sortir en plein blizzard, m'allonger dans la neige, et me vider de mon sang. L'hypothermie ajoutée à l'hémorragie, ce serait comme plonger dans un doux sommeil, comme si je me piquais le doigt sur une épine magique ou un fuseau.

Je pourrais.

Une araignée pend de l'abat-jour. Elle se balance, me frôle le visage et atterrit sur la tête de lit. Elle se tortille pour ajuster sa prise, puis repart dans l'autre sens. Encore-et-encore-et-encore. Elle file la soie dans ses griffes minuscules et ses pattes zèbrent la lumière comme des couteaux noirs. Sa toile s'étend, fil après fil. Chacun permettant d'accéder au suivant. Elle tisse d'abord de haut en bas, puis de droite à gauche, pour quadriller. À chaque fil, un peu plus de tension, plus d'espace pour marcher, tout un monde surgi de ses minuscules entrailles.

Si j'avais des pattes d'araignée, je tisserais un ciel où les étoiles seraient alignées. Les matelas seraient solidement accrochés à leurs camions et les corps ne s'écraseraient jamais sur les pare-brise. La lune se lèverait sur le lac mauve et ne donnerait de bébés qu'aux vierges et aux musiciens ayant prié assez fort et longtemps. Les filles perdues n'auraient pas besoin de boussole ou de carte. Elles trouveraient des sentiers en pain d'épices pour les mener hors de la forêt et les ramener chez elles.

Elles ne dormiraient jamais dans des boîtes argentées garnies de draps de velours blanc, en tout cas pas avant d'être devenues de vieilles grands-mères toutes parcheminées et prêtes pour le grand voyage.

L'araignée soupire et chantonne doucement.

Je m'appelle Lia. Ma mère, c'est Chloé ; mon père, David. Et ma sœur, Emma. Il y a aussi Jennifer.

Ma mère peut sans problème plonger ses mains dans les poitrines béantes d'inconnus pour réparer leurs cœurs brisés, mais elle est incapable de dire quelle musique j'aime. Mon père croit que j'ai onze ans. Sa femme tient ses promesses. Elle m'a apporté une sœur qui m'attend pour jouer à la maison. Je m'appelle Lia.

Mes os se traînent hors du lit, à travers la pièce et jusqu'à la fenêtre. Je tire sur le cordon qui ouvre les rideaux. Le soleil est au ras du sol. J'ignore où se trouve l'est. Impossible de dire si c'est l'aube ou le crépuscule.

Je me rassieds. Le miroir reflète la lumière pâle de la fenêtre derrière moi et la neige. Je ne me vois pas dans la glace. Je ne suis pas là. Ni ici. Je ferme les paupières puis les rouvre. Ça ne fait aucune différence.

J'entends un bruit et tourne la tête – des bulles dans l'eau. Mes poumons. Je respire toujours. C'est bon signe.

Il y a peut-être une chance pour que je veuille vivre, une fois que j'aurai dormi.

62,00

Je me réveille dans la pénombre.

Le temps est englué dans la mélasse, des filaments noirs et collants se déversant dans un saladier. Le miroir reflète l'obscurité. La nuit. Le soleil se couchait, apparemment.

Je suis au motel Gateway. Chambre 115. Le garçon-monstre est parti. Je décroche le téléphone : pas de tonalité. Le motel dort, fermé pour les fêtes.

Mes bras se débattent avec la couverture et mes pieds trouvent le sol. Ils agissent sans me consulter. Ils avancent. On avance. Le froid s'enroule autour de mes chevilles, impatient de m'attirer sous terre. Il me faut un mois pour trouver mon blouson. Une année entière pour lacer mes bottes.

Prendre le tricot. Le sac. La clef.

Mon cœur tremblote, comme de la sauce aux airelles en boîte.

Sortir.

La neige a cessé. Le croissant de lune est accroché bien haut dans le ciel, tandis que les étoiles frottent leurs mains l'une contre l'autre en claquant des dents.

Un vent glacial s'insinue entre mes côtes et dans les minuscules fêlures de mes os. Je n'ai pas beaucoup de temps.

Je traîne les pieds en direction du bureau. La porte de la 113 est ouverte. La lumière, allumée.

non.

C'est impossible. Tout est fermé. Tout est gelé.

non.
si.

Je jette un œil à l'intérieur. Cassie est assise en tailleur sur le lit, avec un jeu de solitaire étalé devant elle. En me voyant franchir le seuil, elle fait voler ses cartes en l'air.

« C'est pas trop tôt ! s'écrie-t-elle. Pourquoi tu es toujours en retard ? Tu t'es encore perdue, c'est ça ? »

Il fait chaud dans sa chambre. La télé diffuse un dessin animé ringard. Une assiette de biscuits au gingembre à moitié grignotés repose sur la table, non loin d'une bouteille de vodka. J'entends le pop-corn qui éclate dans le micro-ondes.

Elle me tire vers elle et me fait asseoir à ses côtés. « Bon, écoute. Les quelques minutes à venir vont être vraiment nazes. Mais pas moyen d'y couper, désolée. Si je le pouvais, je te faciliterais la tâche.

— De quoi tu parles ? »

Elle glousse. « Arrête un peu de faire l'andouille. C'est sérieux, comme moment. Tu franchis la ligne.

— Il faut que j'appelle mes parents.

— Tu ne peux pas.

— Pourquoi ? Qu'est-ce qui se passe ? »

Elle me tapote l'épaule de ses doigts de pierre. « Lia, mon chou… Tu es en train de mourir. Tu as le tournis, pas vrai ? Tu te sens super bizarre ? Ton cœur est sur le point de s'arrêter. »

Je repousse sa main. « Je n'ai pas envie de jouer.

— Tu n'as pas le choix. C'est ton destin. L'heure est venue. »

Elle m'attire de nouveau à elle. De petits filets de brume surgissent de ses doigts et viennent s'enrouler autour de mes bras. « Détends-toi. Ça ne fait pas si mal.

— Je veux rentrer chez moi.

— Regarde bien à droite et à gauche avant de traverser.

— Je dois apprendre à tricoter à Emma. Je lui ai promis.

— Ils lui achèteront un DVD.

— Mais je ne veux pas. »

Elle parle lentement. « Tes reins ont lâché il y a deux heures. Inanition plus déshydratation et épuisement, le tout couronné d'une quasi-overdose ? Bien joué, Lia-Lia. Joli coup, vraiment. Tes poumons sont en train de se remplir de liquide. Plus que quelques minutes. Détends-toi. »

Elle se penche en avant et expire une couronne de brume qui m'enserre comme la fumée d'un bûcher funéraire. Mon cœur tressaute une fois. J'essaie de respirer. Mes poumons refusent de fonctionner.

L'espace d'un instant, d'une seconde dans le cercueil en verre, je veux baisser les bras. Me vider de mon sang. Rendre les armes ne serait pas une chose si dure à avaler. Je pourrais dormir pour l'éternité après ça.

Mon imbécile de cœur tressaute une nouvelle fois dans la bouc. Il n'est pas encore prêt à hiberner. Il recommence une deuxième puis une troisième fois, plus vite. Il allume un feu minuscule dans mes os.

Je secoue les bras pour dissiper la brume. « Ouvre la bouche.

— Hein ?

— Si je suis en train de mourir, tu dois être gentille avec moi. Allez, Cass, une petite faveur. »

Elle hausse les épaules, pousse un soupir, puis obéit. Sur sa langue repose le disque vert, le *voir* de mer, né du cœur d'un volcan et enfoui avec elle dans la terre. Je l'attrape.

« Non ! » hurle-t-elle.

J'essaie de me relever, mais mes jambes ne m'écoutent pas.

« Il est à moi ! » Elle me donne un coup sur le bras.

Le disque vole à travers la pièce et va rebondir sur la moquette. Nous roulons par terre, corps et ombre, os et lumière. Cassie atterrit plus près du disque, mais ne le voit pas. Je tends le bras sous la table de chevet pour lui faire croire qu'il s'y trouve. Elle me saisit par le blouson et me tire sur le côté.

« Ha ! » s'exclame-t-elle en tâtonnant sous la table.

Je pianote du bout des doigts sur la moquette jusqu'à ce que je mette la main dessus. La tête de Cassie est à moitié sous la table. Je porte le verre à mon œil.

Il est dégoûtant.

Je le lèche et il crépite sur ma langue, comme une sucette verte. Cassie se fige en entendant ce bruit. Elle fait volte-face au moment où je tends de nouveau le cristal couleur feuille vers la fenêtre et regarde à travers, en direction des étoiles alignées au-dessus de nous.

Elle pousse un cri assourdi par le velours blanc.

De l'autre côté du verre, la lumière génère des étincelles, encore et encore, des centaines d'avenirs s'offrant à moi. Médecin. Capitaine de navire. Garde forestier. Bibliothécaire. Aimée de cet homme ou de cette femme ou de ces enfants ou de ces gens qui ont voté pour moi ou qui ont peint mon portrait. Poétesse. Acrobate. Ingénieur. Amie. Tutrice. Vengeresse masquée. Un million d'avenirs – pas tous jolis, pas tous longs, mais tous à moi.

« Tu as menti ! je m'offusque. J'ai tout à fait le choix. »

Cassie se laisse retomber sur le lit avec une moue, les bras croisés sur la poitrine. « C'est vrai. Laisse-moi seule. Va vivre ta vie. Dommage pour moi si j'ai merdé. »

Je lui tends le verre. « Regarde là-dedans. Peut-être que tu peux revenir.

— Ce n'est pas comme ça que ça marche. Les lois de la physique sont bien réelles, tu sais. Je ne peux pas les changer. Je suis coincée ici pour toujours.

— Coincée dans un entre-deux ? Entre deux mondes ?

— Ouais, c'est la définition classique du fantôme.

— Tu voudrais être complètement morte ?

— Oui. » Elle secoue la tête et ignore les larmes qui lui montent dans les yeux. « Non. Peut-être. Parfois, j'ai des visions de ce que ce serait, comme si je regardais le paysage depuis un avion en vol. Ça me rappelle quand j'étais gamine et que le monde était notre royaume, mais je ne sais pas pourquoi. »

Mon cœur brandit le drapeau rouge. Je dois faire vite.

« Dépêche-toi, dis-moi ce qui te manque le plus.

— Quoi ?

— Qu'est-ce qui te manque le plus dans la vie ? »

Ses yeux se voilent de nuages d'été. « La voix de ma mère qui chante un peu faux. Mon père qui venait à toutes mes compétitions de natation et son sifflet qui me parvenait quand j'avais la tête sous l'eau, même s'il m'engueulait après parce que je n'avais pas tout donné. »

Tandis qu'elle parle, je m'approche lentement de la porte. Elle ne s'en rend pas compte.

« Aller à la bibliothèque me manque. Et l'odeur des vêtements quand on les sort du séchoir. Et sauter du plus haut plongeoir pour faire un super atterrissage dans l'eau. Et les gaufres, aussi. Oh. » Elle bascule la tête en arrière, comme si elle planait sur une balançoire. Ses contours commencent à s'estomper. « Oh, c'est génial, Lia. Je n'avais jamais pensé à essayer ça, emmener le meilleur avec moi. »

J'ouvre la porte. « Tu te sens mieux ? »

Elle est transparente. « Super bien.

— Parfait. » Mon cœur bondit.

« Va vite dans le bureau, dit-elle alors que son corps disparaît comme brume au soleil. Le téléphone à pièces fixé au mur fonctionne encore. Il y a des pièces dans le tiroir du haut. Grouille-toi.

— Je suis désolée. Pardon de ne pas avoir répondu. »

Ses yeux brillent comme des étoiles. « Je suis désolée de ne pas avoir appelé plus tôt. »

63,00

J'épuise pratiquement tout ce qui me reste de vie pour atteindre le bureau. Mais comme la lune prête attention à mes visions et que les étoiles sont alignées, il y a bien des pièces dans le tiroir du haut et le téléphone fonctionne.

J'appelle ma mère et lui donne des indications pour qu'elle me retrouve. Je lui dis que je suis enfin vivante, mais qu'elle doit faire vite.

Les ambulanciers stimulent mon cœur avec leurs baguettes magiques tandis qu'on fonce vers l'hôpital. Une fois, deux fois, trois fois.

64,00

On me dit que j'ai passé dix jours à l'hôpital.

J'ai dormi. D'un sommeil sans rêve.

65,00

Mon troisième séjour à New Seasons est le plus long à ce jour ; il tient davantage du marathon que du sprint vers la sortie. Je marche la plupart du temps. Quand je suis fatiguée, je m'arrête et je m'assieds. Je pose un tas de questions. De temps à autre, je passe un jour ou trois avec des nuages noirs dans la tête. Je m'assieds un peu plus longtemps, tranquillement, jusqu'à ce qu'ils disparaissent.

Pas d'entourloupes, cette fois-ci. Pas de séances de gym dans les douches pour moi. Fini de jeter la nourriture dans les plantes, ou de la planquer dans mes sous-vêtements, ou de payer un infirmier pour mentir sur ma fiche. J'évite le manège des filles encore dans la neige jusqu'au cou, qui fuient la douleur aussi vite qu'elles le peuvent. J'espère qu'elles finiront par comprendre.

Le concept de manger est effrayant. Les méchantes voix sont toujours là et s'évertuent à me faire rechuter

::stupide/moche/stupide/chienne/stupide/grosse/
stupide/bébé/stupide/ratée/stupide/perdue::

mais je ne les laisse pas faire. J'avale toutes les bouchées une à une en essayant de ne pas compter. C'est difficile. Je prends un demi-bagel à la cannelle et *vlan !* les chiffres me sautent au visage. Un demi-bagel (165). Un bagel entier (330). Deux cuillerées à soupe de crème (80).

J'inspire lentement. *La nourriture, c'est la vie.* J'expire, puis inspire de nouveau. *La nourriture, c'est la vie.* Et c'est bien là le problème. Quand on est vivant, les gens peuvent nous faire du mal. Il est plus facile de se réfugier dans une cage en os, une congère ou dans la confusion. Plus facile d'enfermer tout le monde dehors.

Mais c'est un mensonge.

La nourriture, c'est la vie. Je prends l'autre moitié du bagel et étale la crème des deux côtés. Je n'ai aucune idée de combien je pèse. Ça me fiche une trouille noire, mais je travaille là-dessus. Je commence à me mesurer en termes de force, pas de kilos. Parfois même en sourires.

Je lis beaucoup. Emerson, Thoreau, Watts. Sonya Sanchez ; il avait raison, elle est géniale. La Bible, deux ou trois pages. La Bhagavad-Gita. Dr Seuss, Santayana. J'écris des poèmes maladroits, tout ce qui me vient. Une sortie au restaurant est organisée pour nous. Je mange une gaufre au sirop d'érable et je demande même du rab.

On m'apprend à jouer au bridge. Le poker ne m'intéresse pas. Les jeux sont faits.

Maman, Papa et Jennifer viennent régulièrement me rendre visite. On parle encore et encore, jusqu'à ce que les barrages lâchent et que les larmes coulent, avec un peu de sang, aussi, parce qu'on est tous remontés. Mais personne ne quitte jamais la séance en claquant la porte. Personne n'injurie personne. On pellette des années de mélasse à tour de rôle. Parfois, j'ai l'impression que ma peau va partir en flammes. Je suis furieuse contre eux. Furieuse contre nous. Furieuse d'avoir affamé mon cerveau et d'être restée dans mon lit, à frissonner la nuit au lieu d'aller danser, de lire de la poésie, de manger des glaces ou bien d'embrasser un garçon ou peut-être même une fille aux lèvres douces et aux mains fortes.

J'apprends à être en colère et triste, à me sentir seule et heureuse et surexcitée, à avoir peur. J'apprends le goût de tout.

Cette fois-ci, je ne mens pas aux infirmières. Je ne me dispute pas avec elles, je ne leur jette rien à la tête, je ne pousse pas de cris. J'argumente avec les médecins parce que je ne crois pas à toutes leurs incantations magiques, pas à cent pour cent du moins, et j'ai vraiment besoin d'en discuter. Ils écoutent. Ils prennent des notes. Me suggèrent d'écrire ce que j'en pense. Au moins, ils ne me considèrent pas comme une folle sous prétexte que je côtoie des fantômes.

Quand ils retirent les bonbons pour dingos de mon traitement, mon cerveau s'étire et bâille. Il grandit quand je le nourris.

Une nouvelle page se tourne sur le calendrier, on est en avril, adieu mars. Le Docteur Parker vient me voir. Avec l'équipe de la clinique, ils mettent au point un programme de transition pour que je puisse passer de la Lia de l'hôpital à la vraie Lia.

« Quelle importance qu'on appelle ça une dépression ou bien des visions ? me demande-t-elle. Tu ne t'es plus automutilée depuis que tu es ici. Tu parles. Tu manges. Tu t'épanouis. C'est tout ce qui compte. »

* * *

Les parents de Cassie font leur apparition le même jour que les crocus. On pleure.

Cassie me manque tellement que je n'arrive à penser à elle qu'avec des sanglots saccadés. Elle débarque de temps à autre, mais ne dit rien en général. Elle me regarde tricoter. Je fais un pull pour Maman.

J'écris à Emma tous les jours, sans exception. Quand ils finissent par la laisser venir, elle m'apporte une carte de bon rétablissement signée par toute sa classe. Elle n'a plus de plâtre, mais elle ne veut plus jouer au basket. La grande mode, cette année, c'est le hockey.

Lorsqu'elle me serre dans ses bras, ça me redonne assez de force pour porter le monde entier sur mes épaules. Elle veut que je rentre vite à la maison. Je suis presque prête.

Je file les brins de soie de mon histoire, je tisse la trame de mon monde. La minuscule danseuse elfe s'était changée en poupée de bois dont les ficelles étaient tirées par des gens qui ne faisaient pas attention à elle. Alors je suis partie en vrille. Manger était dur. Respirer était dur. Mais le pire, c'était de vivre.

Je voulais avaler les graines amères de l'oubli.

C'est ce que Cassie voulait, elle aussi. On s'est soutenues l'une l'autre, perdues dans le noir, à tourner en rond, sans fin. Elle a fini par se fatiguer et elle a voulu dormir. Dieu sait comment, je me suis traînée hors de l'obscurité et j'ai demandé de l'aide.

Je file, je tisse et je tricote mes mots et mes visions, jusqu'à ce qu'une vie commence à prendre forme.

Il n'y a pas de remède miracle, rien qui puisse tout effacer pour toujours. Il n'y a que de petits pas en avant : une journée plus facile, un rire inattendu, un miroir qui n'a plus d'importance.

La glace fond, et je suis là.

Remerciements

Si j'ai entrepris ce voyage au pays des filles de l'hiver, c'est grâce aux innombrables lecteurs qui m'ont écrit pour me parler de leur lutte contre les troubles du comportement alimentaire, l'automutilation et le sentiment d'être perdu. Leur franchise et leur courage m'ont mise sur le chemin de Lia et aidée à comprendre ses blessures. Bien que l'histoire de Lia ne s'inspire pas de faits réels, je la dois à ces lecteurs et les en remercie.

Le Docteur Susan J. Kressly, de Doylestown, en Pennsylvanie, est un pédiatre extraordinaire, une belle-mère fantastique pour mes filles et une très bonne amie. Pendant des années, elle m'a encouragée à m'attaquer à la question des troubles du comportement alimentaire, et ses premiers commentaires sur le manuscrit m'ont été très précieux. Je lui suis reconnaissante à la fois pour ses encouragements et pour son aide. Sans elle, ce livre n'aurait jamais vu le jour.

Psychothérapeute, Gail Simon accompagne des patients souffrant de troubles du comportement alimentaire à Buckingham, en Pennsylvanie, depuis vingt-trois ans. Elle travaille également dans un centre de traitement de ces mêmes troubles depuis presque vingt ans. Gail a gracieusement accepté de lire le manuscrit, afin de vérifier que la détérioration physique et psychique de Lia était décrite avec justesse. Je la remercie très sincèrement pour son aide.

Pour élever un livre aussi, il faut un village. Le mien se situe dans un grand immeuble de Lower Manhattan, où se trouvent les locaux des éditions Penguin. En tant qu'auteur, j'ai beaucoup de chance de travailler avec une éditrice aussi brillante que Joy Peskin. Ses questions délicates et son regard affûté m'ont aidée à mieux cerner l'histoire de Lia, et son soutien moral m'a sortie des tourments du doute. Tous mes remerciements également à Regina Hayes, directrice éditoriale de la collection Viking de Penguin, qui est pour moi une héroïne sur bien des plans. Susan Casel, ma correctrice, m'a sauvée en m'évitant l'humiliation publique d'un mauvais usage du point-virgule. Je la remercie de ne pas avoir fait de crise de nerfs devant les couacs stylistiques de ce texte. Merci également à la correctrice Shelly Perron et à l'éditrice Janet Pascal pour avoir fait en sorte que mon texte suive le droit chemin des règles grammaticales et de l'harmonisation typographique.

C'est à Linda McCarthy, Natalie Sousa, Dani Delaney et Nancy Brennan que je dois la maquette de ce livre magnifique et je leur exprime ici toute ma gratitude. La couverture de l'édition originale est une photographie prise par le jeune et extrêmement talentueux Alexandre Denomay, de Montréal, au Canada. Je le remercie d'avoir accepté de partager ce don avec mon histoire.

Greg Anderson, mon premier époux (aujourd'hui marié au docteur Sue susmentionnée) qui est resté mon ami, m'aide habituellement à traquer les fautes de grammaire dans mes manuscrits. Il n'a pas eu l'occasion de le faire avec *Je suis une fille de l'hiver* et je lui ai promis de le dire ici. Si vous trouvez une faute de grammaire dans ce texte, sachez que ce n'est pas à cause de Greg.

Mes premières lectrices, Genevieve Cagne-Hawes, mes filles Stephanie et Meredith Anderson, Allison Sands et Maria Grammer m'ont toutes offert des suggestions judicieuses et un soutien fort appréciable. Meredith et Allison en particulier ont réagi à cette histoire comme tout auteur en rêverait. Merci aussi à mes enfants Jessica et Christian Larrabee pour leurs encouragements et pour avoir baissé la musique pendant que j'essayais de démêler les fils de cette intrigue.

Écrire un livre comme celui-ci embarque souvent son auteur dans ce lieu liminal entre réel et imaginaire. C'est pourquoi nous avons besoin de gens à l'esprit pratique, fermement ancrés dans le monde réel. Merci à Amy Berkower et à toute l'équipe de Writers House d'avoir gardé le cap de la narration pour me permettre d'errer dans la forêt de mon esprit. J'ai vraiment beaucoup de chance, car Amy est non seulement mon agent, mais aussi une amie précieuse.

Ce livre n'aurait pu voir le jour sans la force et l'amour de mon mari, Scot. Je ne saurais exprimer à quel point sa présence à mes côtés est importante dans mon écriture. Je lui fais confiance pour percevoir dans mon regard la profondeur de ma gratitude.

Et pour finir, un hommage qui n'a que trop tardé.

Quand j'étais en quatrième, j'ai obtenu une bourse pour la Manlius Pebble Hill School à Dewitt, dans l'État de New York. Je ne sais toujours pas pourquoi on me l'a attribuée. J'étais une élève décevante qui passait le plus clair de son temps à rêvasser au fond de la classe. Quelqu'un, quelque part, a dû voir en moi un certain potentiel, ou peut-être ne s'agissait-il que d'une erreur administrative. Quelle qu'en soit la cause, j'ai reçu une aide financière conséquente et c'est dans cette belle école que j'ai passé l'année la plus importante de toute ma scolarité.

Mon professeur de littérature était un vieux monsieur distingué du nom de David Edwards. Il approchait de la retraite, à l'issue d'une longue carrière passée essentiellement à enseigner sa matière à des garçons dans une académie militaire. On n'aurait su imaginer rencontre élève-professeur plus improbable. Monsieur Edwards m'a enseigné la mythologie grecque à l'ancienne. Il m'a rempli la tête d'histoires de dieux, de mortels, de magie et de métamorphoses qui ont été les bases de ma vie d'écrivain. Je regrette infiniment qu'il soit mort avant que j'aie pu lui donner un de mes livres.

Je pense que m'avoir pour élève a dû être frustrant pour Monsieur Edwards, car il croyait que je n'écoutais pas en classe. Pourtant si. J'ai envers lui une dette inestimable.

Cet ouvrage a été composé par IGS-CP
à L'Isle-d'Espagnac (16)
et achevé d'imprimer sur Roto-Page en octobre 2016
par l'Imprimerie Floch, à Mayenne,
pour le compte de S.N. Éditions Anne Carrière,
39, rue des Mathurins 75008 Paris.

Imprimé en France
Dépôt légal : octobre 2016
N° d'édition : 828 – N° d'impression : 90156